novum pro

AF640987

Walter Oberlechner

Warum ist das Einfache so schwierig?

novum pro

Bibliografische Information
der Deutschen Nationalbibliothek:

Die Deutsche Nationalbibliothek
verzeichnet diese Publikation in
der Deutschen Nationalbibliografie.
Detaillierte bibliografische Daten
sind im Internet über
http://www.d-nb.de abrufbar.

ISBN 978-3-99064-751-6
Lektorat: Marie Schulz-Jungkenn
Umschlagfoto:
Ihor Svetiukha | Dreamstime.com
Umschlaggestaltung, Layout & Satz:
novum Verlag
Innenabbildungen: Walter Oberlechner

Gedruckt in der Europäischen Union
auf umweltfreundlichem, chlor- und
säurefrei gebleichtem Papier.

www.novumverlag.com

Einleitung

Ich widme dieses Buch meiner geliebten Frau Christine, die in meinem Leben der wichtigste Anker ist und die mir auch im Beruf durch ihre Mitarbeit wissenschaftlich und auch praktisch Halt gegeben hat, wenn ich Neues ausprobieren wollte. Sie hat klinische Psychologie studiert und hat ein großartiges Gespür für das, was gehen könnte, und für das, was noch zu früh ist, angestrebt zu werden.

Warum schreibe ich dieses Buch? Ich habe in meinem Leben gelernt, dass jeder Mensch einmalig und nie mehr wiederholbar ist. Wenn mein Leben für einige Menschen Hilfe zur Selbsthilfe ist, dann habe ich mein Ziel erreicht.

In einem Anfall von Poesie habe ich die 12 Monate eines Jahres beschrieben und will auch in diesem Buch mein Leben in dieser Form ablaufen lassen.

JÄNNER

Im Jänner friere ich auch in der Kälte nicht mehr, weil ich weiß, dass die Sonne den Winter besiegen wird.
Hoffnung macht uns stark, Licht durchflutet unsere Seele und wärmt uns.

Im Jänner unseres Lebens ist es entscheidend, wie viel Wärme und Zuwendung wir erhalten. Wenn wir zu viel erhalten, werden wir süchtig, diese Menge immer zu bekommen, erhalten wir zu wenig, wird unser Leben anders verlaufen, weil wir immer Angst haben, den Mut zu uns selbst zu haben. Das Gehirn konnte nie lernen, dass Geborgenheit und das Ruhen in sich selbst von der Mutter an das Kind weitergegeben wird. Besonders männliche Kinder brauchen, um überleben zu können, dieses Selbstvertrauen, weil das x- und das y-Chromosom das Verhalten mitbestimmt.

Wie wir aus der Biologie wissen, ist alles Leben weiblich und es ist für das Männliche besonders schwer, sich durchzusetzen, weil das Y ein verkümmertes X und daher nur vermindert lebensfähig ist.

Vielleicht verstehen wir mehr über uns selbst, wenn wir wissen, dass das männliche Sexualhormon auch das Aggressionshormon ist. Daraus erklärt sich für mich die Sucht, zu kämpfen und auch zu töten. Wenn in frühester Kindheit Freiheit mit Grenzen vorgelebt wird, wird dieses Verhalten vom Kind übernommen und gleichzeitig im Gehirn determiniert. Könnte es sein, dass dieses Verhalten die Vorstufe der Liebesfähigkeit ist? Alfred Adler sieht das Machtstreben als Reaktion auf die Erfahrung der Machtlosigkeit und Unterlegenheit des Kindes in seiner ursprünglichen Familie. Zur Kompensation dieses Zustandes strebt das Individuum als Kind und auch noch als Erwachsener nach Sicherung seiner Position, nach Kontrolle über andere, nach Macht.

Wenn dem Kind durch seine Umgebung diese Erfahrung eigener Machtlosigkeit und Unterlegenheit gemildert oder erspart werden kann, geht das Machtstreben in einem sozialen und Gemeinschaftsinteresse auf. Wenn die Erfahrung der eigenen Machtlosigkeit und Unterlegenheit besonders stark ist, kann das Machtstreben (durch Überkompensation) pathologische Grade erreichen. Diese Form der Machtausübung erleben wir im täglichen Leben ganz besonders oft. Die Abhängigkeit vom Arbeitsplatz, vom Partner, von Drogen, Tabak, Alkohol, der Sammelwut, dem Ehrgeiz kann unser Leben verändern und vor allem verhindern, jenes Ziel zu erreichen, das wir uns selbst irgendwann selbst gesetzt haben. Wir werden unfrei und von Zwängen dominiert, die wir nicht als solche erkennen können. Ohne Zuwendung gibt es keine Harmonisierung der Polarität. Freiheit ohne Grenzen ist der Beginn des Chaos.

Auch Religionen können Angst erzeugen und verhindern dadurch die Freiheit.
(Sünde, Hölle).

Im Jänner unseres Lebens erlernen wir unsere Sprache – das größte Kapital, das wir haben. Sie begleitet uns unser ganzes Leben, bestimmt den Erfolg im Beruf und auch im privaten Bereich. Was wir nicht in Worten denken können, können wir nicht denken. Oft wird dieses Kapital sehr vernachlässigt und Menschen, weil sie keine Worte haben, oder weil sie nie gelernt haben, sich so auszudrücken, damit sie von jedem verstanden werden können – gemeint ist unser Dialekt, den wir als Erstes lernen – verdrängen auftretende Probleme und behindern sich selbst dadurch. Wenn ein Kind nie lernen durfte, sich einzubringen, wird es im Erwachsenenalter auch nicht den Mut haben, es zu tun. Wenn wir ein kleines Kind sehen, wie hilflos es ist und wie es den Erwachsenen braucht, um weiterleben zu können, dann wird uns hoffentlich bewusst, dass dieser Kreislauf des Lebens andere Gesetze hat als die, von denen wir glauben, dass sie wichtig sind.

Die Lösung wäre die christliche Lehre: „Kümmere Dich um den Fremden wie um Dich selbst, denn er ist wie Du“, wobei ich zuerst mich selbst mögen muss, um den Fremden mögen zu können. Unter Liebe versteht die christliche Lehre CARITAS, darunter versteht der Grieche, der sie aufgeschrieben hat, absolute Hilfe dem Fremden gegenüber wie zu sich selbst.

Eigenartigerweise habe ich nirgends gelesen, dass wir an die Lehre glauben müssen. Wir müssen sie leben, um sie verstehen zu können. Nur glauben, ohne zu wissen, ist so tun als ob.

Das Streben zur Macht ist auch hier das größte Hindernis. Soziale Kompetenz entsteht dann, wenn wir gar nicht anders können, als es zu tun. Schopenhauer hat gemeint: „Wir können alles, was wir wollen, aber wir wollen es oft nicht tun. Würden wir wirklich wollen, wir könnten gar nicht anders, als es tun zu müssen.“

Große Persönlichkeiten (Gandhi, Mutter Theresa, Franziskus, Mandela und viele Heilige) haben die christliche Lehre so gelebt, wie sie gemeint ist. In der Neuro-Biologie wird gelehrt, dass unser Gehirn bis zum 12. Lebensjahr aus 3 Schwerpunkten besteht.

Bewegung, Sprache und Theater spielen.

Diese 3 Schwerpunkte begleiten uns das ganze Leben und prägen unser Verhalten.

Wo ist nun Gott?

Gott ist im All und überall. Dieser Satz begleitet mich jetzt schon, seit ich denken kann. Mein Vater hat mir diese Weisheit, als ich noch ein Kind war, oft versucht mitzugeben, aber was der Vater sagt, muss ja nicht stimmen, wenn Gott im Himmel ist, denkt man als Kind. Erst jetzt im Alter wird mir wirklich bewusst, dass mein Leben auch deshalb positiv verlaufen ist, weil ich in dieser Kraft immer geborgen war, was immer ich getan und entwickelt habe. Meine Erkenntnis geht noch einen Schritt weiter.

Wenn Gott das Leben ist, dann habe ich Gott in mir. Diese positive Energie musste ich nur aktivieren, wenn ich wollte, dass ein Vorhaben erfolgreich verlaufen sollte. Es war immer erfolgreich, wenn ich wirklich daran geglaubt habe. Diese positive Energie ist ein fixer Bestandteil jeden Lebens. Ohne diese Energie könnte kein Leben existieren. Je mehr negative Energie von uns Menschen erzeugt wird, umso mehr können sich Krankheit und Aggression ausbreiten.

Die Wissenschaft geht davon aus, dass wir Menschen ab dem 6. Lebensjahr das Bewusstsein erlangen. Wir sagen auch Schulreife dazu.

Meine ersten Erinnerungen habe ich seit meinem 4. Lebensjahr. Ich weiß nicht, warum, aber seit diesem Zeitpunkt habe ich mir Erlebnisse, Eindrücke und Reaktionen anderer und auch eigene gemerkt und auch versucht, sie zu verarbeiten.

Meine Schwester Hildegard war die Älteste von uns vier Kindern. Sie ist im Alter von 87 Jahren im Jahre 2017 leider gestorben. Albert war der Zweitälteste, Ich bin der Dritte und meine Schwester Hanni ist die Jüngste in der Familie. Die erstgeborene Schwester, die Maria geheißen hat, ist leider schon mit 2 Jahren im Krankenhaus gestorben, weil ihr ein Hilfsarzt anstelle eines Luftröhren-Schnittes die Kehle durchgeschnitten hatte. Sie hatte Diphtherie, hatte schwere Atemstörungen und musste schnell im Krankenhaus behandelt werden. Es war spät in der Nacht, es war nur ein Hilfsarzt anwesend, daher diese Katastrophe. Meine Eltern haben in Lienz im Schloss Bruck gewohnt. Die Wohnräume waren sehr hoch und groß, daher im Winter schwer beheizbar. Mein Vater hat die Räume mit schweren Vorhängen kleiner gemacht und dadurch war im Winter das Leben erträglicher. Einmal hat einer der Vorhänge zu brennen begonnen und hätte beinahe das ganze Schloss erfasst. Die Spuren des Brandes kann man heute noch dort sehen.

Meine Großmutter war, als sie noch ledig war, Hebamme in Lienz und war mit der Familie Anton Rohracher sehr befreundet. Sie hat alle Kinder der Familie zur Welt gebracht und dadurch war auch der Kontakt zur Frau besonders gut. Leider ist diese im September 1890 gestorben, meine Großmutter hat sich sehr um die Kinder gekümmert und war dadurch auch dem Bürgermeister und späteren Ehrenbürger von Lienz sehr nahe. Sie wurde schwanger von ihm, aber das durfte niemand wissen, daher musste sie nach Innsbruck übersiedeln und hat im Krankenhaus in Innsbruck nicht nur als Hebamme gearbeitet, sondern auch meinen Vater zur Welt gebracht.

Ein lediges Kind war zu dieser Zeit die größte Schande für eine Frau, daher musste diese Schande so schnell wie möglich aus der Welt geschafft werden. Als Bürgermeister von Lienz hat Rohracher seinen besten Freund gebeten, meine Großmutter so schnell wie möglich zu heiraten. Noch bevor mein Vater geboren wurde, heiratete meine Großmutter den Tierarzt Oberlechner. 2 Jahre nach der Geburt meines Vaters übersiedelte sie mit ihm wieder nach Lienz und dadurch mietete Oberlechner, der als Tierarzt in Lienz arbeitete, ein Haus vom Rohracher unterhalb des Schlosses Bruck in Lienz.

Als wir noch klein waren, ist unser Vater jedes Jahr am Heiligen Abend mit uns zum Herrn Rohracher gegangen, wir haben von ihm ein Kreuzzeichen auf die Stirn bekommen und sind dann wieder nach Hause gegangen. Rohracher ist 1954 am 10.Jänner, an seinem 97. Geburtstag, gestorben und mit großem Trara vom Hauptplatz in Lienz bis zum Friedhof oberhalb der Andreaskirche geleitet und in einem Ehrengrab beerdigt worden. Wir haben von der Beziehung zu meiner Großmutter und den Folgen erst erfahren, als ich in Innsbruck im Studentenheim gewohnt habe. Eines Tages ist der Generalvikar von Innsbruck, Dr. Geiger, der auch der Hausgeistliche war, gekommen, hat alle Studenten zusammengerufen, hat mich auf die Bühne gebeten und hat den Studenten erklärt: „Schaut her, wie ein Bastard ausschaut." Und hat auf mich gezeigt. Anschließend wurde ich zum Heimleiter gebracht. Dort wurde ich aufgeklärt, dass mein Vater ein Kind der Sünde sei und der Rohracher mein Großvater ist. Völlig fertig, weil ich mit dem Wort „Bastard" nichts anfangen konnte, bin ich übers Wochenende nach Lienz gefahren und habe meinen Vater gebeten, mich aufzuklären. Dieser hat eher schroff reagiert und hat in mir den Eindruck erweckt, dass er nicht darüber reden wollte. Ich habe nicht weiter nachgefragt und erst im Laufe meines Lebens habe ich langsam die Zusammenhänge wie ein Puzzlespiel erfahren und die Situation neu in mir erkannt.

Der Vater hat nach dem ersten Weltkrieg lange in Wien gelebt. Seine Eltern waren tot, er hat bei einem Restaurator in Wien an einem Großauftrag gearbeitet, der doch einige Jahre gedauert hat. Es war der Wiener Rathauskeller, den er gestaltet hat. Gott Sei Dank wurde das Rathaus nicht bombardiert, daher sind die Fresken und Ornamente heute noch sehr gut erhalten.

Mein damaliges Leben im Kindergarten in Lienz war sehr abwechslungsreich, auch weil ich oft in der ersten Reihe an der Hand der Kindergärtnerin gehen durfte und der Meinung war, dass ich dadurch bevorzugt wurde. Im Kindergarten habe ich mich das erste Mal in meinem Leben gleichzeitig in 3 Mädchen verliebt und sie auch sofort geheiratet. Alle drei waren damit einverstanden. Waltraud, Maria und Ingrid waren meine Auserwählten. Jeden Tag kümmerte ich mich um sie, manchmal brachte ich ihnen auch Blumen. Eigenartig war, dass keine auf die andere eifersüchtig war. Die Freundschaft hat 20 Jahre gedauert, weil sie geheiratet haben und ich nach Wien gegangen bin. Wir haben uns aus den Augen verloren. Ingrid hat den berühmtesten Fußballer von Lienz geheiratet und ist leider sehr jung an Krebs gestorben

Mein musikalisches Talent war auffallend, weil ich mit 4 Jahren bereits die 2. Stimme singen konnte, wenn ich mit meiner Mutter gesungen habe. Sie hat Gitarre gespielt und so konnte ich schon sehr früh mit diesem Instrument umgehen, weil ich mir gemerkt habe, wie sie beim Spielen gegriffen hat. Hausmusik war in unserer Familie an der Tagesordnung. Meine Schwester Hildegard hat Ziehharmonika gelernt und ich habe es gespielt, sehr zum Frust meiner Schwester.

Im Jahr 1938 wurden die Menschen in einer Volksabstimmung gefragt, ob sie für ja oder nein stimmen, dass Österreich an Deutschland angeschlossen werden soll. Man musste offen abstimmen. Abstimmen durfte nur mein Vater und dieser hat mit nein gestimmt. Mein Vater war Kunstmaler, mit Adolf Hitler gemeinsam 1910 auf der Akademie in München, um sich dort auf die Aufnahmeprüfung vorzubereiten. Hitler hat die Prüfung leider nicht bestanden. Der Welt wäre viel erspart geblieben, wenn er es geschafft hätte. Er ist ein Jahr lang jeden Tag mit Hitler zusammen gewesen und hat ihn dadurch gut kennengelernt. Seine absurden Ideen haben meinen Vater sehr genervt. Hitler hat ihm ständig erzählt, dass das deutsche Volk das auserwählte Volk sei und dass die Juden die Welt bestimmen und dadurch auch die christliche Lehre vernichten wollen. Die christliche Lehre ist aus der jüdischen entstanden. Jesus war Jude, aber das haben wir Christen verdrängt und Gestörte glauben überhaupt, dass sie die Stellvertreter Gottes sind. Das waren auch die Gründe, warum er mit nein gestimmt hat. Vater wurde sehr christlich erzogen, daher waren solche absurden Vorstellungen für ihn unzumutbar. Die Folge war, dass er 6 Jahre Arbeitsverbot bekommen hat. Er durfte kein Geld erhalten, sondern er wurde von den Auftraggebern mit Naturalien bezahlt. Die Bauern in der Umgebung von Lienz haben ihre Kästen, Türen und auch die Außenfassaden ihrer Häuser mit Ornamenten verzieren lassen. Dafür durften wir Kinder ein paar Monate lang täglich Milch holen. Das war, wie sich später herausstellte, ein großes Glück, weil alle Lebensmittel vom Staat rationiert wurden. Die Menschen haben Monatskarten bekommen, auf denen, je nach Stand (Arbeiter, Schwerarbeiter, Kinder, Kranke) Lebensmittel für einen Monat in Form von Marken für Zucker, Mehl, Butter, Brot in Gewichtseinheiten festgehalten waren. Diese Einheiten wurden noch lange nach dem Krieg ausgegeben, bis der Wohlstand in Österreich so groß wurde, dass diese Maßnahme beendet werden konnte.

Mein Vater war Monarchist wie viele Osttiroler. Er hat in jungen Jahren den Kronprinzen Otto von Habsburg gemalt und dieses Bild wäre ihm beinahe zum Verhängnis geworden. Eines Tages kam die Gestapo und suchte nach diesem Bild. Überall haben sie alles umgedreht, aber sie haben es nicht gefunden, weil Vater es so als Verdunklung aufgehängt hatte, dass das Bild nach außen gedreht und die Rückseite des Bildes nach innen gekehrt war.

Die Verdunkelungsvorschriften waren wegen der Bombenangriffe sehr streng, daher war die Gestapo mit der Verdunkelung sehr zufrieden. Ich habe das Bild, als ich mit 19 Jahren nach Wien gegangen bin, im Dorotheum schätzen lassen. Der Schätzmeister hat mir geraten, es an das Hotel Sacher zu verkaufen. Dort hängt es heute noch.

Einmal bin ich vom Kindergarten nach Hause gekommen, habe gesehen, wie im Nebenhaus Holz geschnitten wurde. Das hat mich so fasziniert, dass ich übersehen habe, dass ein Holzfuhrwerk die Straße entlangkam. Ich wurde von einem Pferd niedergestoßen, der Wagen ist mit den Rädern über meine Beine gefahren. Meine Mutter hat vom Küchenfenster aus gesehen, was da passierte, ist sofort herausgelaufen, hat mich gepackt und hat mich zu unserem Hausarzt getragen, der ein paar Häuser weiter wohnte und auch dort seine Praxis hatte. Beide Beine waren gequetscht, aber nicht gebrochen. Ich wurde wieder nach Hause getragen, musste einige Tage liegen bleiben, dann war ich wieder gesund. Bis heute weiß ich nicht, wie es möglich ist, von 2 Wagenrädern überfahren zu werden und dann keine bleibenden Schäden zu haben. Das Fuhrwerk war mit Holz beladen und war sehr schwer. Ich habe oft meine Mutter erzählen hören, dass es für sie immer ein Rätsel bleiben wird, warum ich gesund geblieben bin.

Ich bin am 10. Jänner 1934 geboren, daher war ich schon 6 ¾ Jahre alt, als ich zur Schule gehen durfte. Ich konnte schon vorher lesen und schreiben. Ich bin Linkshänder, daher habe ich begonnen, mit der linken Hand zu schreiben und auch alle anderen Arbeiten links zu erledigen. Leider musste ich in der Schule umlernen, aber weil ich ja schon schreiben konnte, kann ich jetzt mit beiden Händen schreiben. Mein Noten-Durchschnitt war 1,0, daher durfte ich jeden Tag später in die Klasse kommen. Vorher habe ich mit meinem Freund Werner Wassermann, der auch Vorzugsschüler war, bei den Containern Spenden für die Soldaten, die im Fronteinsatz waren, sortieren und von den

Spendern entgegennehmen dürfen. Mir hat diese Arbeit sehr gefallen, auch weil wir beide privilegiert waren, wie wir glaubten. In der Volksschule habe ich mich sehr gelangweilt, weil ich nie lernen musste. Die Aufgaben habe ich schnell in den Pausen gemacht, daher war ich nach der Schule frei und konnte machen, wozu ich Freude hatte. Meine liebste Beschäftigung war Fußballspielen. In meiner Nähe waren die Schlossgasse und die Albin-Egger-Straße. Die Kinder dieser beiden Straßen bildeten eigene Gruppen, die untereinander Wettkämpfe im Fußball, aber auch im Laufen, Platten legen, Schneider leih mir die Schere, Kugel werfen, Blinde Kuh und was ihnen halt noch so eingefallen ist, austrugen. Nicht immer haben die „Waltergassler" gewonnen, aber oft. Im Park haben sie Baumhäuser gebaut und mit einer Seilbahn miteinander verbunden. Es war Abenteuer pur, aber die beiden anderen Gruppen, die leider keinen Park hatten, haben die Häuser in der Nacht zerstört. Die älteren Burschen, die sich schon für Mädchen interessierten, haben mit den „Kleinen", wie sie diese nannten, kaum gesprochen, aber die mussten Mutproben ablegen, um zu beweisen, dass sie schon erwachsen sind. Sie wurden mit einem Strick angebunden, der von einem Baum herunterhing, und wurden gegen den Baum geschleudert. Wer das Pech hatte, nicht mit den Füßen zuerst dort anzukommen, hat sich fast immer verletzt. Ich war zu feige, wie man mich nannte, aber dafür habe ich mich nie verletzt.

FEBRUAR

Die Tage werden länger, der Schnee wird alt und faul.
Die Erde beginnt zu leben, doch man bemerkt es kaum.
Nur in versteckten Räumen ist keine Ruhe mehr,
denn der noch ferne Frühling schreitet leise, jedoch schnell einher.
Es wird Zeit, uns selbst zu wecken,
das Gehör zu schärfen, bis es klingt,
um das Lied der Amsel zu erkennen,
die noch verborgen singt.

Im Februar unseres Lebens, der beginnt ungefähr dann, wenn wir die Schulreife erlangt haben, entsteht in uns ein neuer Abschnitt des Lebens. Das Wecken der angelegten Verhaltensmuster geht ohne die im Jänner bereits aktivierten Prozesse viel schwerer als dann, wenn ein gleitender Übergang zur nächsten Phase stattfindet. Ein Kind tut das, was aus dem Instinkt heraus geweckt wird, und überlegt nicht, was ihm schaden oder nützten könnte. Wir reden immer von Erziehung und meinen, das Kind soll das tun, was wir uns unter Erziehung vorstellen. Das Einzige, was Eltern tun dürfen, ist das Kind begleiten. Für ein Kind ist alles das erste Mal. Es hat keine Erfahrung, daher müssen wir ihm erklären, aber nie verbieten. Es wird immer das tun, was die Eltern sagen, wenn es den Eltern vertraut. Durch Verbote, Schläge und Demütigungen wird das Kind das Vertrauen verlieren und das tun, was Gleichaltrige tun, auch wenn es zur Katastrophe führen könnte.

Wenn eine Familie aus mehreren Kindern besteht, hat das älteste Kind ein besonderes Problem, mit den nachfolgenden Geschwistern zurechtzukommen. Wenn der Altersunterschied mehr als 2 Jahre zum Nächstgeborenen ist und wenn noch einige später nachkommen, dann entstehen im Gehirn des Erstgeborenen ständig Entzugsprobleme durch Fehlen von Zuwendung, die in den ersten 2 Jahren ja ausschließlich ihm gegeben wurde. Das Gehirn hat in den ersten 2 Jahren gelernt, dass die gesamte Aufmerksamkeit ihm gegeben wurde. Diese Defizite begleiten das Kind das ganze Leben, wenn die Eltern es verabsäumen, ihm zu erklären, dass er keine Angst haben muss, nicht gleich geliebt zu sein, wenn sie den nächstgeborenen Geschwistern Zuwendung geben, damit diese überleben können. Der Kampf ums Überleben hat in den vergangenen Jahrtausenden dazu geführt, dass die Eltern nicht so viel Zeit hatten, sich jedem einzelnen Kind so zu widmen wie in unserem Jahrhundert. Erst dadurch, dass es seit über 60 Jahren keinen Krieg mehr gibt, konnten sich die Menschen mehr darauf konzentrieren, den Kindern und auch sich selbst so viel Zeit zu geben, damit sie dem Auftrag, Eltern zu sein, wirklich nachkommen können. Gleichzeitig steigt aber auch beim Kleinkind das Bedürfnis, beachtet zu werden, weil das Gehirn es so gelernt hat.

Weil ich in der Schule so fleißig, war wie alle glaubten, wurde ich von der Lehrerin, die eine Klosterschwester des Dominikanerordens war, gefragt, ob ich nicht Ministrant werden möchte. Die Dominikanerinnen hatten damals noch ein eigenes Ritual der Messe. In der ganzen katholischen Kirche haben nur die Dominikaner diese Messe in dieser Form lesen dürfen. Der Unterschied der beiden Rituale war, dass der Priester am Anfang der Messe die Wandlung vollzogen und erst nach dem Lavabo das Confiteor, das auch andere lateinische Worte hatte, gebetet hat. Ich habe beide Rituale lernen müssen, das der katholischen Kirche und das der Dominikaner, was mich bei meinen Freunden besonders interessant machte. Immer wenn ein Dominikaner auf Besuch gekommen war, der in Lienz Messe lesen wollte, hat man mich geholt, weil ich lange Zeit der Einzige war, der das Ritual beherrschte. Später wurde das Ritual der Dominikaner abgeschafft.

Im Sommer, wenn meine ganze Familie die Sommerfrische auf der Rottmann-Alm am Zettersfeld verbrachte, musste ich jedes Wochenende am Samstag den Berg hinunterlaufen und am Sonntag nach der Messe wieder hinaufgehen oder -laufen. Geschlafen habe ich bei den Dominikanerinnen an der Pforte, weil die Klausur sehr streng gehandhabt wurde. Kein männliches Wesen durfte dort hinein, außer dem Priester. Für mich haben die Schwestern ein Bett am Eingang zum Refektorium aufgestellt. Die Klausur war damals so streng, man konnte mit den Schwestern nur in einem Besucherzimmer reden, das durch ein engmaschiges Gitter vom Besucher getrennt war. Jede körperliche Berührung war dadurch fast unmöglich. Die Schwestern hatten eine eigene Landwirtschaft, die von Schwestern auch selber bearbeitet wurde. Es waren die Arbeitsschwestern, die auch anders gekleidet waren als die Chorfrauen, die alle Arbeiten am Feld und im Stall verrichten mussten. Heute weiß man, dass diese Schwestern Töchter von Bauernhöfen aus der Umgebung waren, die zu Hause als Magd gearbeitet haben und die aus Kostengründen ins Kloster eingetreten sind. Nach außen hin hatten sie die Berufung zum Ordensberuf.

Weil sie durch ihre Arbeit im Stall nach Kuh gerochen haben, durften sie nicht mit den anderen Schwestern an der Kommunion teilnehmen, sondern mussten warten, bis alle Chorfrauen abgespeist waren. Dann durften auch sie vom Priester die Hostie empfangen. Eine Stallschwester hatte mich in ihr Herz geschlossen und auch ich habe sie sehr gern gehabt. Schwester Klara hat sie geheißen. Die ganzen Jahre während des Krieges und auch Jahre danach hat sie mir ihr eigenes Essen, das sie sich vom Mund abgespart hatte, auf einem geheimen Platz hinterlegt. Es war manchmal so viel, dass ich meine ganze Familie damit versorgen konnte. Der Kontakt zu ihr ist bis zu ihrem Tod nie abgerissen. Heute noch besuche ich ihr Grab, wenn ich nach Lienz komme und das Grab meiner Eltern besuche.

Weihnachten war für alle Kinder überhaupt das schönste Fest, das man sich vorstellen konnte. Wochen vorher schon waren meine Gedanken beim Christkind, auch mit dem Wissen, dass ich ein Geschenk von ihm bekommen werde. Am Heiligen Abend war die Aufregung am Höhepunkt angelangt. Alle konnten es nicht mehr erwarten, dass es finster wurde. Endlich war es dann so weit. Alle mussten in das Schlafzimmer gehen, nur der Vater war nicht dabei, weil er länger arbeiten musste, wie wir glaubten. Plötzlich läutete eine kleine Glocke. Das war das Zeichen, dass alle wieder in die Küche kommen durften. Dort haben die Kerzen am Christbaum gebrannt und er erfüllte den Raum mit einem besonderen Geruch. Die Geschenke waren um den Christbaum geordnet, für jeden war ein Geschenk bestimmt, auch ich hatte ein Paket bekommen. Alle meine Geschwister waren zufrieden, weil sie das bekommen hatten, was sie sich gewünscht hatten. Jedes Jahr war dieser Abend für alle deshalb so gut in Erinnerung, weil das Christkind immer alle Wünsche erfüllt hatte. Nur im Jahr 1945 war das anders. Wieder waren alle Geschwister mit ihrem Geschenk sehr zufrieden. Nur ich war verzweifelt. Ein Federpennal aus Holz hatte ich mir wirklich nicht gewünscht. Das unmöglichste Geschenk, das ich mir vorstellen konnte. Enttäuscht von diesem Christkind habe ich leise vor mich hin geweint. Ich hatte mir eine Armbanduhr gewünscht. Es war für damalige Verhältnisse ein unverschämter Wunsch, weil eine Armbanduhr so kostbar wie Gold war. Aber Wünsche sind ja erlaubt und das Christkind kann ja alles erfüllen, was man sich wünscht. Meine Mutter hat gesehen, wie enttäuscht ich war, und hat mich gefragt, warum ich nicht in eine der Schachteln hineinschauen will. Was soll da schon etwas anderes drinnen sein als Bleistifte. Ich machte die Schachtel auf und da war eine Uhr drinnen. Ich habe mich so geschämt, weil ich dem Christkind misstraut hatte. Jahre später hat mir meine Mutter erzählt, dass sie diese Uhr auf dem Weg zur Rottmann-Alm gefunden, diese am Fundamt abgegeben hatte, aber nach einem Jahr wieder zurückbekam, weil sich innerhalb der Frist niemand gemeldet hatte. Bis heute habe ich diese Uhr mit anderen von mir gesammelten Uhren in meinem Besitz.

Meine Mutter war eine außergewöhnliche Frau. Es gab nichts, was man sie nicht fragen konnte, und auch ihr Wissen, wie man mit Schwierigkeiten umgehen muss, war für viele Menschen eine große Hilfe. Auch uns Kindern gegenüber war sie so, dass jeder von uns glaubte, er oder sie sei ihr Liebling. Was mir erst nach ihrem Tod bewusst wurde, war ihre Ruhe, die sie ausstrahlte und die mir Sicherheit gab, wenn ich Angst hatte. Von ihr habe ich meine Erkenntnis, dass es Menschen mit viel Angst und Menschen mit wenig Angst gibt. Diese Angst bestimmt unser Verhalten in unserem Leben.

Im Jahr 1942 war der Krieg schon eskaliert. Auch in Lienz spürten ihn alle schon hautnah. Die Schule der Dominikanerinnen wurde in ein Lazarett umgewandelt, alle Kinder mussten, wenn sie jemandem begegneten, den Arm heben und laut und deutlich mit „Heil Hitler“ dem „Führer“ die Ehre erweisen. Einmal habe ich einem Uniformierten mit Grüß Gott geantwortet. Sofort wurde ich in die Bannführung mitgenommen. Dort musste ich 30 Mal Heil Hitler sagen, dann durfte ich wieder gehen mit der Aufforderung, nie mehr einen anderen Gruß zu verwenden als den erlaubten. Am Sonntag wurde jede Woche im städtischen Kino ein Kinofilm gespielt und natürlich wurden auch die aktuellen Meldungen über die Geschehnisse an der Front in der Wochenschau berichtet. Die deutsche Wehrmacht hat immer nur gesiegt und die feindlichen Armeen wurden immer vernichtend geschlagen. Die Jubelmeldungen haben kein Ende genommen. Warum die Deutschen dann den Krieg verloren haben, bleibt bis heute jedem Besserwisser sicher ein Rätsel.

Jeder Haushalt hat ein Radio erhalten. Volksempfänger wurde er genannt. Erst nach dem Krieg hat Vater einen modernen Blaupunkt gekauft. Das grüne Auge hat mich immer fasziniert, wenn ich einen Sender gefunden hatte. Das Radio wurde von Kindern besonders geliebt, wenn Musik übertragen wurde.

In Lienz hat man begonnen, einen Tunnel in den Schlossberg zu graben. Den Kindern wurde gesagt, dass dort Bier gelagert werden sollte, in Wirklichkeit wurde ein Luftschutzkeller für die Bevölkerung von Lienz vorbereitet, der dann auch bei Luftangriffen voll ausgelastet war. Auch ich bin jeden Tag dorthin gelaufen.

Der Spielplatz wurde vom Walter Platz in eine große Wiese, die in der Nähe war, verlegt. Dort wurde von gefangenen Engländern ein riesiges Schwimmbecken gegraben und betoniert. Wahrscheinlich war es eine Beschäftigungstherapie für die Gefangenen, weil das Becken nie vollendet wurde. Täglich kamen die Gefangenen mit ihren Aufsehern. Alle Kinder haben immer zugeschaut und haben von ihnen heimlich Schokolade bekommen. Das schlimmste Erlebnis war ein Tiefflieger, der immer über den Platz geflogen war und mit den Flügeln gewackelt hatte. Alle haben zurückgewinkt. Eines Tages ist er wiedergekommen, alle haben wieder gewinkt, aber er hat plötzlich zu schießen begonnen. Einen Meter neben uns haben die Geschosse eingeschlagen und uns durch die Sprengkraft weggeschleudert. Verletzt wurde niemand, aber das Vertrauen war dahin. Eine Woche später bin ich in der Deferegger Straße nach Hause gegangen. Ich hörte Motorengeräusch und habe mich hinter einem Betonpflock versteckt. Sekunden später hat eine Granate ein paar Meter weiter eingeschlagen. Wieder ist mir nichts passiert, aber die Angst vor einem Flugzeug habe ich nie mehr verloren.

Jeden Tag bin ich in die Schule, die jetzt am Jahnplatz war, gegangen, aber der Unterricht hat nicht lange gedauert. Voralarm wurde gegeben, alle sind gelaufen, um rechtzeitig in den Luftschutzkeller zu kommen. Dieser Alarm wiederholte sich ein paar Mal in der Woche. Manchmal auch jeden Tag. Bis zum Ende meiner Volksschulzeit, war diese Begleitmusik ein fixer Bestandteil meines Lebens. 1944 war geprägt von Sirenenlärm und Truppenbewegungen im Pustertal. Die Bombenangriffe nahmen zu, zwar noch nicht in Lienz direkt, aber aus Italien kommend überflogen die amerikanischen Bomberverbände das Osttiroler Gebiet. Mein Vater musste, obwohl er schon 57 Jahre alt und für den Krieg untauglich war, beim Volkssturm einrücken und außerhalb von Lienz, in Leisach, bei der Erzeugung von Panzerfäusten tätig werden. Erst zu diesem Zeitpunkt habe ich begriffen, wie schwierig für die Menschen dieser Krieg geworden war. Dabei wusste ich ja noch nicht, was sich in den großen Städten abspielte.

Der Luftschutzkeller im Schlossberg war inzwischen fertig und wurde von der Bevölkerung sehr frequentiert. Nach einem Angriff haben die Wartenden Informationen erhalten, ob ihr Haus oder ihre Wohnung den Angriff überstanden hat oder nicht. Oft war die Verzweiflung groß. Unsere Eltern sind nie mitgegangen, ich weiß bis heute nicht, warum, aber wahrscheinlich sind sie im Haus, dort wo sie Wasser geholt haben, gestanden und haben die Entwarnung abgewartet. Dieser kleine Raum hat ein Gewölbe gehabt, das, wie man allgemein der Meinung war, vor Einsturz sicherer war als andere Räume. Manchmal, wenn der Angriff schneller da war, als alle vermutet hatten, sind wir Kinder auch dorthin gelaufen. An einem Mittwoch, die Mutter hatte gerade Fleischlaibchen mit Kartoffelpüree gekocht. Alle sind am Tisch gesessen, ich habe die Gabel mit einem Stück vom Laibchen zum Mund führen wollen, hat es einen Krach gegeben. Die Fensterscheiben wurden zersplittert, alles war voll Rauch und man hörte Aufschläge von Gesteinsbrocken auf der Straße. Alle Hausbewohner flüchteten in den Raum mit dem Gewölbe, aber es war eigentlich überflüssig, weil der Luftangriff ja schon vorbei war. Alle Kinder liefen auf die Straße, die Mutter rief uns nach, wir sollten in den nächsten Luftschutzkeller gehen, der einige Häuser weiter war. 100 Meter weiter waren mehrere Häuser zerstört, Menschen eilten aus den Häusern und begannen nach Überlebenden zu suchen. Alle rannten in den Keller und warteten. Kurze Zeit später kam die Mutter mit dem Essen und alle konnten im Keller weiteressen. Diese Ruhe der Mutter beschäftigt mich bis heute. Ohne Rücksicht auf ihre eigene Sicherheit hat sie nur daran gedacht, dass die Kinder Hunger haben könnten. Bei diesem Angriff wurde auch die Kirche der Dominikanerinnen getroffen. Der vordere Teil der Kirche war zerstört, daher wurde die tägliche Messe in den Speisesaal der Schwestern verlegt. Dadurch durften alle auch die Klausur betreten und haben so erfahren, wie Klosterschwestern leben und miteinander umgehen. Die Schwestern waren untereinander nicht befreundet, sondern haben einander mit Sie angesprochen. Schwester Klara hat auch oft Sie zu Kindern gesagt. Heute denke ich mir manchmal, wie einsam diese Menschen gewesen sein müssen. Die Strukturen in den Klöstern waren genau definiert. Die hierarchische Ordnung ordnete jeder Schwester Aufgaben zu, die sie durchführen musste. Aber auch schon damals war jede Aufgabe mit einer Stellvertreterin besetzt, dadurch war der Ablauf immer gewährleistet. Erst heute wird mir bewusst, wie perfekt ein Klosterleben organisiert ist. Lange bevor in der Wirtschaft solche Systeme angedacht wurden.

MÄRZ

Könnten wir Leben hören, es wäre überall sehr laut.
Könnten wir Düfte sehen, der Blick wäre hell und weit.
Der Frühling lässt sich nicht mehr verleugnen.

Im Jahr 1944 hatte Vater überhaupt keine Arbeit bei den Bauern gefunden, daher teilte er der gesamten Familie mit, dass sie in diesem Jahr nicht auf die Alm gehen werden, weil er kein Geld habe und sie sich nichts mehr leisten könnten. Diese Nachricht war schlimm für alle, besonders aber für mich, weil ich mich das ganze Jahr auf diese Zeit freute. Ich bin zur Kärntner Tageszeitung gegangen und habe dort gefragt, ob sie jemanden brauchen könnten, der jeden Tag die Zeitung in der Früh zu den Haushalten bringen würde. Die Redaktion war einverstanden und so bin ich vom Februar bis Ende Juni jeden Tag, bevor ich um halb sieben ministrieren gegangen bin, zur Spitalsbrücke gelaufen. Dort wurden die Zeitungen von Klagenfurt kommend hinterlegt und ich konnte sie noch vor Schulbeginn zu den Lesern bringen. Niemand von der Familie hat etwas mitbekommen, weil ich schnell war und um halb acht wieder zu Hause war.

Am 2. Juli habe ich den Betrag für die Finanzierung der Alm für 2 Monate auf den Tisch gelegt und habe gehofft, dass sich alle darüber sehr freuen würden. Vater war beleidigt und hat zu mir gesagt: „Freust du dich, dass du mich demütigen konntest, indem du mir gezeigt hast, was für ein Versager ich bin, weil ich das Geld nicht aufbringen konnte?“

Das hatte ich nicht erwartet. Heute verstehe ich seine Reaktion besser, weil ich heute weiß, wie klein das Selbstbewusstsein des Vaters war und wie schnell es sich in Depressionen umgewandelt hat, wenn diese Phase aktiv wurde.

Frau Frontaler, das war jene Frau, die neben uns wohnte, hatte zwei Töchter. Hedwig hieß die ältere. Sie war arbeitslos, weil schon damals Menschen über 40 Jahren kaum Arbeit bekamen, obwohl die Männer ja im Krieg waren und daher viele Arbeitsplätze von Frauen besetzt wurden. Ich habe Hedwig zur Redaktion der Kärntner Tageszeitung mitgenommen und dort gebeten, ihr meine Stelle als Zeitungsausträgerin zu geben, weil ich aufhören wollte. Sie hat diese Arbeit bis zu ihrer Pensionierung übernommen. Ich habe mich darüber immer sehr gefreut, wenn ich in späteren Jahren nach Lienz heimgekommen bin.

Obwohl die Situation sehr bedrohlich war, sind alle täglich in die Schule gegangen, ich habe mit Vorzug abgeschlossen, 4 Jahre ohne einen Zweier in den Zeugnissen. Ich durfte als Einziger meiner Familie die Prüfung ins Gymnasium machen, die ich bestens bestanden habe. Im Sommer konnten alle wieder auf die Rottmann-Alm gehen, weil das Finanzielle abgesichert war. Diese 2 Monate im Sommer waren die schönste Zeit des Jahres für alle, weil wir den ganzen Tag auf Abenteuer gehen konnten. An der nahen Quelle, von der wir täglich das Wasser holten, bauten wir Stauseen und Ableitungen, es war ein Eldorado. Von oben konnten wir auf die Stadt sehen, auch die Fliegerangriffe konnten wir mitverfolgen, ohne gefährdet zu sein, weil der Talkessel zu schmal war, die Bomben abzuladen, wenn die Flugzeuge von Süden kamen. Wenn ein Flugzeug aus dem Geschwader Richtung Kärnten abgebogen war, dann wussten alle, dass ein Angriff auf Lienz kommen werde. Einmal konnte man sehen, wie ein Jäger abgeschossen wurde, der dann in Lavant abstürzte. Überlebt hat der Pilot nicht, weil er zwar mit dem Fallschirm abspringen konnte, aber als er am Boden aufkam, wurde er von Soldaten erschossen.

Mit unserer Familie war jedes Jahr die Familie Benedikt mit auf der Alm. Sie hatten auch vier Kinder im gleichen Alter, daher war das Miteinander besonders schön. Viele Ausflüge mit den gleichaltrigen Freunden sind mir in Erinnerung geblieben. Einmal wollte ich einen Geier mit Pfeil und Bogen abschießen, der immer auf demselben Baum gesessen ist. Die Alm war ja über der Baumgrenze, daher war das der letzte Baum, auf dem der Geier sitzen konnte, um auf seine Beute zu warten. Das Anschleichen war für mich kein Problem, weil ich mich vorsichtig heranpirschte. Die Pfeile hatten keine Reichweite, daher war das Abenteuer bald zu Ende. Ich habe dabei gelernt, dass man einen Vogel haben kann, aber auf ihn schießen sollte man nicht, weil er den Menschen überlegen ist.

Viele Soldaten kehrten von der Front zurück, viele waren gefallen und viele Kinder hatten ihren Vater verloren, der sich für das Vaterland „geopfert" hatte. Bis heute verstehe ich nicht, warum Menschen im fernen Ausland ihre Familien vor einem Feind beschützen müssen, sie selbst dabei umkommen, die Familie aber dadurch ungeschützt zu Hause der großen Gefahr ausgesetzt ist. Die Kinder haben den Krieg anders erlebt als die Erwachsenen. Die verschiedenen Jahreszeiten haben sie genau so erlebt wie die heutige Jugend. Alles war neu für sie und sie glaubten, Krieg gehört zum Leben, daher waren auch Bombenangriffe ein Teil ihrer täglichen Erfahrungen. Nur einmal wurde ich geschockt, als ich nach einem Angriff in die Schule gelaufen bin. Ein Haus ganz in der Nähe von uns wurde zerstört. Dabei wurde auch die Frau des besten Freundes meines Vaters verschüttet. Ich habe gesehen, wie mein Vater versuchte, mit den Händen den Schutt wegzuräumen, um die Frau zu befreien. Als er sie erreicht hatte, hat sie noch seine Hand gedrückt. Bis sie frei war, war sie tot. Die damaligen Nazigrößen von Lienz, der Kreisleiter, der Bannführer und seine Gefolgsleute, sind auch dort gestanden und haben zugeschaut, wie die Nachbarn versucht haben, die Menschen zu retten. Mein Vater war so wütend, dass er zu ihnen hingegangen ist und sie angeschrien hat: „Sie sind schuld an dieser Katastrophe, stehen herum und schauen zu, anstatt zu helfen. Sie sind nur Gesindel." Ich wurde das erste Mal mit den Folgen konfrontiert. Auf dem Weg von der Schule sind wir, meine Schwester Hildegard, eine Freundin von ihr und ich, nach Hause gelaufen. Die Freundin hat ein paar Häuser vor unserem Haus gewohnt, daher hat sie sich von mir verabschiedet und ist ins Haus gelaufen. Meine Schwester und ich sind gerade noch daheim angekommen, als die Sirenen geheult haben. Im nächsten Moment sind bereits Bomben gefallen. Eine Stunde später wollten wir sehen, was getroffen wurde, und haben Teile der Freundin am Baum hängen sehen. Auch ihre Eltern sind beim Angriff ums Leben gekommen. Gott sei Dank haben alle meiner Familie diesen Krieg überlebt. Viele Menschen, die nichts getan haben, sind Opfer geworden, weil das Leben damals wenig wert war. Wichtig waren das „Deutsche Reich" und sein „Führer".

Am Wochenende, wenn die Väter zu uns auf die Alm kamen, war diese Zeit besonders aufregend. Die Erwachsenen wussten viel zu erzählen und die Kinder horchten mit offenem Mund zu und waren begeistert, was sie da alles hörten. An einem Abend, die Eltern glaubten, dass alle schon im Bett seien, haben wir uns in der Holzkiste versteckt und hörten Schnurren aus der Zeit, als sie miteinander im Kolpinghaus Theater gespielt haben. Das war auch der Moment, an dem ich beschlossen habe, später einmal Theater zu spielen. Leider wurden wir in der Holzkiste entdeckt und sofort ins Bett geschickt. Es war ja schon fast Mitternacht.

Im Frühjahr 1945 waren Bombenangriffe an der Tagesordnung. Um 8 Uhr begann die Schule, um halb 10 Uhr waren alle wieder auf dem Weg in den Luftschutzkeller. Manchmal war die Zeit bis zum Angriff so kurz, dass alle nur mehr in irgendein Haus, das in der Nähe war, hineinlaufen konnten. Nicht immer haben die Bomben die Stadt getroffen. Lienz war eine Region, über die der Nachschub nach Italien transportiert wurde. Die Amerikaner versuchten, die Bahnlinien zu zerstören, um die Transporte zu verhindern. Die deutschen Truppen haben sich aus Italien zurückgezogen, um über Lienz nach Kärnten zu kommen. Einmal hat eine Gruppe von Soldaten keinen Platz zum Schlafen gefunden. Sie haben meine Mutter gebeten, bei uns übernachten zu dürfen. Sie hat es erlaubt und so haben in unserer Küche und im Schlafzimmer ca. 15 Soldaten die Nacht verbracht. Für uns Kinder ein tolles Erlebnis, weil es eine Abwechslung war und die Männer die halbe Nacht erzählten, was sie erlebt hatten. Sie mussten am Boden schlafen, aber das waren sie ja gewohnt. Am nächsten Tag waren sie wieder unterwegs irgendwohin. Heute weiß ich, dass Krieg eine Geisteskrankheit sein muss, weil dieser keinen Sinn ergibt.

Am Dreikönigstag, am 6. Jänner, gab es in Lienz den Brauch, als Heilige drei Könige von Haus zu Haus zu gehen und passende Lieder zum Fest zu singen. Die Darbietungen waren nicht nur vom Musikalischen hörenswert, auch der Rahmen war entsprechend feierlich. Die Freiwilligen-Spenden behielten die Sänger und verbesserten so ihr Einkommen, das zu diesem Zeitpunkt nicht bei allen Sängern hoch war. In der Familie von uns war Hausmusik der normale Alltag, daher fühlten wir uns auch befähigt, diesem Brauch zu huldigen. Vater hatte was dagegen, dass wir wie Bettler von Familie zu Familie gehen wollten, es sei denn, dass wir für die Mission sammeln würden. Er hat dann die Kostüme entworfen und so wanderten wir von Haus zu Haus und wurden wegen unserer Gesangsqualität sehr gefeiert. Einige Jahre haben wir zusammen mit Kindern aus dem Haus und mit Nachbarskindern diese Missionsaktion am 6. Jänner durchgeführt und haben für eine Missionsstation in Uganda, in der unser Onkel Josef Missionar war, doch einiges Geld hereingebracht. Sogar im Missionsboten wurden wir mit Bild abgebildet und auch ein Artikel über unsere Initiative wurde dort geschrieben. Bei den Franziskanern in Lienz war ein Pater namens Bruno, der Anfang der Fünfzigerjahre nach Oberösterreich versetzt wurde. Dort hat er mit der dortigen Jungschar diese Aktion weitergeführt und es wurde daraus die Drei- Königs-Aktion der katholischen Kirche. Die Erfinder hat man einfach vergessen zu erwähnen,

APRIL

Wie Tag und Nacht sich treffen, wie kalt und heiß sich bindet,
wie bitter und süß den Geschmack behindert,
wie Liebe und Hass uns Menschen verändert,
so bringt der April eine neue Zeit, im Ablauf des Jahres.

Im Gymnasium hatte ich einen Religionslehrer, er war Dr. der Theologie und wohnte in einem eigenen Haus in der Nähe der Pfarrkirche mit seiner Wirtschafterin. Wenn er Messe gelesen hatte, dann wussten alle, dass diese nach 13 Minuten zu Ende sei. Es wurden Wetten darüber abgeschlossen. Der Rekord war 12 Minuten. Von ihm habe ich auch gelernt, warum die Juden verfolgt wurden. Im Religionsunterricht, den wir in der Krypta der Pfarrkirche hatten, erklärte er uns, dass die Juden bei der Kreuzigung Christi gerufen haben: „Sein Blut komme über uns und unsere Kinder!“ Gott ist gerecht, hat er uns erklärt, daher werden sie auch immer verfolgt werden. Ich wurde ein fanatischer Antisemit, erst später, als ich erwachsener wurde, habe ich diese unglaubliche Lüge durchschaut. Zusammen mit anderen Erlebnissen, die ich mit dieser katholischen Kirche hatte, bin ich sehr misstrauisch geworden, wenn ihre Vertreter etwas von sich gegeben haben.

Ab dem zweiten Jahr im Gymnasium wurde neben Englisch auch Latein gelehrt. Der Lateinlehrer konnte diese Sprache gut vermitteln, außerdem habe ich als Ministrant viel Latein lernen müssen, weil erst nach dem Konzil in der Messe Deutsch gesprochen wurde. Im Religionsunterricht durfte man keine Bibel lesen, das durften nur die Evangelischen. Die katholischen Kinder haben einen Katechismus bekommen, in dem aus der Bibel nur das aufgeschrieben war, was Laien lesen durften. In Englisch haben wir eine Lehrerin gehabt, die kaum 30 Jahre alt war und Englisch selber nur aus einem Buch gelernt hatte, weil sie uns mitteilte, dass wir so schreiben müssten wie wir sprechen. Alle haben einen Fünfer bei den Schularbeiten gehabt. Sie ist nicht lange geblieben, denn eine Klasse, die nur Fünfer schreibt, noch dazu in Englisch, muss entweder gestört sein oder die Lehrerin unterrichtet falsch.

Wir haben einen Englischlehrer bekommen, der im Krieg schwer verletzt wurde. Seine Arme waren verunstaltet, sein Gehör war durch eine Rakete völlig zerstört worden, aber er beherrschte Englisch wie ein Engländer. Alle hatten es leicht, weil er nur von den Lippen lesen konnte. Wie grausam Kinder sein können, konnte ich im Unterricht bei ihm erleben. Immer wenn er sich umdrehte, konnte man dem Schüler, der geprüft wurde, alles laut vorsagen. Er hörte wirklich nichts. Meine Mutter hat nach meinen Erzählungen die Konsequenz gezogen und mir einen Nachhilfelehrer in Englisch besorgt. Dieser war der Sohn des Malers Albin Egger, Lienz. Während des Krieges war er in England und hat dort in einer Bank gearbeitet. Sein Englisch war so perfekt, durch ihn habe ich meine Aussprache so verbessert, dass ich später sogar mit Engländern verwechselt wurde, wenn ich Englisch gesprochen habe.

Der Sommer 1946 war der letzte schöne Sommer für unsere Familie. Meine Mutter hat Brustkrebs bekommen und musste operiert werden. Heute wissen wir, dass Krebs dann entstehen kann, wenn die Psyche dramatische Situationen nicht verarbeiten kann. Meine Mutter hat es wirklich schwer gehabt. 4 Kinder und einen Mann, der Künstler war und für den die Malerei sein Leben war. Er war selten daheim, weil die Restaurierungen von Kirchen seine ganze Kraft verlangten. Viele Gemeinden haben nach dem Krieg ihre Kirchen, auch als Dank für das Überleben, schön haben wollen, daher war er sehr gefragt.

Damals waren die Heilungschancen sehr gering, weil die Chemotherapie noch in den Kinderschuhen steckte. 1948 ist sie dann gestorben. Das war für alle eine schlimme Zeit. Meine Mutter wollte nicht im Schlafzimmer sterben, (wir hatten ja nur ein Zimmer) weil sie Angst hatte, dass wir Kinder uns dort immer fürchten würden. Vielleicht hat sie sich erinnert, wie ihre Mutter gestorben war, und wollte uns diese Erfahrung nicht antun. Sie hat Vater gebeten, in seinem Atelier ein Bett aufzustellen. Dort hat sie ihre letzte Zeit verbracht. Alle Kinder hatten jeden Tag „Dienst" bei ihr. Meine Zeit war täglich von 15 bis 18 Uhr. Besonders die letzten Tage waren für mich prägend. Eine Woche vor ihrem Tod hat sie uns allen einen Zettel gegeben, auf dem jeder von uns Aufgaben übertragen bekommen hat, die er durchführen musste, wenn wir beisammenbleiben und nicht in ein Heim abgeschoben werden wollten. Es war für alle selbstverständlich, diesem Wunsch nachzukommen. Ich habe dabei gelernt, zu delegieren. Später ist mir dieses spielerisch Gelernte sehr zugute gekommen.

Am Sonntag, dem 4.7., es ging ihr an diesem Tag scheinbar besonders gut, fragte sie mich, was es Neues in Lienz gäbe, und ich berichtete ihr, dass der Zirkus Rebernig in Lienz sei und dass ich schon die Tiere gesehen habe. Sie fragte mich, ob ich gerne in den Zirkus gehen würde. Natürlich bejahte ich diese Frage, aber sagte auch, dass das nicht gehen würde, weil sie ja so krank sei. „Machst du mir die Freude und gehst heute dorthin, ich würde mich so freuen." Natürlich wollte ich gerne gehen, aber ich erwiderte, dass ich Vater noch fragen müsse. Sie sagte daraufhin: „Das mach ich schon, ich sag ihm, dass ich es dir erlaubt habe und dass es mein Wunsch ist." Bevor ich gegangen bin, habe ich mich noch verabschiedet, ohne zu wissen, dass es ein Abschied für immer war.

Dieser Abend im Zirkus war aus vielen Gründen ein besonderer Abend. Es war das erste Mal, dass ich allein fortgegangen bin, und ich habe in meinem Leben nie mehr so gelacht wie an diesem Abend. Am Weg zum Zirkus sind mir die Bauern begegnet, denen die Rottmann-Alm gehört. Sie wollten auch in den Zirkus gehen und haben mich gleich mitgenommen. Ich habe mich sicherer gefühlt, auch weil ich dadurch keine Schwierigkeiten beim Eintritt befürchten musste.

Es war schon halb 12 Uhr nachts, als ich heimkam. Nirgends brannte Licht in der Wohnung, daher bin ich sofort schlafen gegangen. Ich habe nicht bemerkt, dass niemand in der Wohnung war. Müde war ich auch, daher bin ich schnell eingeschlafen. Mein Bruder hat mich unsanft aufgeweckt und mich angefahren, ich solle sofort aufstehen, weil die Mutter gestorben sei. Ich habe das nicht sofort realisieren können, aber ich habe mich angezogen und bin mit ihm ins Atelier gelaufen. Alle Bewohner des Hauses waren dort versammelt und haben laut gebetet. Meine Mutter ist im Bett gelegen und hat sich nicht gerührt. Die Fliegen sind auf ihrem Gesicht gesessen, aber sie hat sie nicht entfernt. Langsam habe ich begriffen, dass sie tot war. Ich konnte nicht weinen. Heute weiß ich, dass Schock andere Reaktionen beim Menschen hervorruft als normale Vorkommnisse in seinem Leben. Mein Vater hat mich zur Seite genommen und mir Folgendes vorgeworfen: „Du bisch fanix, während deine Mutter stirbt, gehsch du in den Zirkus und vergnügst dich. Du hasch keinen Charakter." Vielleicht war es dieser Satz, der mich so geschockt hat, dass ich nicht mehr traurig sein konnte, weil ich mir keiner Schuld bewusst war. Ich wäre nie in den Zirkus gegangen. Es war der ausdrückliche Wunsch meiner Mutter an diesem Abend, dass ich dorthin gehen sollte. Natürlich habe ich mir und auch meiner Mutter diesen Wunsch gern erfüllt, weil ich kein schlechtes Gewissen haben musste, einem Vergnügen nachgegangen zu sein. Ich war wie versteinert.

Auch die Tage danach bis zum Begräbnis waren für die Familie eine schlimme Zeit. Es waren auch die letzten Tage vor den Sommerferien in der Schule. Die letzten Schularbeiten mussten gemacht werden, meine Gedanken waren überall nur nicht im Unterricht. Mein Vater ist zur Schule gegangen und hat dort mitgeteilt, dass ich das Gymnasium verlassen werde, weil er mich zu einem Bauern als Knecht geben werde. Ich habe ein Abschlusszeugnis mit lauter Vierern in allen Fächern bekommen. Wahrscheinlich aus Mitleid mit mir, weil meine Mutter gestorben war. Zum Begräbnis sind viele Menschen gekommen, auch weil meine Mutter sehr beliebt war und man die Trauer mit der Familie teilen wollte. Ich habe nur das Begräbnis selbst im Gedächtnis, nicht die Feier nachher, weil ich unmittelbar nach der Zeremonie am Grab weggelaufen bin. Der Kaplan der Pfarre hat an diesem Nachmittag 8 Buben in meinem Alter in der Krypta der Pfarrkirche St. Andrä zu Herz Jesu Rittern geschlagen. Es wurde uns ein kleiner Schnitt am Handgelenk gemacht. Das Blut wurde mit dem Blut der anderen vermischt und sie wurden mit einem Schwert zum Ritter geschlagen. Aids war damals noch nicht bekannt. An diesem Wochenende sind alle Ministranten für eine Woche zu einem Zeltlager nach Kals in Osttirol gefahren. Im Programm am ersten Tag war eine Bergtour auf den Großglockner. Es war ein wunderschöner Sommertag, als wir losgingen. Aber alle mussten eine Regenhaut mitnehmen, weil am Großglockner das Wetter schnell wechseln kann. So war es dann auch. Wir waren fast am Gipfel, als plötzlich schwarze Wolken den Himmel verfinsterten und ein unglaubliches Gewitter begann. Es blitzte und krachte um uns herum. Ich glaubte, dass ich nicht überleben würde, und hatte mit meinem Leben abgeschlossen. Meine Gedanken waren bei meiner Mutter, die ich ja bald wiedersehen würde. Wir mussten alle Metallteile weglegen, weil der Blitz in Metall schneller einschlägt. Ich habe mich von meiner Uhr trennen müssen, die ich von meiner Mutter zu Weihnachten bekommen hatte, aber ich habe sie so versteckt, dass ich sie nach dem Gewitter wiederfinden konnte, wenn ich überleben würde. Das Gewitter war so schnell wieder zu Ende, wie es begonnen hatte. Alle haben den Gipfel erreicht, aber es war das letzte Mal, dass ich den Großglockner bestiegen habe. Leider hat es dann die ganze Woche geregnet. Wir mussten unsere Zelte abbrechen und in einem nahe gelegenen Gasthaus schlafen und essen. Der Zauber eines Lagers war dahin und das ist mir daher nicht in guter Erinnerung.

Mein Vater hatte inzwischen beim ärmsten Bauern in Lienz für mich eine Stelle als Knecht ausfindig gemacht. Der Name dieses Bauernhofes war „Das Siechenhaus“. Deshalb so, weil Sieche im Tirolerischen „sehr arm“ heißt und kein hohes Ansehen in der Bevölkerung hat. Jeder Bauer in der Umgebung hätte mich genommen, weil mein Vater sehr angesehen war. Fast alle Kirchen in Osttirol wurden von ihm restauriert, daher kannte ihn jeder. Das Siechenhaus hat er sicher deshalb gewählt, weil er mich bestrafen wollte. Ich bin zuerst eine Woche zu meinem Firmpaten nach Mittewald in Osttirol gefahren. Er hatte mich beim Begräbnis eingeladen, weil er mir eine Freude machen wollte. In dieser Woche ist der Tod meiner Mutter mir erst wirklich nahegegangen. Ich musste jeden Abend vor dem Einschlafen weinen und habe dann so tief geschlafen, dass ich jede Nacht ins Bett gemacht habe. Die Tante Lene war schon verzweifelt, weil sie jeden Tag alles waschen musste. Sie hat mir aber keinen Vorwurf deshalb gemacht. Heute weiß ich, dass solche Belastungen, wie der Tod der wichtigsten Bezugsperson eines Menschen, beim Kind auch Bettnässen zur Folge haben können.

Wieder daheim, musste ich meine Sachen zusammenpacken und mich verabschieden. Es waren nur ca. 2 km von unserer Wohnung bis zum Bauern. Ich bin aber nicht mehr nach Hause gegangen, sondern habe dort im Heu geschlafen. In der Früh musste ich um 6 Uhr aufstehen und den Stall ausmisten. Anschließend bin ich mit den beiden Ochsen aufs Feld gefahren und habe dem Bauern beim Heueinbringen geholfen. Das Essen war besser, als ich es erwartet hatte. Meine Schulkameraden habe ich gemieden, weil ich mich geschämt habe, dass ich ein Knecht geworden war und auch nicht wusste, wie es weitergehen würde. Nach einer Woche habe ich den Entschluss gefasst, dass ich sicher nicht als Knecht verkommen werde, und bin in jedes Geschäft in Lienz gegangen und habe dort gefragt, ob sie einen Lehrling brauchen würden. Nach dem 14. Versuch bin ich fündig geworden. Der Sohn des Lebensmittelgeschäftes, in dem meine Mutter immer einkaufte, machte sich außerhalb von Lienz in der Peggetz selbstständig und eröffnete dort ein Lebensmittelgeschäft. Er hatte sich mit seinem Vater verkracht und obwohl er das einzige Kind war, wollte er nicht mehr daheim bleiben. Meine Entscheidung, dort eine kaufmännische Lehre zu absolvieren, hat mein Leben stark beeinflusst. Das Geschäft war in einem Wohngebiet, eine Drei–Zimmer-Wohnung, ein Zimmer, das eine Terrasse hatte, wurde in ein Geschäftslokal umgebaut und eingerichtet. Ein Zimmer war das Schlafzimmer und ein Kabinett wurde zu einem Magazin für Lebensmittel eingerichtet. Eröffnet wurde das Geschäft am 3. November 1948. Ich war Lehrling und habe den Bauernhof verlassen können. Ich durfte wieder daheim schlafen, hatte aber im Dachboden ein kleines Zimmer bekommen. Vater wohnte im Schlafzimmer, meine beiden Schwestern hatten ein Zimmer gegenüber der Küche erhalten. Mein Bruder wohnte neben meinem Zimmer im ehemaligen alten Atelier unseres Vaters am Dachboden. Das Verhältnis zu meinem Bruder war nie wirklich gut. Er war der erstgeborene Sohn und konnte wahrscheinlich nie ganz verkraften, dass ich 2 Jahre später nachgekommen bin. Er war selten daheim und verbrachte die meiste Zeit bei einer Familie, die in Lienz keinen guten Ruf gehabt hat. Sie waren als Raufer bekannt und haben immer wieder gestohlen. Dort war Albert nach dem Tod der Mutter daheim und hat dort auch zu trinken begonnen.

Manchmal kann die eigene Persönlichkeitsstruktur auch zur Belastung werden. Ich wollte immer alles, was ich begann, auch perfekt zu Ende bringen, daher war ich bestrebt, als Lehrling im Lebensmittelgeschäft die mir aufgetragenen Arbeiten perfekt zu erledigen. Mein Arbeitstag begann um 7 Uhr. Bevor ich in das Geschäft fahren konnte, musste ich beim Großhändler in Lienz Lebensmittel für das Geschäft einkaufen. Ohne Fahrrad war das schwierig, daher musste ich mit dem Fahrrad der Firma, an das ein Anhänger angehängt wurde, Mehl, Zucker und Wurst von einem Großhändler holen und in die Peggetz bringen. Bei schönem Wetter war das kein Problem, aber bei Wind und Regen und im Winter war ich manchmal am Rande der Erschöpfung. Weihnachten hat die Familie nach dem Tod der Mutter nie mehr zusammen gefeiert. Hanni war in Liechtenstein in einem Kloster, in das sie auch eingetreten war und heute noch dort ist. Hildegard war in Innsbruck auf der Kunstgewerbeschule und ist zu Weihnachten auch nicht mehr nach Hause gekommen. Albert hat bei seinen Freunden das Fest gefeiert. Ich bin am Heiligen Abend auf den Friedhof gegangen und habe dort auf die Mette gewartet. Vater wollte an diesem Abend niemanden sehen. Sein Schmerz über den Tod seiner Frau war zu groß.

Die ersten beiden Jahre der Lehre waren für mich prägend. Der Chef, „Herr von Hibler“, hatte sich vorgenommen, viele Kinder zu haben, daher war ich vormittags oft allein im Geschäft und lernte sehr schnell den Beruf des Verkäufers bis ins kleinste Detail kennen. Manchmal hörten die Kunden und ich Schreie aus dem Schlafzimmer. Dann wusste ich und auch die Kunden wussten, dass er bald erscheinen werde. Seine Frau hat jedes Jahr ein Kind bekommen. Die Wirtschafterin der Eltern des Chefs ist jeden Tag gekommen und hat gekocht und zusammengeräumt. Dadurch waren die beiden Eheleute freigestellt für das Geschäft und wurden nicht sehr gefordert. Obwohl die Menschen damals wenig zu essen hatten, weil sie nur das einkaufen konnten, was auf der Lebensmittelkarte gestanden ist, hatten die Kaufleute selber keine Not bei den Lebensmitteln. Sie haben sich aus dem Geschäft genommen, was sie brauchten.

In der Berufsschule hatte ich sehr gute Noten, weil ich bestrebt war, zu den Besten zu gehören, was mir auch gelungen ist. Wieder war es ein 6. Jänner, als ich nach dem Mittagessen nicht mehr aufstehen konnte, weil meine Beine nicht mehr wollten. Ich wurde ins Krankenhaus gebracht.

Dort hat man eine schwere Lendenwirbelsäulenverkrümmung festgestellt. Das rechte Bein war 2 Zentimeter kürzer als das linke. Im Befund ist folgender Satz gestanden: „Werden rasch wachsende Jugendliche durch Tragen schwerer Lasten körperlich überanstrengt, dann verbiegt sich der Hals des Oberschenkelknochens. Dadurch schiebt sich der Knochen in der Gelenkspfanne nach oben, was bei Patient Oberlechner der Fall ist.“

Nach 3 Wochen im Spital war ich wieder so weit, dass ich arbeiten gehen konnte, nur das Tragen schwerer Lasten wurde mir vom Arzt untersagt, wenn ich nicht eines Tages im Rollstuhl landen wollte.

Trotzdem freute ich mich auf die Arbeit, weil mich die Kunden sehr schätzten, auch weil ich ihnen bei großen Einkäufen angeboten hatte, die Ware in ihre Wohnung zu bringen. Trinkgeld war immer selbstverständlich und besserte so mein kleines Gehalt (im 3. Lehrjahr 190.– Schilling im Monat) sehr auf.

Das Geschäft war voll mit Kunden, als ich das erste Mal wieder hineinkam. Die Chefin sagte: „Gut, dass du da bist, wir brauchen Zucker, geh in den Keller und bring einen Sack Zucker herauf." Ich sagte ihr vor den Kunden, dass mir der Arzt verboten hatte, schwere Lasten zu tragen. Wütend meinte sie: „Dann können wir dich nicht mehr brauchen. Du kannst verschwinden." Diese Aussage hat mir sehr wehgetan, weil ich nur mehr 7 Monate bis zum Ende meiner Lehre hatte. Ich habe mich umgedreht, bin aus dem Geschäft gelaufen und habe diesen Ort nie mehr betreten.

MAI

Kein Jubel, in den wir Menschen je ausbrechen können,
gleicht der Pracht der Natur, die sie uns im Mai beschert.
Und doch sind wir oft blind, weil wir nicht schauen können.
Wir lieben den Frühling erst im Winter.

Wir leben nur scheinbar allein auf dieser Welt. Wenn ich heute zurückdenke, wird mir bewusst, dass wir uns in einem Verbund bewegen und dass Zufälle unser Leben stark beeinflussen. Darunter verstehe ich, es fällt uns etwas zu. Wir müssen es erkennen und als Chance sehen für unser weiteres Leben. Ein Jungscharführer aus Innsbruck, den ich beim Heimgehen getroffen hatte, hat mich gefragt, wie es mir gehe, und ich habe ihm erzählt, was passiert ist. Darauf hat er mich eingeladen, nach Innsbruck zu kommen. Ich solle mich dort erholen und dann würden wir weitersehen. Ich habe meine Sachen zusammengepackt, habe meinem Vater gesagt, was passiert ist, und bin mit dem Zug nach Innsbruck gefahren. Was ich nicht wusste, war, dass mein Vater zur Wirtschaftskammer gegangen war und angezeigt hatte, dass ich meine Lehre unterbrechen musste, weil der Lehrherr mich ausgebeutet hatte. Er hat nie mehr einen Lehrling zur Ausbildung anstellen dürfen.

Innsbruck ist eine wunderschöne Stadt. Nach 3 Wochen Erholung hat der Jungscharführer mir eine Lehrstelle in einem Import-Export-Unternehmen verschaffen können. Die Fa. Timex importierte unter anderem Kolbenringe für Autos, Traktoren und Autobusse. Ich musste diese Waren verwalten, verschicken und auch zu den Firmen in Innsbruck ausliefern. Wohnen durfte ich auf Kosten der Firma in einem Studentenheim in der Anichstraße. Ein völlig neues Lebensgefühl, das zwar streng an fixen Regeln strukturiert war, ich dabei aber doch auch viel Freiraum hatte. Der Heimleiter war ein sehr katholischer Mann, stark gehbehindert, aber gütig und offen für spät pubertierende junge Menschen. Es waren gerade Weltmeisterschaften im Skilauf und Skispringen, daher war das Radio ein Segen für alle. Alle waren live dabei und fieberten mit den Stars mit, egal, ob Toni Sailer, Molterer oder Hinterseer. Das Heimleben brachte mit sich, dass ich auch Theater spielen durfte. Es war das erste Mal seit meiner frühesten Kindheit, dass ich Theaterluft atmen konnte. Sie hat mich später nicht mehr losgelassen. Ich durfte einen sehr bösen Knecht spielen. Meine Schwester Hildegard, die damals an der Kunstgewerbeschule ihre Ausbildung machte, hat eine Vorstellung gesehen und war entsetzt über meinen bösartigen Charakter. Sie irrte, es war die Rolle, in die ich mich hineinversetzte, und daher konnte ich wiedergeben, was ich gelernt hatte. Durch meine gesangliche Begabung durfte ich jeden Sonntag in der Pfarrkirche von Innsbruck mit dem Chor und auch manchmal das Solo in einer Messe singen. Der Heimleiter war der Meinung, dass diese Stimme ausgebildet werden sollte, daher ging er mit mir zu einem bekannten Opernsänger, Freiherr von Bärenkamp, der mir meinen Bassbariton so entwickelte, dass ich später damit viel Erfolg hatte.

Die Fa. Timex, mein Arbeitgeber, hat mir sehr viele Möglichkeiten geboten, den kaufmännischen Beruf fertig zu lernen und mit Erfolg abzuschließen. Ich durfte in der Handelsakademie maturieren. Am Ende der insgesamt 5-jährigen Ausbildung war ich fertiger Großhandelskaufmann, wobei mir die Jahre als Lebensmittelkaufmann angerechnet wurden. Einen Monat vor dem Abschluss der Schule habe ich den Buchhaltungschef gebeten, mir einen Vorschuss auf mein nächstes Gehalt zu geben, weil ich mit dem Zug nach Lienz fahren wollte. Ein besonderes Ereignis war der Grund, warum ich nach Hause fahren wollte. Wie ich schon erwähnt habe, wurde ich im Studentenheim vor allen Studenten als Bastard gedemütigt. Der Buchhalter hat mir geraten, das Geld aus der Portokasse zu nehmen, die ich allein verantwortlich führte. Ich habe ordnungsgemäß einen Zettel mit dem entnommenen Betrag hineingegeben, die Kasse der Sekretärin des Geschäftsführers ordnungsgemäß übergeben und bin ins Heim gegangen.

Am darauffolgenden Montag bin ich wieder nach Innsbruck gefahren und musste sofort zum Geschäftsführer kommen. Dieser fragte mich, warum ich das gesamte Geld aus der Portokasse gestohlen und wofür ich es verbraucht hätte. Er teilte mir mit, dass ich fristlos entlassen sei. Ich war mir keiner Schuld bewusst, weil ich ja einen Beleg für das entnommene Geld in die Kasse gelegt hatte. Die Sekretärin hatte ihm mitgeteilt, dass sie die Kasse erst heute geöffnet hätte und dass diese völlig leer gewesen sei. Ich bin sofort zum Buchhaltungschef gegangen, der auch die Funktion des Betriebsrates hatte, und habe ihm die Situation geschildert. Dieser hat mir den Rat gegeben, zum Eigentümer der Firma zu gehen und ihm meine Sicht mitzuteilen. Das habe ich auch getan und er hat mir geglaubt. Seine Bitte war, ich solle ja nichts unterschreiben, sonst könne er mir nicht helfen. Ich wurde wieder zum Geschäftsführer geholt, der mir einen Beleg vorlegte, auf dem ich einen Geldbetrag bestätigen sollte. Ich weigerte mich, er aber sagte mir, dass das nichts mit meiner Entlassung zu tun habe, sondern nur eine Bestätigung für den Betrag, den ich entnommen hatte, sei. In meiner Unerfahrenheit habe ich unterschrieben. Er hat mich einfach hineingelegt, weil es in Wirklichkeit nach dem Arbeitsverfassungsgesetz eine Abfindungserklärung war und damit mein Arbeitsverhältnis beendet wurde. Erst Monate später habe ich erfahren, dass die Sekretärin die Geliebte des Geschäftsführers war und dass sie nach einem weiteren Griff in die Portokasse fristlos entlassen wurde. Aber davon hatte ich nichts mehr, weil ich ja sofort nach meiner Entlassung Innsbruck verlassen hatte, nach Lienz gefahren bin und ein paar Tage später mit Diphtherie ins Krankenhaus eingeliefert wurde. Meine Mitpatienten waren kleine Kinder, die alle Papa zu mir gesagt haben. Es war eine völlig neue Erfahrung für mich. Ich war selber erst 18 Jahre alt und war aber für die kleinen drei- bis sechsjährigen Kinder ein Erwachsener. Niemand durfte mich besuchen, weil diese Krankheit sehr ansteckend ist.

Drei Wochen war ich in der Isolierstation, bevor ich diese wieder verlassen durfte. Ich habe dort gelernt, wie man Ängste von kleinen Kindern wegbringen kann und wie man mit ihnen umgehen muss, damit sie mit der Situation im Spital besser zurechtkommen können. Ich weiß nicht, warum, aber die Kinder haben mich sehr gern gehabt. Jeden Abend habe ich ihnen Geschichten vorgelesen oder aber auch selber welche erfunden. Beim Abschied haben wir alle sehr geweint.

Ein ehemaliger Geselle meines Vaters, der inzwischen Meister geworden war, hat einen Auftrag erhalten, in Sizilien Holzhäuser am Ätna mit Wasserglas zu imprägnieren, um diese gegen den Funkenflug bei eventuellen Ausbrüchen des Vulkans besser zu schützen. Ich habe mich bei ihm gemeldet, er hat mich genommen und so bin ich nach Sizilien gefahren. 6 Monate hat dieses Abenteuer gedauert. Ich habe in dieser Zeit perfekt Italienisch und viel über die Kultur dieses Volkes gelernt. Ich habe mich dort auch das erste Mal richtig verliebt. Sie war die Schwester eines sizilianischen Freundes, der immer dabei war, wenn wir einander getroffen haben. „Du kannst sie sofort heiraten, dann brauche ich nicht mehr auf sie aufzupassen." Ein Mädchen muss dort unberührt in die Ehe gehen. Wenn was passiert wäre außerhalb der Ehe, hätte er mich müssen mit dem Messer im Gesicht verunstalten. Die Liebe zu ihr war nicht groß genug, daher habe ich sie nicht mehr getroffen. Den 19. Geburtstag habe ich in einem Schutzhaus am Ätna verbracht. Es war eine eigenartige Situation. Fünf Sizilianer, noch ein Osttiroler, der erst später hinaufgekommen war, und ich. Mein Geburtstag verlief recht feucht, weil viel Wein getrunken wurde. Man nennt diesen Wein vino tinto, weil er ein ganz dunkles Rot hat und sehr stark ist.

Das Schutzhaus war auf 3.000 Meter Höhe, gearbeitet haben wir normalerweise ca. 1.000 Meter tiefer. Ich habe gelernt, mit den Langlaufskiern den Berg hinunterzufahren. Nach oftmaligem Probieren ist es ganz gut gegangen. Am Abend sind wir wieder den Berg hinaufgegangen. War nicht sehr anstrengend. 6 Monate gehen schnell vorbei, wenn an jedem Tag neue Eindrücke verarbeitet werden müssen. Die letzten beiden Wochen haben wir im Tal verbracht. Linguaglossa heißt der Ort. 20 km von Taormina entfernt, fast am Meer. Sizilianer sind sehr spontan. Einmal sind wir ins Kino gegangen. Es war ein Liebesfilm. Bei einer Kussszene war mein sizilianischer Freund so erregt, dass er mich küssen wollte. Ich habe plötzlich nicht mehr englisch und italienisch verstanden, was er wollte. Er war sehr beleidigt nachher, weil ich mich blöd stellte. Nach dem Film sind wir mit dem Auto nach Furnari in ein sizilianisches Kaffeehaus gefahren. Plötzlich sind zwei wild aussehende junge Burschen hereingekommen. Der eine wollte von mir eine Zigarette haben. Ich hätte sie ihm ja gegeben, aber unser Chef hat mir verboten, das zu tun. Das hätte ich nicht tun sollen, weil eine Zigarette man dort sogar seinem größten Feind gibt, wenn er darum bittet. Die Bedrohung mit seinem Klappmesser hat mich wieder in die Wirklichkeit zurückgebracht. Die Gäste im Kaffeehaus haben das Lokal verlassen. Die Situation war schon sehr gefährlich. Wir haben alle Zigaretten zusammengesammelt, die jeder bei sich hatte, und ich habe sie ihm gegeben und mich dabei entschuldigt, dass wir so wenig gastfreundlich waren. So schnell waren wir noch nie vorher aus einem Lokal gelaufen wie nach der Entschuldigung durch mich.

Wenn ich heute an Sizilien denke, dann kommt mir immer die Insel Stromboli in den Sinn. Oft bin ich auf einem Hügel gesessen und habe die Aussicht auf dieses bezaubernde Land genossen. Einmal möchte ich noch dorthin fahren, wenn es irgendwie geht.

Auf der Rückfahrt nach Lienz habe ich in Rom Station gemacht. Irgendwie werde ich das Gefühl nicht los, dass ich dort schon früher einmal war, weil mir die Gassen und die Menschen so vertraut vorgekommen sind. Inzwischen war ich oft dort und genieße es immer wieder.

Wieder daheim angekommen, musste ich mich an die neue Situation erst gewöhnen. Meine jüngere Schwester Hanni war in Liechtenstein. Sie war dort schon Im Noviziat. Hildegard war in Innsbruck. Nur mein Bruder Albert war zu Hause, weil er bei unserem Vater als Geselle arbeitete. Vater war sehr verschlossen und einsam geworden. Er redete kaum mit mir, daher war ich immer, wenn ich Zeit hatte, bei der Familie Stampfer auf Besuch. Sie hatten zwei Töchter, die eine war 14 und die andere war 10 Jahre alt. Paula, die Mutter der beiden, war die Tochter der Frau Fronthaler, die bei uns im Haus wohnte und bei der ich schon als Kind öfter war als zu Hause. Ihr Ehemann war in Nordtirol in einem Hotel tätig und daher immer nur am Wochenende bei der Familie. Für mich war diese Familie mein Zuhause geworden, seit ich von Sizilien zurückgekommen war. Paula kochte auch für mich. Wenn wir kein Geld hatten, teilten wir uns die Zigaretten. Leider habe ich in Sizilien zu rauchen begonnen, daher hatte ich oft Gastritis, was zur Folge hatte, dass ich sehr schlank war. Heute wäre ich froh, wenn ich Kleidergröße 48 wie damals hätte. Christa, das war die Ältere von den beiden Mädchen, hatte schon als Kind eine gewisse Zuneigung zu mir. Je älter sie wurde, umso mehr glaubte ich zu bemerken, dass sie mich sehr mochte. Einige Monate lebte ich von der Arbeitslosen-Unterstützung, doch dann habe ich endlich in einem Kleiderhaus als Verkäufer Arbeit gefunden. Am Abend habe ich mich mit meinen Freunden getroffen, die alle sehr musikalisch waren und auch gut singen konnten. Wir sind, wenn es dunkel wurde, von Haus zu Haus gegangen und haben dort unsere Ständchen gesungen, sehr zum Vergnügen der Mädchen, für die wir unsere Schmachtfetzen dargeboten hatten. Der Boss, John, Harry und Luis, wie sie mich nannten, waren das Quartett, das bald schon bekannt in ganz Lienz war. Jeden Abend, wenn es nicht regnete, war eine andere Straße auserwählt, in der wir unsere Kunst vorführten. An einem Sonntag sind wir im Schwarzen Adler gesessen, als einer von unseren Bekannten die Idee hatte, eine Wette abzuschließen. Sollte ich den Mut haben, im Hotel zur Post nebenan aufzutreten und dort ein Lied zu singen, würde er 100 Schilling dafür bezahlen. Wenn nicht, müssten die anderen ihm je 5 Schilling zahlen. Das war viel Geld damals. Ich hatte natürlich den Mut, bin zur Musikkapelle gegangen, das war ein Ensemble aus Zither, Gitarre, Trompete, Schlagzeug und Harmonika, und habe gebeten, ein Lied singen zu dürfen. Alle haben gelacht, waren aber einverstanden, dass ich mit ihnen singen dürfe.

Ein schrecklicher Schmachtfetzen „Wo der Wildbach rauscht", damals die Nummer 1 am Schlagerhimmel. Der Erfolg war unglaublich. Der Besitzer des Hotels, Herr Eck, hat mich sofort engagiert für S.100.– pro Abend. Das waren S.3.000.– im Monat und das netto jeden Abend auf die Hand. Ich war wahrscheinlich der erste Schlagersänger, den Lienz damals hatte. S.3.000 war so viel Geld. Man konnte sich dafür sogar eine Wohnung kaufen.

Das Lokal war jeden Tag gesteckt voll. Wenn ich Pause hatte, ich musste ja nur drei Lieder jeden Abend singen, bin ich heimlich aus dem Hotel gegangen und habe mich unter die Zuhörer gemischt, die am Eingang gestanden sind, weil sie drinnen keinen Platz mehr hatten. An einem Abend habe ich meinen Vater dort stehen sehen. Das habe ich nicht erwartet. Darüber war ich sehr glücklich, aber er hat mit mir nie darüber gesprochen. Das war wahrscheinlich überhaupt sein größtes Problem, dass er nie mit uns über sich und seine Ängste und Sehnsüchte gesprochen hat. Seine Verschlossenheit war vielleicht auch die Ursache seiner schweren Depression, die über ihn hereingestürzt ist. Manisch-depressiv war wohl die richtige Diagnose. Manchmal fühlte er sich wie Van Gogh, manchmal war er nur ein kleiner Dilettant, der ja nichts konnte.

Das Engagement im Hotel war für mich gleichzeitig aber auch das Hineinschlittern in eine Lebenskrise. Der Tag und die Nacht haben sich in mir verschoben. Bis 4 Uhr früh war ich unterwegs, bis 14 Uhr habe ich geschlafen, dann bin ich aufgestanden und habe darauf gewartet, bis es Abend war, um wieder im Hotel zu singen und anschließend bei den Tonmixern in der Folie-Bar bis in der Früh wieder zu singen und das Nachtleben zu genießen. Der Hotelier wollte meine Person noch besser nutzen, daher hat er mich für Arbeiten in seinem Hotel angestellt. Ich musste dadurch früher ins Bett gehen und meine nächtlichen Auftritte musste ich radikal einschränken.

Im Schloss Bruck wurde das Stück „Der Reiche und der Bettler" geprobt. Eine Theatergruppe aus Lienz unter der Leitung des Kulturstadtrates Unterweger wollte dieses Stück, das bewusst machen sollte, wie wir mit den Mitmenschen umzugehen haben, für die Jugend als Impuls inszenieren. Es fehlte der Bettler. Warum er mich genommen hat, weiß ich bis heute nicht, aber diese Rolle war der Beginn meiner Entscheidung, das Theater in mein Denken zu implantieren. Der Erfolg war überwältigend. Der Osttiroler Bote hat als herausragende Darstellung den Bettler hervorgehoben. Darüber habe ich mich sehr gefreut.

Eines Abends, ich habe meine drei Lieder in der Post gesungen, hat mich ein Herr an seinen Tisch gebeten. Seine Frau und er waren aus Wien und fanden meinen Gesang so toll, dass er mich gebeten hat, nach Wien zu kommen. Er werde dafür sorgen, dass ich in Wien eine große Karriere als Sänger machen werde. Seine Verbindungen seien groß, besonders zur Bühne, weil er direkt im Josefstädter Theater wohne und mit dem Direktor sehr befreundet sei. Natürlich habe ich ihm geglaubt, weil er ja nichts anderes sagte als das, was ich in meinen Träumen gehofft hatte.

JUNI

Die Nächte im Juni sind kurz,
und doch sind sie nie mehr so schön wie in dieser Zeit.
Selbst in der Stille hören wir den Pulsschlag des Lebens in den Zweigen der Bäume und ihr Lied verklärt unsere Sorgen.

Am nächsten Tag habe ich meiner inzwischen zu meiner Ziehmutter avancierten Frau Stampfer und ihrem Mann Lois mitgeteilt, dass ich nach Wien gehen und dort eine große Karriere machen werde. Beide haben geschmunzelt und mir viel Glück gewünscht. Er hat mir noch ein Sakko geschenkt, weil ich selber keines hatte, und hat gemeint, dass ich es irgendwann einmal wieder zurückgeben werde, wenn ich berühmt bin und genug davon hätte. Mein Barvermögen war S. 5.–. Ein Gast aus dem Hotel hat mich mit dem Auto bis Klagenfurt mitgenommen und weil ich kein Geld für die Fahrkarte nach Wien hatte, hat er mir die Fahrt bezahlt, vielleicht mit dem Hintergedanken, dass ich einmal berühmt sein werde, dann würde ich mich revanchieren.

Der Boss, das war jener Freund in unserem Quartett, war Monate vorher nach Wien gezogen, weil er dort in einem großen Tischlerbetrieb Arbeit gefunden hatte. Seine Adresse hatte er mir vorher noch aufgeschrieben. Wien 9, Nussdorfer Straße 24.

Um halb 8 Uhr früh bin ich am Südbahnhof angekommen. Meinen Koffer habe ich in ein Schließfach gegeben, weil ich ja nicht wusste, was weiter geschehen werde. Ich wollte den Boss treffen, der mir sicher weiterhelfen werde. Davon war ich in meiner Naivität überzeugt. Ein Paar Würstel kosteten S. 3,50, den Rest von S.1,50 brauchte ich für die Straßenbahn in die Nussdorfer Straße zur vermeintlichen Adresse des Freundes. Es war niemand zu Hause, daher wartete ich vor der Wohnungstür bis zum Nachmittag. Heute erst wird mir bewusst, wie verrückt ich damals war. Keine Bleibe, nichts zum Essen, den Koffer in der Aufbewahrung, kein Geld, um ihn wieder auslösen zu können. Um ca. 15 Uhr kam ein junges Mädchen zur Wohnungstüre und fragte mich, was ich hier wolle. „Ich suche den Rottengatter Karl“, antwortete ich. „Er soll hier wohnen.“ „Das ist Schnee von gestern“, antwortete sie. „Er ist ausgezogen. Wohin, weiß ich nicht oder ich will es nicht wissen.“ „Also wissen Sie es“, antwortete ich. „Ich muss ihn treffen, weil er mir versprochen hat, dass ich bei ihm wohnen könnte, bis ich was gefunden hätte.“ Das war geschwindelt, aber es ist mir nichts Besseres eingefallen. Das hat das Mädchen berührt und sie hat mir die neue Adresse gegeben. 9. Bezirk, also im selben Bezirk, Bründlbadgasse 14. Ich habe mich sehr bedankt, leider habe ich das Mädchen nie mehr wiedergetroffen. Bis ich die neue Adresse gefunden hatte, war es 17 Uhr. Die Hausbesorgerin hat mir gesagt, dass hier ein Tiroler gewohnt hat bei einer Frau Klar im ersten Stock, aber diese Frau komme erst um 19 Uhr nach Hause. Sie sei Wirtschafterin in einer jüdischen Familie im ersten Bezirk. Um halb acht ist sie nach Hause gekommen. Sie war sehr überrascht, dass jemand auf sie wartete, und bat mich, in die Wohnung zu kommen. „Der Herr Karl wohnt nicht mehr bei mir. Er ist ausgezogen zu seiner Freundin am Gürtel.“ „Könnte ich bei Ihnen wohnen?“, fragte ich sie. „Wenn Sie S. 600.– im Monat für das Zimmer mit Frühstück, und das pünktlich, zahlen, können Sie bleiben. Ich hatte keine Arbeit und schon gar nicht das Geld für so eine hohe Miete. Jemand klopfte an der Wohnungstür. Es war Karl, der noch ein paar Sachen in seinem Zimmer hatte, die er abholen wollte. Seine Überraschung war groß, als er mich sah, und seine erste Frage war, was ich hier mache. Ich habe ihm von meiner Reise erzählt und auch gebeten, mir Geld zu borgen, damit ich für die erste Woche die Miete zahlen könnte. Er war großzügig und hat mir S.300.– gegeben. Damit konnte ich mit der Straßenbahn zum Südbahnhof fahren und meinen Koffer holen. Ich hatte Unterkunft, meinen Koffer und genug Geld, um auch meinen großen Hunger zu stillen.

Karl erzählte mir, dass er mit der Frau eines Polizisten eine Affäre begonnen hatte und diese sich von ihrem Mann scheiden lassen wollte. Sie war auch die Sekretärin in der Tischlerei und dadurch war die Situation nicht einfacher.

Die schnelle, große Karriere war fix in meinem Kopf, daher war mein erster Weg am nächsten Tag zum Josefstädter Theater, wo doch der vermeintliche Gönner wohnen sollte, der mir den Eintritt in die große Welt vermitteln wollte. Seine Frau, die ich ja aus Lienz kannte, öffnete und war sehr verblüfft, als sie mich erkannte. Damit hatte sie nicht gerechnet. Es stellte sich heraus, dass der „Topmanager" Hilfsarbeiter bei den Gaswerken war und eben einmal im Jahr „Große Welt" spielte. Ich habe wieder dazugelernt.

Es war damals sehr schwer, Arbeit zu finden. In den Zeitungen wurden Stellen angeboten, aber wenn ich mich vorstellte, war die erste Frage, ob ich Familie hätte. Familienväter hatten Vorrang, daher war es für mich noch schwerer, überhaupt Arbeit zu bekommen. Aber ich hatte wie immer Glück bei meinen Bemühungen. In der Zeitung war ein Inserat. Eine Maschinenfabrik suchte einen Maler, der Maschinen lackieren konnte. Der Betrieb war auf der Mariahilfer Straße, sehr günstig gelegen. ich konnte mit der Stadtbahn von der Alserstraße bis zum Westbahnhof fahren und dann waren es nur mehr ein paar hundert Meter zum Betrieb. Der Meister war ein älterer Mann, der ausschaute wie Hans Moser und sich auch so gebärdete. Wie er hörte, dass ich ledig sei, meinte er, ich solle nächsten Tag wiederkommen, weil die Bezahlung so niedrig war, dass er nicht glaubte, dass ein Familienvater damit seine Familie ernähren könnte. Am nächsten Tag bin ich wieder hingegangen. Ich hörte, wie er zu einem Mechaniker sagte: „Wenn der Gscherte heute wiederkommt, nehme ich ihn." Er drehte sich um, lachte und sagte zu mir: „Sie sind eingestellt, wenn Sie wollen, bleibens glei da."

In Sizilien hatte ich gelernt, wie man mit Farbe und Pinsel umgehen muss. Das warmir jetzt sehr zugutegekommen. Ich war der „gscherte Bamaff" und die Dreher an den Maschinen waren die Herren. Wann immer etwas wegzukehren war, wurde ich gerufen und musste sauber machen. Einige waren auch nett zu mir. Verdient habe ich in der Woche S. 268.– netto. S150,– brauchte ich für das Zimmer. So blieb nicht mehr viel für das Leben. In der Nähe war ein Milchgeschäft. Dort kaufte ich jeden Tag 5 Semmeln, einen Streichkäse und 1 Liter Milch. Das war mein Essen für den Tag und wiederholte sich jeden Tag. Die Milch konnte ich mir wärmen, dadurch hatte ich warmes Essen.

Einer der Dreher hat mich eingeladen, mit ihm in eine Tanzschule zu gehen. Dort war gute Gelegenheit für ihn, ein Mädchen aufzureißen, wie er immer sagte. Ich lernte dort tanzen und entwickelte auch Talent für Rhythmus und Bewegung. Diese Tanzschule sollte noch durch das Lied „Der gschupfte Ferdl" Berühmtheit erlangen. Die Wirklichkeit hat das Lied bei Weitem übertroffen. Diese Welt und dieses Milieu waren für mich völlig neu. Lienz war katholisch, konservativ, sehr auf Äußeres bedacht und für uns junge Menschen schwierig, zu verstehen. Wien war das Gegenteil. Charmant, offen, zwar veraunzt und hintenherum, aber auch liebenswert. Ein anderer Dreher war weniger nett zu mir. Er wollte mir zeigen; welche Position er hatte und wie untergeordnet ich war. Wenn er etwas wollte, rief er: „Bamaff, herkommen!" Im Leben kommt alles zu einem selbst zurück, wenn man es in böser Absicht tut. Als ich schon Direktor bei der Donau Versicherung war, kam eines Tages meine Sekretärin herein und sagte mir, dass draußen ein Herr sei, der eine Genehmigung für die Taxilizenz brauche. Diese Genehmigungen konnten damals nur die Versicherungen erteilen, weil das Lenken eines Taxis versicherungstechnisch anders zu behandeln war als das normale Lenken eines Kfz. Wie sie mir den Namen nannte, erinnerte ich mich, dass ich den schon einmal gehört hatte. Der Mann hatte damals schon eine Glatze, daher erkannte ich ihn sofort, als er ins Zimmer kam. Er erkannte mich nicht, vielleicht auch, weil unser Gehirn Menschen nur dann erkennen kann, wenn es damit rechnet, dass wir an jenem Ort sein könnten, an dem wir uns befinden. Ich fragte ihn, was er wolle, er antwortete unterwürfig, die Kappe in der Hand haltend: „Wenn Herr Direktor so gütig wären, mir eine Genehmigung für das Taxi zu erteilen, wäre ich sehr dankbar." „Kennen Sie einen ‚Bamaff'?", fragte ich ihn. Völlig irritiert antwortete er: „Wie kommen Sie darauf?" „Ich war der ‚Bamaff'", erwiderte ich.

„Mein Gott, Sie sind der ‚Gscherte'?" Selbstverständlich hat er die Lizenz bekommen, aber gefreut habe ich mich schon, dass ich mich revanchieren konnte. Doch zurück in die Vergangenheit. Vielleicht war es die einseitige Ernährung oder ein Infekt, eines Tages ist mein Hals angeschwollen und ich hatte große Schmerzen. Ich bin in ein Ambulatorium gegangen und habe mich untersuchen lassen. Es war eine tuberkulöse Drüse, die herausoperiert werden musste. Ich musste am nächsten Tag wiederkommen, wurde dort ambulant operiert und anschließend wieder heimgeschickt. Wenn ich daran denke, dass eine solche Operation heute nur in einem Krankenhaus gemacht werden darf und dass man anschließend auf Rehabilitation gehen muss, um wieder gesund werden zu können, dann macht mich der Gedanke daran, was wir brauchen und was Luxus ist, schon nachdenklich. Ich bin sehr schnell wieder gesund gewesen, weil ich mir den Krankenstand nicht leisten konnte.

Die Milchfrau, bei der ich jeden Tag einkaufte und die mir oft auch Kredit gewährte, wenn ich zu wenig Geld hatte, war sehr klein und stark verkrüppelt. Aber mich hat sie in ihr Herz geschlossen. Vielleicht, weil sie keine Kinder hatte. Ihr Mann war Platzanweiser im Volkstheater und in einem Theaterverein umtriebig. Eines Tages haben mich beide eingeladen, in das Theater und den Filmclub zu kommen. Dieser war in der Nähe meiner Untermiete und zu Fuß erreichbar. Wieder eine ganz andere Welt erwartete mich. Ältere, noch immer auf ihr große Chance wartende Pseudotalente übten dort Szenen aus verschiedenen Stücken, die aber nie zur Aufführung gelangten. Ich wurde dort animiert, mitzumachen. Meine Rollen waren immer junge Liebhaber, ich war der Jüngste in dieser Runde. Diese Rollen waren für mich die beste Übung, wie man aus sich herausgehen musste, ohne sich zu blamieren, weil die Rolle ja den Text vorgab. Ich konnte mich ganz hineinwerfen und mit der Zeit habe ich meine Scheu Mädchen gegenüber ganz verloren.

Meine Vermieterin fühlte sich sehr einsam in ihrer Wohnung und wollte mit mir immer ernste Gespräche führen und vor allem wollte sie Zärtlichkeiten, die ich ihr nicht geben wollte, weil sie für mich uralt war (ca. 70). Völlig überfordert, habe ich auch meine Arbeit gekündigt und bin als Buchvertreter für die Deutsche Buchgemeinschaft quer durch Österreich mit einer Gruppe von Vertretern gefahren. Die Bücher haben wir auf der Motorhaube ausgebreitet und die vorbeikommenden Menschen darauf angesprochen. Die Reaktion war nicht berauschend, daher habe ich mir einen Satz ausgedacht, um das Gespräch besser beginnen zu können. „Lesen Sie gerne?" Viele haben ja gesagt und ich konnte ihnen unsere Auswahl zeigen. Wenn jemand mich ärgern wollte, hat er geantwortet: „Ich kann nicht lesen." Dann habe ich ihm gesagt: „Wir haben auch Bilderbücher." Das hat einige geärgert, aber die meisten haben gelacht und ein Gespräch erlaubt. Diese Art des Verkaufens war eine gute Schule für mein späteres Leben, aber das wusste ich damals noch nicht. Schlimm war die Zeit für uns, wenn es kalt wurde. Wir mussten, ob wir wollten oder nicht, jeden Tag auf der Straße stehen, weil das Hotelzimmer bezahlt werden musste und auch essen sollte man täglich, um überleben zu können. 3 Tage war die längste Zeit, in der ich lernen musste, ohne Essen auszukommen. Einmal bin ich in der Nacht im Hotelzimmer in Vöcklabruck aufgewacht. Neben mir ist ein älterer Mann gelegen und hat schrecklich geschnarcht. Man hatte irrtümlich das Zimmer zweimal vermietet. Als Wiedergutmachung habe ich den ganzen Tag essen dürfen, ohne was zahlen zu müssen. Leider habe ich mir aufgrund der Kälte eine Mittelohrentzündung eingehandelt. Versichert waren wir nicht, daher konnte ich auch keinen Arzt aufsuchen. Die Schmerzen waren schrecklich. Ein Herr hat mich gefragt, warum ich meine Ohren ständig zuhalte, ich habe ihm gesagt, dass ich große Schmerzen hätte. Er war Hals-Nasen-Ohrenarzt und hat mich gebeten, mit ihm mitzugehen. Er hat mich untersucht und hat mir Medikamente mitgegeben, aber nichts verrechnet. Nach ein paar Monaten konnte ich dieses Leben nicht mehr ertragen und bin wieder nach Wien gefahren. Meine Vermieterin hatte mein

Zimmer weitervermietet, obwohl ich meine Miete regelmäßig überwiesen hatte. Ich war auf der Straße und hatte keine Möglichkeit, irgendwo zu übernachten. Ich erinnerte mich an eine Frau, die aus Wien war und die mich in Lienz eingeladen hatte, sie zu besuchen, wenn ich nach Wien kommen sollte, weil ihr meine Stimme so gut gefallen hatte. Sie wohnte mit ihrer Familie neben dem Raimundtheater in einer schönen Wohnung. Ihr Mann hatte ein Lebensmittelgeschäft im 12. Bezirk und sie hatten zwei Söhne. Ich habe dort angeläutet und die Familie hat mich sofort aufgenommen. Von meiner Vermieterin habe ich die bezahlte Miete wieder zurückbekommen. Damit konnte ich kurzfristig ohne Arbeit leben.

Einen Komponisten, den ich im Filmclub kennengelernt hatte, habe ich auf der Straße getroffen und ihn gefragt, ob er wüsste, wo man Arbeit bekommen könnte. „In der Versicherung", war seine Antwort. „Und wie mache ich das?" „Du brauchst dich nur zu bewerben", antwortete er. Es war die Wiener Allianz. Wieder eine schicksalhafte Begegnung, wie sich später herausstellte. Ich bin in die Riemer Gasse gegangen, dort war das Personalbüro, und habe mich beim Personalchef gemeldet und gefragt, ob ich eine Chance hätte, genommen zu werden. Der Personalchef war ein unglaublich einfühlsamer und gescheiter Mann, der sofort erkannte, dass hier eine Notsituation war und dass man einem jungen Mann ohne Arbeit helfen musste.

JULI

Der Sommer ist kurz, weil wir ihn nur halb erleben.
Die Hitze der Sonne zwingt uns zur Ruhe.
Aber in diesem Zustand erleben wir den Winter verklärt.

Am 3. August 1956 habe ich ein neues Leben begonnen. Mein Arbeitsplatz war am Kohlmarkt in der Kraftabteilung. Beginnen musste ich im Archiv, aber nach 2 Wochen habe ich diese Arbeit nicht mehr machen wollen. ich musste die Akten von den Manipulanten übernehmen, die gemachten Veränderungen am Akt auf ihre Richtigkeit überprüfen und dann ablegen. In der Manipulationsabteilung durften nur Maturanten arbeiten. Jeden Tag habe ich einen Teil der Akten zurückgebracht und auf die Fehler hingewiesen, die gemacht wurden. Nach 3 Wochen hatten sie genug von mir. Wenn ich zur Tür hereinkam, haben sie mich mit Klammern beschossen und mich beschimpft. Der Abteilungsleiter, Herr Wimpissinger, hat mich zu sich gebeten und mich gefragt, ob ich nicht in die Abteilung wechseln und selbst Manipulationen machen möchte. Den Aufstieg in so kurzer Zeit habe ich nicht erwartet, war sehr angetan davon und habe sofort zugestimmt. Meine neuen Kollegen waren froh, mich als Kontroller los zu sein, daher haben sie mich in die Runde aufgenommen. Ich durfte die Veränderungen beim Verkauf eines Autos oder bei Adressänderungen am Akt vermerken und dann ablegen. Aber auch diese Tätigkeit hat mich nicht wirklich zufrieden gestellt, weil die Monotonie den Geist behindert, der ständig neue Herausforderungen braucht, um nicht zu altern.

Meine Liebe zur Musik und zum Gesang hat mich nie verlassen, auch wenn mein Leben andere Prioritäten forderte. Im Radio suchte man Kandidaten für einen Gesangswettbewerb.

Ernst Niesner war der Moderator der Sendung, ungefähr 96 angehende und bereits arrivierte Sänger hatten sich gemeldet. Die Sendung wurde aus den Räumen der Börse gesendet. Jeder Sänger durfte ein Lied singen, das von den Hörern bewertet wurde, und im Ausscheidungsverfahren wurde der Sieger bestimmt, der die meisten Stimmen erhalten hatte. Im Finale musste ich gegen einen Opernsänger antreten, der eine sehr schöne Stimme hatte und der die Gralserzählung aus der Oper Lohengrin von Richard Wagner sang. Warum ich gegen ihn gewonnen habe, bleibt mir bis heute ein Rätsel. Mein Lied war damals der große Hit im Radio. Ein italienisches Lied „Vola colomba". Eine Liebesgeschichte, die sehr berührte, und vielleicht war es meine Stimme, die diesem Lied eine besondere Ausstrahlung gab. Der Preis war ein Jahr Ausbildung meiner Stimme bei Albin von Rittersheim, einem Opernsänger, dessen Karriere schon beendet war, weil er nicht mehr der Jüngste war. Von ihm habe ich viel lernen können. Außerdem habe ich einen Vertrag für 30 Auftritte in verschiedenen Großkinos in Wien erhalten. Vorher musste ich eine Prüfung bei der Bühnengewerkschaft ablegen. Seither darf ich als Sänger und Schauspieler überall auf einer Bühne auftreten. Vor den Abendvorstellungen wurden Modeschauen vorgeführt und anschließend hatte ich meinen Auftritt, bevor der Hauptfilm gezeigt wurde. In den Kammerspielen gab es immer Hausfrauennachmittage, bei denen junge Künstler ihre ersten Lorbeeren verdienten. Fritz Muliar hat durch das Programm geführt. Bevor ich auftreten durfte, hat er meine Fingernägel sehen wollen, ob diese auch sauber seien. Er war zufrieden damit und fragte mich, wie viele Lieder ich singen werde. Für drei war ich engagiert. „Nach zweien werde ich den Vorhang schließen lassen", sagte er. Ich wollte dagegen protestieren, aber er blieb dabei. Meine Lieder waren „Die Geisterreiter, Ole O Cangacero und La Paloma". Der Applaus war wirklich sehr groß und führte dazu, dass ich nach drei Liedern zwei draufgeben musste. Muliar hat mir gratuliert und gemeint, dass er mich sicher noch öfter sehen werde. So war es dann auch. 3 Jahre lang habe ich immer wieder Auftritte bei Sylvester-Veranstaltungen gehabt. Im Wiener Konzerthaus, im Hotel Wimberger und in anderen Großveranstaltungen durfte ich singen und war sehr glücklich.

1956 war ein Jahr, das für viele Menschen in Österreich und auch in Ungarn zum Schicksal wurde. Die russische Armee war in Ungarn mit Panzern einmarschiert. Die Grenzen wurden geschlossen, die Österreicher waren gefordert, Flüchtlingen zu helfen und sie aufzunehmen. Ich bin mir nicht mehr sicher, ob die Menschen heute jene Hilfsbereitschaft aufbringen könnten, die damals unglaublich war. Hunderttausend waren über die Grenzen gekommen, oft nur mit dem, was sie anhatten. Allen wurde geholfen und alle wurden aufgenommen, ohne zu fragen, wie es weitergehen wird. Und es ist weitergegangen. Heute bin ich mir nicht mehr sicher, ob in Österreich diese Hilfsbereitschaft noch möglich wäre. Der Wohlstand hat uns Menschen in unserer sozialen Intelligenz verändert. Wir glauben, einander nicht mehr zu brauchen, weil wir ja alles haben, glauben wir. In Wirklichkeit nimmt die Einsamkeit zu, weil wir mit unserem Wohlstand nicht umgehen können. Die Jugend hat Wünsche, die Eltern erfüllen alle Wünsche, weil sie glauben, dass die Kinder dann glücklicher sind. Dabei sind die unerfüllten Wünsche die schönsten Wünsche, weil wir noch etwas vor uns haben.

1957 übersiedelte unsere Direktion auf den Opernring gegenüber der Staatsoper. Die Einführung der EDV war ein Ereignis, das unser gesamtes Arbeitsleben völlig veränderte. Die Umstellung vom Akt zur elektronischen Unterlage musste händisch gemacht werden. Wir erhielten für jeden Akt, den wir mittels eines Grafitstiftes auf einem sogenannten „Fish“ kennzeichnen mussten, bis zu einem Schilling. Wenn jemand fleißig war, konnte er bis zum Doppelten seines Monatsgehaltes dazuverdienen.

Ein Ereignis, das große Auswirkungen für mein weiteres Leben hatte, war eine Betriebsversammlung im Speisesaal des Unternehmens. Jeder Mitarbeiter durfte sich an der Diskussion über das Betriebsklima zu Wort melden und seine Sicht darüber darlegen. Ein gewisser Dr. Vogler meldete sich zu Wort. Er war zu diesem Zeitpunkt Schadensreferent und noch ganz kurz im Unternehmen. Sein Vorwurf dem Generaldirektor gegenüber war, dass er meinte, in diesem Unternehmen könne nur dann jemand etwas werden, wenn er entsprechende Beziehungen habe. Der Generaldirektor bestritt diese Behauptung und erklärte, dass der Einzelne durch seine Leistung die Qualifizierung und seine Karriere bestimme und dass alle anderen Behauptungen nicht zutreffen würden. Er hatte recht. Dr. Vogler war 2 Jahre später Vorstandsdirektor und später viele Jahre Generaldirektor Stellvertreter.

Eines Tages kam der neue Generaldirektor der Allianz Dr. Dr. Zimmer in unsere Abteilung und fragte, ob sich jemand für Opern interessiere. Ich war der Einzige, der sich meldete, weil Musik in jeder Form mein Leben bestimmte. Der Ausblick von meinem Arbeitsplatz auf die Wiener Staatsoper hat den Rest dazu beigetragen, dass ich mich meldete. Er übergab mir eine Karte für die Oper „Rheingold" und wünschte mir gute Unterhaltung. Als ich noch in Innsbruck war, bin ich an jedem Wochenende ins Landestheater gegangen und habe mir dort das erste Wissen über die österreichische Operette geholt. Es gibt fast keine Operette, die dort aufgeführt wurde, die ich versäumt habe. Der Höhepunkt war ein Konzert von Benjamin Gigli. Er war der berühmteste Tenor der damaligen Gegenwart und hatte eine Stimme, die bis heute zu den schönsten Stimmen gehört, die es jemals gab.

Wagner hat mich tief beeindruckt, obwohl seine Musik ganz anders war als die von Puccini, der bis zu diesem Zeitpunkt mein Lieblingskomponist war. Mozart habe ich erst viel später schätzen gelernt.

Im vierten Bezirk habe ich eine Wohnung zur Untermiete gefunden und bin dorthin gezogen. Die Vermieterin war Köchin auf einem Schiff und war kaum in Wien. Ihr Lebensgefährte war Serbe und seine einzige Aufgabe bestand darin, auf die Wohnung aufzupassen und darauf zu achten, dass die Untermieter die Wohnung nicht verwüsteten. Er war leider Trinker und wenn er betrunken war, hat er herumgetobt und alle beschimpft, die ihm gerade untergekommen sind. Besonders abgesehen hatte er es auf eine Untermieterin, die ein kleines Zimmer neben der Küche bewohnte. Sie war Jüdin, eine wirklich liebenswerte Frau, die während des Krieges im KZ war und dort ihre gesamte Familie verloren hatte. Ihr Schicksal hat mich sehr berührt und besonders sensibel gemacht, wenn jemand versuchte, die Zeit Hitlers zu verherrlichen. Eines Nachts, es war schon nach Mitternacht, war er wieder einmal betrunken nach Hause gekommen. Ich wurde von einem furchtbaren Lärm geweckt. Ich bin aufgestanden, um nachzusehen, was los war. Als ich in die Küche kam, versuchte er gerade, die Türe zum Zimmer der Frau Pilnai, so hieß die Untermieterin, einzutreten. Sie schrie von ihrem Zimmer aus um Hilfe: „Er will mich umbringen!" Heute wäre es einfach. Man würde vom Handy aus die Polizei anrufen und in 5 Minuten wäre der Spuk vorbei gewesen. Damals habe ich mich schnell angezogen, bin aus der Wohnung und zum Kommissariat gelaufen, um Hilfe zu holen. Die Polizei hat ihn gerade noch erwischt, als er versuchte, mit einer Axt die Türe aufzubrechen. Die Polizisten haben ihn sofort festgenommen und zur Wache mitgenommen. Bevor er abgeführt wurde, hat er mir noch zugerufen: „Ich erwische Sie schon noch. Sie haben mich angezeigt, wir rechnen noch ab. Sie werden keine ruhige Minute mehr haben!"

Ich habe meine Sachen zusammengepackt und bin am nächsten Tag ausgezogen. Gott sei Dank haben mich Bekannte bei sich vorübergehend aufgenommen. Der Serbe ist nach einem halben Jahr wieder auf freien Fuß gesetzt worden. Eines Tages, ich wollte gerade aus dem Büro weggehen, ist er vor dem Eingangstor der Allianz gestanden und hat offensichtlich auf mich gewartet. Der Portier der Firma hat gleich auf meine Bitte hin telefonisch die Polizei verständigt, die waren sofort da und haben ihn wieder mitgenommen. Ich habe nie wieder von ihm gehört.

Meine Schwester Hildegard war in ein Kloster eingetreten, das sich mit sogenannten „gefallenen Mädchen" beschäftigte. Dieses Kloster hatte auch in Wiener Neudorf eine Niederlassung, in der Mädchen, wenn sie straffällig geworden waren, eingeliefert wurden. Sie konnten dort eine Schule besuchen und die meisten von ihnen erlebten das erste Mal in ihrem Leben Gemeinschaft und Geborgenheit. Die Oberin von dort hieß Flavia und war eine Frau, die für mich eine der tollsten Frauen war, die ich jemals kennengelernt habe. Sie hat mein Problem erkannt und hat alle Hebel in Bewegung gesetzt, damit ich in Wien eine Wohnung bekam und diese auch einrichten konnte.

Im Keller hat sie ein Bild gefunden, das die Heilige Familie darstellte und, wie sich herausstellte, von einem Schüler des berühmten italienischen Malers Utrillo gemalt war. Ich bin damit nach Wien gefahren und habe es schätzen lassen. Die Galerie Lukas in Wien hat mir dafür so viel Geld gegeben, dass ich für die Wohnung in der Mentergasse im 7. Bezirk alle Möbel kaufen konnte, die ich brauchte.

Meine Karriere in der Wiener Allianz entwickelte sich sehr positiv. Die Tätigkeit in der Verwaltung war keine Herausforderung mehr für mich. Ich wollte unbedingt in den Außendienst, zum einen, um mehr verdienen zu können, und auch, weil mein Kopf voll mit neuen Ideen war und weil der Kontakt mit Kunden viel interessanter war, als jeden Tag mit den gleichen Aufgaben konfrontiert zu sein. Die EDV brachte auch in der Verwaltung neue Möglichkeiten der Erledigung, daher bin ich Stammgast in der EDV-Abteilung geworden, der ich immer wieder neue Verbesserungsvorschläge brachte, wie man einfache Arbeiten durch die Maschine erledigen könnte und dadurch selber weniger arbeiten musste. Ich habe dafür auch Prämien erhalten, die mein Einkommen stark aufbesserten.

Im Außendienst wurde ein sogenannter Kraftumwandler gesucht. Die meisten Kfz waren nur mit einer Mindestversicherungssumme bei der Haftpflichtversicherung für das Auto ausgestattet. Eine Höher-Versicherung auf die Dreifach-Deckung brachte dem Unternehmen 20 % mehr Prämie. Ich habe mich dafür beworben und durfte meinen Innendienstvertrag behalten. Die ersten Versuche waren nicht sehr erfolgreich. Wenn ich wo anläutete, mich vorstellte und fragte, ob jemand eine höhere Versicherung brauche, sagte man mir nein und das Gespräch war beendet. Ich lernte dabei, dass wir Menschen dann bereit sind, unsere bisherige Meinung zu verändern, wenn wir erkennen, dass es uns Vorteile bringen würde. Die gesamte Werbung ist auf dem Prinzip aufgebaut, das „Haben-Wollen“ zu wecken.

In der Beilage 3 gehe ich auf dieses Prinzip noch näher ein. Nach dem 10. Versuch änderte ich mein Auftreten. „Sind Sie der Herr XXX? Ich komme im Auftrag meiner Direktion und muss mit Ihnen über Ihre Haftpflichtversicherung reden. Sie haben nur die Mindestdeckung, daher laufen Sie Gefahr, dass Sie laut Bürgerlichem Gesetzbuch unbegrenzt haftbar sind, wenn Sie einen Schaden verursachen." Wenn jemand eine Höher-Versicherung ablehnte, musste er einen Zettel unterschreiben, den ich entwickelt hatte, auf dem stand, dass er über die unbegrenzte Haftung aufgeklärt wurde, aber trotzdem nicht bereit sei, eine höhere Deckungssumme abzuschließen. Niemand hat unterschrieben, alle haben höhere Deckungssummen abgeschlossen. Der Erfolg war so groß, dass diese Methode auf allen Anträgen mit einem roten Pickerl vom Versicherungsverband genehmigt wurde, und in Zukunft musste jeder, der eine Kfz-Versicherung abschließen wollte, diesen Vordruck unterschreiben, wenn er keine Höher-Versicherung wollte. Alle Gesellschaften haben das übernommen. Herr Arnhart, Vorstandsdirektor für den Verkauf in der Allianz, hat mir einmal zugehört, als ich die neuen Verkäufer unterrichtete. Die Folge war, dass er mich zum Schulungsleiter für die Kfz-Schulung machte. Ich wurde zu Seminaren geschickt und musste dort auch Prüfungen ablegen. Emmerich Lipp, auch ein Mitarbeiter des Außendienstes, mit dem ich seit dieser Zeit sehr befreundet bin, ist mit mir öfter zu diesen Seminaren gefahren und beide waren wir bei Prüfungen erfolgreich. Einmal hat der Prüfer die Prüfungsfragen vergessen einzusperren, weil er dringend Pilze suchen wollte. So konnte die ganze Gruppe die Prüfungsfragen abschreiben. Alle haben mit sehr gut abgeschnitten und haben den Titel eines Fachinspektors bekommen, verbunden mit mehr Einkommen. Wir haben nie mehr darüber gesprochen. Der Prüfer war bis zum Schluss des Kurses der Meinung, dass er gut unterrichtet hatte.

Es fällt einem etwas zu.

Einmal bin ich mit meinem Pkw die Lerchenfelder Straße im 7. Bezirk hinuntergefahren. Bei einer Kreuzung, es war Rot, habe ich Herrn Karl Farkas stehen sehen. Ich habe ihn gefragt, ob ich ihn mitnehmen kann, er hat ja gesagt und ich wurde von ihm damit belohnt, dass ich sein Programm bis zum Simpl kostenlos genießen durfte. Jede Frage, die ich stellte, hat er mit einer Moderation beantwortet, die sehr ausführlich war und seiner Genialität gerecht wurde.

Arnhart wurde von der Donau Versicherung abgeworben und wurde dort Verkaufschef im Vorstand. Er wollte mich unbedingt haben, aber die Allianz hat gedroht, dass sie alle Rückversicherungen kündigen würde, wenn die Donau mich abwerben sollte. Lipp hat gekündigt und wurde sein Assistent im Verkauf. Bis 1964 habe ich neben dem Verkauf an vielen Seminaren teilnehmen dürfen, die mir viel Wissen über den Verkauf gebracht haben. Die Lebensversicherung wurde immer besser vom Kunden angenommen, daher hat auch die Allianz diese Sparte in ihr Verkaufsprogramm aufgenommen. Im Rahmen einer eigenen Gesellschaft wurde sie angeboten. Der Generaldirektor Dr. Kästner, ein Deutscher, der aus der deutschen Allianz nach Österreich gekommen war, hat mich gebeten, den Verkauf dieses Produktes in Wien zu übernehmen. Ich habe dieses Angebot sehr gerne angenommen, weil Dr. Kästner ein hervorragender Fachmann auf dem Gebiet der Lebensversicherung war und weil er auch als Persönlichkeit eine Ausstrahlung hatte, die mich faszinierte. Von ihm habe ich unglaublich viel im Bereich des Verkaufs, aber vor allem im Bereich der Lebensversicherung selbst gelernt. Wir haben von ihm den Aufbau, die Entwicklung und auch die Gewinnentwicklung dieser Sparte übermittelt bekommen, wie er es auch später an der Universität in Wien gelehrt hat. Es war keine Kunst, dadurch sehr erfolgreich zu sein. Diese Jahre bei ihm waren die Grundlage meines Erfolges in der Zukunft. Bevor ich als Verkaufsleiter eingesetzt wurde, waren die Ergebnisse in Wien schlechter als in allen anderen Bundesländern. Der Verkauf war auch schwierig, weil wir keine Mitarbeiter hatten, die diese Sparte verkaufen konnten und das auch wollten. Ich musste neue Mitarbeiter suchen und einschulen. Eine faszinierende Aufgabe, weil ich dadurch die Möglichkeit hatte, mir jene

Mitarbeiter auszusuchen, die mit mir ein Team bildeten und die auch bereit waren zu beweisen, dass Unmögliches möglich sein könnte, wenn man wirklich dahintersteht.

Meine Wohnungssituation war durch die Scheidung der ersten Ehe 1966 nicht gut, daher bin ich zum Wohnungsamt gegangen und habe mich um eine Gemeindewohnung beworben. Die Wohnung habe ich zwar nicht bekommen, aber dem Referenten am Wohnungsamt hat mein Einkommen sehr gefallen und er hat mich gefragt, wie man zu so einem Einkommen kommen könnte. „Arbeiten Sie mit mir im Team und es geht Ihnen auch gut." Das hat er dann auch gemacht und ist sehr erfolgreich geworden. Abends wusste ich oft nicht, was ich mit meiner Freizeit anfangen könnte, bin in die Stadthalle gegangen und habe begonnen, Bowling zu spielen. Dieser Sport hat mich so fasziniert, dass ich unbedingt erfolgreich sein wollte. ich bin in einen Club eingetreten und war nach einigen Monaten in der Rangliste ganz vorne. In einem Turnier spielte ich so gut, dass mir sogar der Weltrekord gelungen ist. 11 Strikes in einem Spiel hatte vorher noch nie jemand geworfen, leider war der letzte Wurf zum ewigen Rekord nicht mehr so erfolgreich. 3 Pin sind stehen geblieben, aber der Rekord und, was mich auch besonders gefreut hat, zwei Mitarbeiter der Bowlinghalle habe ich für mein Team angeheuert und die waren, zusammen mit noch drei Verkäufern, die ich über Inserate gefunden hatte, mein Erfolgsteam.

AUGUST

Wie aus der Knospe die Blüte, aus der Blüte die Frucht,
so entwickelt sich unser Geist in das ewige Sein.
So ist der August, wenn wir versteh'n,
auch der Februar.

Nach 3 Jahren war Wien führend und meine Mitarbeiter waren das erfolgreichste Team in der Lebensversicherung. Wir haben 1972 sogar die höchste Trophäe, die von der Direktion ausgeschrieben war – das Lebensschiff – gewonnen. Die Sternfahrt mit den Filialen von Wien nach Ybbs an der Donau über acht verschiedene Stationen mit Autobussen, ist in die Geschichte der Allianz eingegangen. Bevor die Autobusse von Wien wegfahren konnten, mussten die Teilnehmer ein Kreuzworträtsel, das ich im Kurier inseriert hatte, lösen. Erst mit der Lösung konnten sie zur ersten Station der Reise fahren. Es war Stockerau. Dort mussten sie herausfinden, welches Stück bei den Festspielen letztes Jahr gespielt wurde und wer der Hauptdarsteller war. Die nächste Station war das Heldengrab von Radetzky. Ein Fachinspektor meines Teams war als Mönch verkleidet und hatte die nächste Aufgabe parat. Diesen Mönch musste man aber erst finden, weil er betend, die Kapuze über den Kopf gestülpt, auf und ab ging. Alle haben ihn gefunden, weil ja nichts verborgen bleibt. Auf dem Weg nach Krems mussten sie auf einem Kriegerdenkmal herausfinden, wie oft der Name Huber auf der Gedenktafel geschrieben war. In Krems selbst mussten sie ein Denkmal finden, das von einem Ehepaar handelte, (den Simandl Brunnen).

In Ybbs mussten sie die Donau mit dem Fährschiff überqueren. Auf der anderen Seite erhielten sie die nächste Aufgabe. Das Ziel war Weißenbach und dort das Goldene Schiff. Ein berühmtes Restaurant und gleichzeitig war das auch der Name der Trophäe, die wir gewonnen hatten. Eine der nächsten Aufgaben war das originellste Mitbringsel, das die Autobus-Insassen auf der Fahrt zum Ziel auftreiben konnten. Ein lebendes Schwein war der Sieger. Es wurde nicht geschlachtet, sondern auf einem Bauernhof großgezogen. Wochen vorher mussten die Gruppen zu einer Melodie einen Text formulieren, der Allianz-bezogen sein musste. Den Text selbst habe ich leider vergessen. Die Vorbereitungen zu diesem Fest mussten geheim ablaufen. Ohne Frau Helga Rhomatka, die Sekretärin des Generaldirektors Dr. Kästner, hätte ich diese Arbeit nie allein durchführen können. Sie ist mit mir alle Stationen abgefahren und hat mit ihren Ideen viel Anteil an diesem großen Erfolg.

Wenn ich heute zurückdenke, verdanke ich der Allianz auch, dass ich auf deren Kosten in Bad Harzburg das Studium der Betriebspsychologie machen durfte. Dort wurde auch das neue kooperative Führungssystem unterrichtet.

Alle bisherigen Führungsstrukturen (das autoritäre System) wurden durch dieses System infrage gestellt, weil der Mensch bisher nur ein Erfüllungsgehilfe war und kein gleichwertiger Partner. Es gab Untergebene und Vorgesetzte. Diese Formulierungen passten nicht mehr zu dem Neuen Denken. In einem Seminar haben wir das Wort Mitarbeiter-Team-Führungskraft erfunden. Das war in den späten 60ern. Heute weiß das kaum noch jemand. Mein Vorwurf bleibt, dass es auch heute noch ein Missverhältnis in den Betrieben gibt, weil die Gewinne ausschließlich den Führungskräften zugutekommen und nicht jenen, die das Produkt erzeugen. Ohne diese Spezialisten wäre es unmöglich, jene Qualität am Markt zu verkaufen, die gerade für unser Land so wichtig ist. Erst wenn diese Schere geschlossen sein wird, kann man vom Reichtum eines Landes reden. Auch die Wirtschaft hat das christliche Prinzip noch nicht verstanden. Früher hat es kleine Betriebe gegeben, die so kalkulieren mussten, dass sie überleben konnten. In der globalisierten Welt gehören die Gewinne anonymen Gesellschaften, die im Hintergrund agieren und dadurch den möglichen Wohlstand der arbeitenden Bevölkerung verhindern. Erst wenn Gewinn und Verlust auch von jenen getragen werden, die für das Produkt hauptverantwortlich sind, kann eine neue Welt entstehen. Die Einkommen der arbeitenden Bevölkerung sind durch den Euro eher kleiner geworden, weil wir Menschen beim Ausgeben noch nicht unterscheiden können zwischen Schilling und Euro.

Ein Euro sind 14 Schilling. Wer weiß das noch? Ein Gspritzter hat früher 3 Schilling gekostet. Heute kostet er 3 Euro (42 Schilling). Trinkgeld hat man früher maximal 5 Schilling gegeben. Heute sind 2 Euro das Minimum. (28 Schilling). Das Einkommen ist im Verhältnis gleich geblieben.

Es gibt noch ein Geheimrezept, um erfolgreich zu sein.

Es kommt nicht darauf an, was ich will, sondern was die Sache verlangt. Wenn wir mit dieser Einstellung an eine Sache herangehen und zusammen mit dem Team die Situation besprechen und danach handeln, können wir Menschen kaum Fehler machen. Es wird dann ein Misserfolg, wenn ich meine Macht ausüben möchte und keine Rücksicht darauf nehme, ob meine Mitarbeiter mit mir mitziehen. Allein bin ich einsam – zusammen sind wir ein Team.

Die Sechzigerjahre waren geprägt von großen Umbrüchen in den einzelnen Staaten. Der Nationalsozialismus war in den Köpfen der Menschen noch nicht verschwunden. Er hatte nur andere Ausprägungen als zur Zeit Hitlers. In Italien wehrten sich die Südtiroler gegen die Unterwanderung durch süditalienische Einwanderer, die neuen Lebensraum für sich suchten. Der italienische Staat war daran interessiert, dass in Südtirol die Einheimischen ihre Dominanz verlieren, und die Schutzmacht Österreich war nicht stark genug, sich dagegen zu wehren. Als Tiroler hatte ich große Sympathien mit den wenigen Aufständischen, die von Italien nicht vereinnahmt werden wollten. Einer davon war Georg Klotz. Durch einen Betriebsrat in der Wiener Allianz und durch den damaligen Chefredakteur des Kuriers wurde ich mit Klotz bekannt gemacht. Sein Schicksal berührte mich sehr, auch weil er keine andere Möglichkeit sah, sich zu wehren, als durch Sprengen von Elektromasten auf das Problem aufmerksam zu machen. Bei diesen Sprengungen wurden nie Menschenleben geopfert, sondern es entstanden immer nur Sachschäden. Zum Unterschied von später, als durch Burger und Konsorten keine Rücksicht darauf genommen wurde. Ich war damals gerade Round-Tabler geworden – ein Club von jungen Unternehmern und Führungskräften, die in Österreich begannen, sich zu formieren. In diesem Club konnte man einen Freundeskreis aufbauen und durch Vorträge viel Wissen über andere Bereiche sich aneignen. Klotz durfte Wien nicht verlassen, wollte aber durch Vorträge dazu beitragen, dass Vorurteile abgebaut würden und Verständnis für die Sache Südtirols entstehen sollte. Ich habe in Niederösterreich bei den verschiedenen Clubs die Möglichkeit für ihn organisiert, Vorträge zu halten, und dafür war er sehr dankbar. Natürlich war es illegal, ihn außerhalb von Wien zu bringen. Er durfte sich nur in Wien aufhalten. Heute bin ich froh, dass ich es gemacht habe.

Kreisky, der damals schon großen Einfluss hatte, hat mit den Südtirolern sehr sympathisiert und in politischen Kreisen hat man stillschweigend die Aktivitäten geduldet und auch unterstützt.

Ende 1972 ist mein Bruder gestorben. Sein Leben war in den letzten Jahren seines Lebens gezeichnet von seiner Alkoholsucht. Er lebte in Innsbruck und verbrachte seine Tage im Wirtshaus. Die Leber hat das nicht ausgehalten und hat einfach gestreikt. Sein Tod war für alle eine Erlösung. Nur für unseren Vater war der Tod unseres Bruders schlimm, weil Eltern normalerweise vor ihren Kindern begraben werden.

1973 hat mich die Donau Versicherung gebeten, die Direktion in Wien zu übernehmen. Das Angebot war verlockend, aber Dr. Kästner wollte mich nicht gehen lassen. Beim 60. Geburtstag des Generaldirektors der Bundesländer Versicherung hat ihn der Vorstandsdirektor für die Lebensversicherung in der Donau davon überzeugt, dass es für meine Karriere schlecht wäre, wenn ich nicht die Chance ergreifen dürfte, mir neues Wissen anzueignen. Knapp vor meiner Entscheidung, die Allianz zu verlassen, klopfte es am Abend an der Wohnungstüre. Friedhelm Frischenschlager war vor der Türe und wollte mit mir reden. Es war schon halb zehn Uhr und ich konnte mir nicht vorstellen, was er wollte. Zeilinger, einer der besten Rhetoriker im österreichischen Parlament, war in Pension gegangen, sein Nachfolger wurde Frischenschlager, der am nächsten Tag seine Jungfernrede im Parlament halten sollte. Er bat mich, ihm bei der Vorbereitung der Rede zu helfen, weil er der Meinung war, ich könnte ihm vielleicht neue Impulse mitgeben. Monate vorher war ich eingeladen, in der Akademie in Baden neue Abgeordnete für den Nationalrat in Rhetorik auszubilden. Meine politische Einstellung war nie freiheitlich, aber ich war und bin ein freier Mensch, der sich von keiner politischen Partei vereinnahmen lassen wird, aber meine freie Meinung werde ich immer von mir geben, auch wenn es mir schaden sollte. Auch das liberale Forum war nicht jene Gruppierung, für die ich mich begeistern konnte, weil die Gründer vorher begeisterte Freiheitliche waren, deren Chef Peter war, der im Parlament nur deshalb die notwendige 5-Prozent-Hürde schaffte, weil Kreisky eine kleine Partei brauchte, um die Mehrheit zu bekommen.

Frischenschlager, der in seiner Partei Wissenschaftssprecher war, wollte in seiner Rede aufzeigen, dass das sozialdemokratische Modell am Ende sei und unserem Land schaden würde. Für mich heißt die Übersetzung von Opposition nicht gegen etwas zu sein, sondern bestehende Systeme zu hinterfragen, ob man sie verbessern könnte und welche Alternativen es dafür gibt. Ich war entsetzt, dass auch junge Abgeordnete ihre Aufgabe nicht gelernt hatten und nur so weiter wurschtelten wie bisher die Alten. Ich fragte ihn, welche Alternativen er hätte, um das System zu verbessern. Seine Antwort war, es gebe keine, aber da und dort könnte man Verbesserungen einführen, die er mir auch konkret nannte. Wir haben die halbe Nacht an der Rede gefeilt und sind am nächsten Morgen miteinander in das Parlament gegangen, um zu hören, wie die Rede ankam. Christine und ich durften in der Presseloge sitzen und es war für mich sehr spannend zu erfahren, wie die Reaktion der Regierungsfraktion ausfallen werde. Die Wissenschaftsministerin, Frau Firnberg, ist nach seiner Rede aufgestanden und hat Herrn Frischenschlager zu dieser Rede gratuliert und folgenden Satz gesagt: „Ich bin seit 25 Jahren im Parlament tätig, aber noch nie hat ein Abgeordneter der Opposition so sachlich an der Regierung Kritik geübt wie Sie, Herr Abgeordneter. Ich lade Sie ein, an der Verwirklichung Ihrer Ideen mit uns zu arbeiten. Die Abgeordneten der SPÖ haben applaudiert und Frischenschlager ist zu uns gekommen und hat sich für die Rede bedankt. Auch etwas, was selten in meinem Leben vorgekommen ist. Am nächsten Tag hat er angerufen und mir mitgeteilt, dass er sich von mir nie mehr eine Rede schreiben lassen werde, weil Peter ihn in sein Büro gerufen und ihm ein Jahr Redeverbot erteilte, weil die Regierungsfraktion ihn gelobt habe. Auch das ist „Demokratie".

In der Folge habe ich mit den jungen Abgeordneten der FPÖ, wie Grünes, Probst, Grabherr, viel Kontakt gehabt. Von diesen habe ich erfahren, was in der Partei so läuft und wie die Kräfteverhältnisse sich ständig verschoben haben. Die Liberalen konnte ich sehr stark beeinflussen, weil Peter mit seiner Vergangenheit und auch mit seiner Art, seine Partei zu führen, immer mehr zum Rücktritt gedrängt wurde.

Seit ich mich mit Abgeordneten der Parteien beschäftige und auch im Fernsehen die Übertragungen aus dem Parlament verfolge, fällt mir auf, dass eine Art der Verlogenheit dort zu einem System wurde. Wenn ein Mandatar zu dem Plenum spricht, beginnt er mehrmals seine Rede mit den Worten: „Meine sehr geehrten Damen und Herren", um im nächsten Moment die Damen und Herren der Regierung in einer Form zu demütigen, wie es unter gebildeten Menschen normalerweise undenkbar wäre. Die Regierungsfraktionen bestehen ausschließlich aus Verbrechern, korrupten und unfähigen Personen, die unser Land in den Abgrund führen wollen. Nur die Abgeordneten der FPÖ, des BZÖ und jetzt auch der Stronach-Partei wissen, wie man diese Republik führen muss, aber sie sagen nicht, wie sie es machen würden. Das bleibt ihr Geheimnis. Wichtig ist in ihrer Anrede, dass sie „Sehr geehrte" sagen, denn das ist „gebildet". Es ist nicht unpassend, wenn ich behaupte, dass wir eine „Überschriften-Republik“ haben. Ihre Kritiken bestehen aus Schlagworten, sie wissen aber nicht, welche Konsequenzen ihre Behauptungen nach sich ziehen, weil sie die Zusammenhänge nicht durchschauen.

Vor dem Wahlkampf 1975 wurde ich von Dr. Alexander Götz gebeten, ihn auf die Fernsehkonfrontation mit Kanzler Kreisky vorzubereiten. Eine neue Herausforderung für mich. Ich habe diese gerne angenommen, habe mir Unterlagen vom ORF besorgt, habe dort die erste Konfrontation aus dem Jahre 1970, Kreisky mit dem damaligen Kanzler Klaus, gefunden, die für Klaus blamabel geendet hat. Kreisky provozierte Klaus schon am Beginn. Klaus ersuchte Kreisky, ihn doch mit Herr Dr. Klaus anzusprechen, Kreisky begann darauf sein Gespräch mit sehr geehrter Herr Bundeskanzler. Klaus argumentierte seine Amtszeit mit den Worten, dass es dem Volk in Österreich noch nie so gut gegangen sei wie in der Alleinregierung Klaus. Noch nie sei der Schilling so stabil gewesen wie in den letzten Jahren, noch nie sei die Arbeitslosenrate so niedrig gewesen wie jetzt. Kreisky antwortete: „Sehr geehrter Herr Bundeskanzler, glauben Sie im Ernst, dass ein Politiker ein Jota dafürkann, wenn es einem Volk gut geht? Es waren die Arbeiter und Angestellten, die Bauern, die Unternehmer, die ganze Wirtschaft. Alle haben am Erfolg teilgenommen. Ein Politiker kann gar nichts für den Aufschwung dabei tun.“ Das hat mir sehr imponiert. Klaus war völlig überrascht und verlor die Konfrontation nach Strich und Faden. Diese Argumentation hat mir so gut gefallen, dass ich sie in unsere Vorbereitung mitgenommen habe. Ich war sicher, dass Kreisky von seiner erfolgreich abgelaufenen Regierungszeit in der Konfrontation sprechen werde und wir dann mit den gleichen Argumenten antworten könnten, wie er es bei Klaus getan hatte. Es gab noch ein paar andere Kritikpunkte an seinem Regierungsstil, die mir eingefallen sind und mit denen wir punkten könnten. Die Zunahme der Dienstwagen in der Regierung, die Repräsentationskosten, auch die Beraterkosten hatten rapid zugenommen. Am Tag der TV-Konfrontation sind Grünes, Götz und meine Wenigkeit in den ORF gefahren und haben dort auf Kreisky gewartet. Eine halbe Stunde vor der Ausstrahlung ist Kreisky mit Journalisten, Ratgebern und Abgeordneten seiner Partei hereingekommen, hat Götz und uns begrüßt und hat dann zu Götz Folgendes gesagt: „Sehr geehrter Herr Dr. Götz, ich habe Ihnen durch den heutigen Auftritt im ORF sehr geholfen, bekannt zu werden. Ohne mich wäre Ihnen das wohl kaum gelungen.“ Dann hat er sich umgedreht, seine Begleitung hat gelacht, und ist in den Schminkraum gegangen. Götz war völlig fertig. Er war so zornig, dass er alles, was wir vorbereitet hatten, vergessen hat und nur am Ende der Sendung, als der Moderator gefragt hat, was Götz noch ansprechen wolle, hat er die Zunahme der Dienstwagen aufgegriffen. Kreisky hat sehr verärgert darauf reagiert und ihm gesagt: „Ich habe meinen Freunden immer schon geraten, mit Ihnen nicht zu reden, weil Sie kein Partner sind.“ Das war das Einzige, mit dem Götz punkten konnte. Nach der Sendung hat er zu mir gesagt: „Jetzt hat er mich vernichtet.“ Die Konfrontation zwischen Kreisky und Tauss war noch schlimmer. Kreisky hat die Wahl mit absoluter Mehrheit gewonnen und bis 1983 allein regiert. Leider ist Kreisky als Politiker-Persönlichkeit unersetzlich geblieben. Sein Mut, Dinge beim Namen zu nennen und auch seine rhetorischen Fähigkeiten zu argumentieren und das „Unbewusste Wollen“ im Menschen anzusprechen, ist seit ihm von keinem Politiker mehr erreicht worden. Es lohnt sich, seine Biographie zu lesen. Dann versteht man auch das Geheimnis seines Erfolges. Würden Politiker ein Theaterstudium machen, bevor sie Politiker werden, dann würden sie eine neue Sprache haben und auch überzeugen können. Eine Rolle in einem Stück kann man nur dann überzeugend darstellen, wenn man die Rolle mit seinem eigenen Charakter wiedergeben kann und sie auch lebt.

SEPTEMBER

Der erste Hauch des Todes erschreckt den Morgen des Herbstes.
Doch kein Kampf ist zu entdecken,
der Trauer nach sich zieht.
Nie ist die Frucht süßer als jetzt in der
Dämmerung des Jahres.
Und doch ändert alles sich im Wesen.

Die Donau Versicherung war in der Zwischenzeit an die Wiener Städtische verkauft worden, daher war die Drohung der Allianz einige Jahre vorher, die Beteiligungen zu kündigen, wenn ich dorthin wechseln würde, nicht mehr aktuell. die Entscheidung, die Allianz zu verlassen, war für mich sehr schwer. Meine Dankbarkeit jenen Menschen gegenüber, die mir vertraut hatten und die mit mir erfolgreich waren, aber auch jenen gegenüber, die mir die Chance gegeben hatten, das zu werden, was ich war, ist bis heute geblieben. Einige aus meinem Team sind mit mir mitgegangen, weil sie gehofft haben, dass es mit mir leichter sein würde, wieder an den bisherigen Erfolg anzuschließen. So war es dann auch. Es gibt noch ein Erfolgsrezept. **Menschen arbeiten einem Menschen zuliebe mehr, als sie sollen, einem anderen „zufleiß" weniger, als sie müssen.**

Zuerst war die Direktion verhältnismäßig klein. Ich hatte 100 Mitarbeiter alleinverantwortlich zu führen, die Schadenabteilung wurde aber noch zentral verwaltet. Ein Jahr später hat mich Arnhart gefragt, ob ich nicht auch die Direktion der Makler und der Großproduzenten übernehmen möchte.

1975 war ein Jahr, das für mich zu einem neuen Abschnitt wurde. Ein Mitarbeiter des Verkaufs, Walter Kaufmann, war mit einem Außendienstmitarbeiter einer anderen Versicherung befreundet, der eine Theatergruppe gegründet hatte und der für das Theaterstück „Helden" von Bernhard Shaw den Hauptdarsteller suchte. Dieses Ensemble hieß „Theaterensemble 365" und spielte ausschließlich für wohltätige Zwecke. Das Einspielergebnis wurde für eine Missionsstation in Bolivien verwendet, die von einem Franziskanerpater geleitet wurde. Es war der älteste Indianerstamm Boliviens, der vom damaligen Präsidenten des Landes verfolgt wurde. Ursprünglich hießen sie Zamuko Indios. Weil aber ständig auf sie geschossen wurde, haben sie sich Ayoreos genannt. Das heißt in unserer Sprache „wir sind Menschen". Sie hatten zwei Probleme. Sie waren Nomaden, die immer weiter durchs Land zogen, wenn keine Regenzeit war, und sie haben sich dort niedergelassen, wo sie einen See entdeckten. Dadurch haben sie auch Land berührt, das schon einem anderen gehörte, und das wollten die Besitzer natürlich nicht. Ihr zweites Problem bestand darin, dass in ihrer Religion vorgeschrieben war, dass sie das erstgeborene Kind ihrem Gott opfern mussten. Es war das Liebste, das sie hatten. Pater Elmar, so hieß der Franziskaner aus Salzburg, hatte ihnen erfolgreich klarmachen können, dass er einen Gott habe, der dieses Opfer nicht verlangen würde. Sie sind alle katholisch geworden.

Es gab aber ein Gesetz, dass jeder, der einen Indianer abschoss, vom Militär befreit wurde. Wenn man bedenkt, dass dieses Gesetz erst 1978 abgeschafft wurde, dann wird einem bewusst, was diesen Menschen passierte. Von den 50.000 Indios, die in diesem Stamm lebten, waren bereits 40.000 abgeschossen. Pater Elmar hatte in einem Vortrag in Wien darüber berichtet und Herbert Waldecker, der Gründer der Theatergruppe, hat beschlossen, für diese Menschen zu spielen. Walter Kaufmann, der ein guter Freund von mir geworden war, hat eines Tages mich gebeten, ein Gespräch mit Waldecker zu führen. Ich war neugierig und es war mir noch nicht bewusst, was auf mich zukommen würde. Kaufmann hatte ihm vorgeschlagen, mir die Hauptrolle im Stück „Helden" anzubieten. „Der Bluntschli" ist die Traumrolle jedes Schauspielers. Er hat alle Pointen und wenn er es gut spielt, kann er damit berühmt werden.

O. W. Fischer ist damit weltberühmt geworden. Alle nach ihm werden an ihm gemessen. Ich habe die Rolle angenommen. Völlig verrückt. Direktor einer Versicherungsgesellschaft mit 800 Mitarbeitern hat nichts anderes zu tun, als Theater zu spielen. Ich habe nie während der Arbeitszeit irgendetwas anderes getan, als mich um meine Direktion zu kümmern, daher war mir die Kritik an dem, was ich machte, egal. Die Rolle des Bluntschli habe ich mir auf ein Tonband gesprochen und während der Autofahrten ununterbrochen abgehört und verbessert. Waldecker wollte das Stück, das ja eine Komödie war, dramatisch anlegen. Den Krieg lächerlich zu machen und bloßzustellen, ist schwierig, aber Shaw war ein Meister seines Faches. Es musste nur richtig umgesetzt werden. Ich habe mich nicht wohlgefühlt, so, wie er meine Rolle haben wollte. Norbert, einer der Gründer der Gruppe, ist bei einer Probe dabei gewesen und hat meine Darstellung vernichtend kritisiert. Ich war froh darüber, weil ich gefühlt habe, dass ich diese Rolle nur spielen kann, wenn ich sie mit meinen Vorstellungen verbinden kann. Bluntschli ist Schweizer, stammte aus einem Hotelgeschlecht aus Basel und ich musste den gesamten Text mit Schweizer Akzent spielen. Es scheint mir ganz gut gelungen zu sein, weil Kardinal König, der eine Vorstellung anlässlich der Wiener Festwochen im Heiligen Kreuzerhof besucht hatte, nach der Vorstellung mich gefragt hat, wo ich in der Schweiz daheim sei. Er konnte nicht glauben, dass ich Tiroler bin. Eine Besucherin, die das Stück schon 34 Mal gesehen hatte, sagte mir, nur O. W. Fischer sei so gut gewesen wie ich. Wir haben im Jahre 1977 Helden auch in Deutschland gespielt. Eine der Stationen dieser Tournee war Freising in der Nähe von München. Nach der Vorstellung wurden wir vom damaligen Bischof zum Abendessen im Stift eingeladen. Christine war auf den Tourneen immer dabei und hat souffliert. Manchmal war sie sehr genervt, wenn die Darsteller den Text vergessen hatten und sie immer wieder helfen musste. Als ich 15 Jahre alt war, hat mir ein Bub in Lienz eine Ohrfeige gegeben, weil ich ihn „eine fette Sau" geschimpft habe. dabei hat er mir das Trommelfell eingeschlagen. Seit damals höre ich etwas schlechter, und einen Souffleur schon gar nicht. ich musste den Text immer perfekt beherrschen, daher war ich unabhängig vom „Einflüsterer".

Nach dem Abendessen fragte Christine den Bischof, der neben ihr saß: „Sagen Sie mir, ab wann wird in der katholischen Kirche etwas als Wunder betrachtet?" Der Bischof hat geantwortet: „Ein Wunder brauchen wir wie einen Kropf, was heute ein Wunder ist, ist morgen Realität und leicht erklärbar." Der Name dieses Bischofs war Ratzinger, der später Papst wurde. Damals glaubte ich, er sei ein moderner Bischof. Heute glaube ich das schon lange nicht mehr. Auch er hat die christliche Botschaft nicht wirklich verstanden. Hätte er sie wirklich verstanden, dann wäre der Inhalt seines Pontifikates die Botschaft an alle Christen eine neue Verteilung des Reichtums, um die Armut wegzubringen. Er hat bei unserer Begegnung gemeint, ein Wunder brauchen wir wie einen Kropf. Er hat recht. Wenn ein Multimilliardär Stronach um sich schreit, er sei für Gerechtigkeit und Respekt, dann könnte er seine Mitarbeiter am Gewinn beteiligen. Christlich wäre, die Obergrenze des Gewinns mit 20% zu limitieren und 80% an die Mitarbeiter aufzuteilen. Diese könnten dann ihrerseits auch nach dem christlichen Prinzip handeln und das, was sie nicht brauchen, an jene weitergeben, die gar nichts haben. Vor einigen Jahren hat mir ein Religionswissenschaftler das Fundament der christlichen Lehre von der ursprünglichen Aussage erklärt. Das Wort Liebe kommt in der gesamten Lehre nicht vor. In der griechischen Sprache, das Evangelium ist ursprünglich in Griechisch aufgeschrieben, versteht sich Karitas als jene Aufforderung „Kümmere dich um den Fremden wie um dich selbst, denn er ist wie du."

Solange Kaiser und Könige regiert haben, konnte man den Menschen das Untertanenprinzip noch einreden, weil dieses Prinzip Tausende Jahre gegolten hat. Gerade in Europa, Asien, Amerika und auch in Australien haben die Menschen durch Schule und auch durch Methoden des Überlebens gelernt, wie man erfolgreich sein Leben meistern kann. Das Prinzip Untertanen – Obrigkeit, verliert dadurch an Wirkung und auch die Angst wird kleiner. Wie man glücklich werden kann, ist das einzige noch ungelöste Problem der Menschheit. Die christliche Lehre ist aus meiner Sicht nicht umsetzbar, weil wir Menschen den „Nächsten“ nur mögen können, wenn wir uns selbst mögen. Würden Menschen sich selbst lieben, gäbe es keine Kriege und keine Gewalt. Vielleicht wäre diese Anregung ein Beginn.

Am 2.4.1977 wurde ich in den Bund der Freimaurer aufgenommen. Eine ganz wichtige Entwicklung in meinem Leben. Im Anhang dieses Buches habe ich einige Vorträge, die ich in meiner und auch in anderen Logen gehalten habe und die auch in meine Lehrtätigkeit in Seminaren stark eingeflossen sind, hineingestellt. Ich darf jedem sagen, dass ich Freimaurer bin, aber ich darf nicht verraten, wer noch dabei ist, weil ich nicht weiß, ob es ihm recht ist, dass ich ihn öffentlich mache. Wenn man die Geschichte der FM zurückverfolgt, warum dieser Bund von der katholischen Kirche so geächtet wird, dann erfährt man, dass es nur einen Grund gibt, der auch offiziell als Grund angegeben wird, die FM erkennt die römisch-katholische Kirche nicht als allein selig machende Religion an. Sie stellt alle Religionen auf den gleichen Platz. Es gibt viele absurde Gerüchte über die Freimaurer. Der ehemalige Papst Benedikt der 16, ist sicher kein Freimaurer. Kardinal König hat bei Papst Paul 6. erwirkt, dass die Exkommunikation der Freimaurer aufgehoben wurde und im neuen kanonischen Recht nicht mehr erwähnt wird. Der polnische Papst hat gemeinsam mit Kardinal Ratzinger am Tag vor In-Kraft-Treten des neuen Rechtes erklärt: „Und eine schwere Sünde bleibt es doch.“ Der Papst hat es dann verschärft und erklärt, dass diese Sünde nur von einem Bischof losgesprochen werden kann. Mein Sündenregister auf diesem Gebiet kann nicht einmal der Papst mehr vergeben, weil ich 42 Jahre lang Wiederholungstäter bin.

Der Bund ist die einzige männliche Institution, in der Männer lernen, dass sie zwar dadurch behindert sind, weil sie nur ein x und ein y in ihren Chromosomen haben, die Frauen haben 2 x. Daher sind sie das perfekte Leben. Wir Männer könnten diese Behinderung aber vermindern, wenn wir lernen würden, was Liebe zum Menschen ist. Es gibt einen lustigen Spruch:

„Als Gott den Mann schuf, übte sie bloß." Ein anderer: „Petrus antwortete auf die Frage eines Papstes, der im Himmel Gott sehen wollte, dieser aber keine Zeit für ihn hatte, wie Gott aussehe: ‚Sie ist schwarz'." Was ich nicht verstehe, warum Frauen in der Wirtschaft Männer werden wollen. Karriere und Schönheit haben Vorrang vor dem Kind und einer eigenen Familie. Die psychiatrischen Kliniken sind voll mit depressiven Frauen, und das körperliche und psychische Burnout bei Frauen hat sich in den letzten Jahren verdoppelt.

Der Meister vom Stuhl fragt im Tempel am Beginn der Arbeit: „Warum nennen wir uns Freimaurer?" Der zweite Aufseher antwortet: „Weil wir als freie Männer bauen am Tempel der allgemeinen Menschenliebe." Der Meister fragt weiter: „Mit welchen Steinen bauen wir diesen Tempel?", der erste Aufseher antwortet: „Unsere Bausteine sind wir Menschen." Meister: „Und was ist der Zweck unserer Arbeit?" Antwort: „Den Geist zu erhellen und das Herz für alles Wahre, Gute und Schöne zu erwärmen."

Es gibt zwei Themen, über die in der Loge nicht gesprochen wird. Religion und Tagespolitik. Der Grund dafür liegt darin, weil ich einen Bruder verletzen könnte, wenn ich anderer Meinung in diesem Bereich bin als er.

Es gibt viele Bücher, in denen man nachlesen kann, was wir tun und wie das Ritual weitergeht. Rechtsradikale Politiker wollen diese Wahrheit nicht hören, das passt nicht in ihre Welt, daher erfinden sie Geschichten, die leider ohne Prüfung geglaubt werden und oft auch eskalieren. Heinz Christian Strache behauptet, Christ zu sein. Christlich ist das nicht, was er tut. Er sollte nach Ibiza übersiedeln. Dort kann er uns nicht schaden.

Im Jahr 1977 wurde die Anglo Danubian Loyd Versicherung von der Donau übernommen und 100 Mitarbeiter sollten in die Donau Versicherung integriert werden. Vorher war diese Gesellschaft bei der Wiener Städtischen und die Mitarbeiter hatten bessere Gehaltsbedingungen als die Mitarbeiter der Donau Versicherung. Trotzdem haben 99 Mitarbeiter den neuen Vertrag angenommen. Nur einer ist bei der Städtischen geblieben. Nach einem

Jahr ist auch er zu uns zurückgekommen. Die Schwierigkeit bei der Fusion bestand darin, dass die Mitarbeiter der Donau einen Platz in ihrem Zimmer hatten und ein Neuer es schwer hatte, dort integriert zu werden. Wir haben neue Stockwerke dazubekommen, ich habe einfach alle bisherigen und alle neuen Räume neu aufgeteilt. In jeden Raum setzte ich zwei Donau- und einen Lloyd-Mitarbeiter oder zwei und zwei, oder einen und einen. Nach einer Woche waren alle neuen Mitarbeiter voll in der Donau Versicherung integriert, weil unser Gehirn nicht länger als 4 Tage Vorurteile zueinander aufrechterhalten kann, wenn Menschen ständig miteinander leben. Sogar der Rechtsradikale, Norbert Burger, wurde einmal mit einem Mörder in eine Zelle gesperrt. Nach einer Woche ist er von der Forderung nach der Todesstrafe für Mörder abgekommen, weil er im Mörder einen Menschen erkannt hat, der nicht nur einseitig gestört, sondern auch durch seine Kindheit geprägt war. Wenn Väter wüssten, dass Kinder, wenn sie geschlagen werden, später als Väter ihre Kinder schlagen werden, weil sie in der Emotion nicht anders können, dann gäbe es eine Chance, Gewalt in der Familie zu verhindern. Es braucht viel Zeit und auch soziale Entwicklung, bis das Gehirn mit Ausnahmesituationen so umgehen kann, dass es dem Menschen selbst nicht schadet.

Christine und ich wohnten bis zum Jahre 1978 im 6. Bezirk in der linken Wienzeile. Der Vertrag war befristet, daher bemühten wir uns um eine neue Wohnung. Durch meine Position in der Donau Versicherung hatte ich auch Kontakt mit der Gesiba, einer Wohnungsgesellschaft in Wien. Eine junge Malerin, Judith Schimani, die ein großes Talent war und ist, kam zu mir in mein Büro und wollte mir eines ihrer ersten Werke verkaufen. Mir gefiel das Bild, aber ich wollte zuerst mit Christine darüber reden und fragte Schimani, wohin ich sie mit meinem Auto mitnehmen könnte. Sie wohnte in der Spittelberggasse. Diese Gasse war deshalb in Wien berühmt, weil im Biedermeier dort die Hübschlerinnen wohnten. Heute würde man Prostituierte dazu sagen. Eine völlig heruntergewirtschaftete Wohnhausanlage, die man schleifen wollte, um Hochhäuser dort errichten zu können. Eine Architektengruppe hat sich dagegen gewehrt und angeboten, diese Häuser komplett zu revitalisieren, um Wien diese letzten Biedermeierhäuser zu erhalten. Die Gesiba hat das Projekt mit diesen Architekten übernommen und alle Häuser, unter Einhaltung der ursprünglichen Fassade, wieder restauriert. In einem dieser revitalisierten Häuser wohnte sie. Ich fragte sie, wie man zu so einer Wohnung kommen könnte, weil mich die zentrale Lage und das schöne Ambiente der Gasse begeisterten. Sie erzählte mir, dass für die 23 Wohnungen, die zu vergeben waren, 1.000 Bewerber warteten. Ich habe unseren Finanzvorstand angerufen und gefragt, ob wir Verbindungen zur Gesiba hätten, und erfuhr, dass die Donau diese Häuser mitfinanzierte. Ich habe auf seinen Rat hin den Geschäftsführer der Gesiba angerufen und gefragt, ob eine Chance bestünde, dort eine Wohnung zu bekommen. Er bat mich, ihn am nächsten Tag anzurufen. Dann könnte er mir konkret sagen, ob noch etwas frei sei. Am nächsten Tag war er leider nicht mehr im Dienst der Gesiba, weil die Polizei ihn wegen Korruption festgenommen hatte. Christine war damals im österreichischen Siedlungswerk angestellt und für den Verkauf der Wohnungen zuständig. Sie hatte gerade ein Psychologiestudium begonnen, das sie in Bestzeit nach 10 Semestern abgeschlossen hat. Ich erzählte ihr von der Chance, eine Wohnung am Spittelberg zu bekommen, und bat sie, mit der Gesiba Verbindung aufzunehmen, weil sie ja in Wohnungsangelegenheiten viel versierter als ich agieren würde. Das hat sie auch getan, hat in der Gesiba angerufen und sehr energisch darauf hingewiesen, dass wir auf eine Zusage warten würden und wann wir die Wohnung beziehen könnten. In der Gesiba waren die Mitarbeiter durch den Wechsel in der Geschäftsleitung doch etwas verwirrt, der Referent, der für die Vergabe zuständig war, hatte einen Unfall auf der Skipiste, war im Spital und noch leicht verwirrt von dem Sturz. Er konnte sich nicht erinnern, ob er eine Zusage gemacht hatte oder nicht, auf jeden Fall wollte man die Angelegenheit erledigen und so wurde uns die letzte noch freie Wohnung angeboten, die nur deshalb noch frei war, weil sie für Peter Handke reserviert war, der sich aber entschieden hatte, nach Paris zu übersiedeln. Innerhalb von 3 Stunden durften wir die Wohnung besichtigen. Es war finster, als wir dorthin kamen, das Licht war noch abgeschaltet, daher haben wir die Räume mit einer Taschenlampe besichtigt und sofort genommen, weil die Wohnung groß war (115 m^2). 3 Monate später sind wir eingezogen und wohnen nach 40 Jahren noch immer dort. Heute beherbergt diese Gasse viele Künstler, die ihre Produkte anbieten, und im Advent ist in diesem Gebiet und vor allem in dieser Gasse der berühmte Christkindlmarkt, der von den Wienern jeden Tag gestürmt wird. Nicht immer zur Freude der Anrainer, die manchmal Probleme haben, aus dem Haus zu gehen, weil Besucher oft glauben, dass wir Ausstellungsobjekte sind und allgemein besichtigt werden können.

Meine Produktionsziele wurden radikal erhöht, und nur bei Erreichung aller Ziele, inklusive das der neuen Mitarbeiter, wurde meine Tätigkeit am Ende des Jahres mit einer Bonifikation belohnt. In meiner Direktion waren 20 Außendienstmitarbeiter, die den Titel Direktor führen durften, aber sonst keine zusätzlichen Privilegien hatten. Sie waren viele Jahre im Verkauf erfolgreich, hatten einen großen Kundenstock, den sie sehr gut betreuten. Die Sparte Lebensversicherung hatten sie nie angeboten, weil sie diese Sparte hätten lernen müssen. Das war ihnen zu mühsam. Woher sollte ich diese Produktion bekommen, wenn nicht von ihnen. Ich habe zu einem Trick gegriffen. Ich habe sie zusammengerufen und habe ihnen gesagt, dass jeweils zwei Direktoren eine eigene Sekretärin und ein Zimmer bekommen würden, solange sie ihre Ziele in der Sparte Lebensversicherung auch erfüllen würden. Das hat eingeschlagen. Ich habe nichts anderes getan als die Grundbedürfnisse des Menschen am Arbeitsplatz genutzt. Diese Grundlage habe ich in meiner Ausbildung in einer eigenen Arbeit beschrieben und in der Beilage im Buch dazugestellt. (Beilage 2)

Wir haben alle Ziele geschafft und ich wurde in den erweiterten Vorstand der Donau kooptiert.

Eines Tages hatten wir eine Sitzung, 20 Personen waren anwesend. Alle Abteilungsleiter, der Vorstand und die Hausverwaltung. Der Generaldirektor leitete die Sitzung. Tagesordnungspunkt war die Reduzierung des Personals in der Verwaltung. Jeder der Anwesenden wurde gefragt, wie er dazu stehe. Ich war der Vierzehnte. Alle vor mir waren mit der Reduzierung einverstanden. Mein Standpunkt war, dass wir, wenn wir die jungen Mitarbeiter kündigen würden, zwar im Moment weniger Kosten hätten, aber die älteren werden älter und wenn wir keine jungen haben, würden wir eines Tages nicht mehr funktionsfähig sein. Der Gen.–Direktor antwortete: „Sie sind Manager und kein Betriebsrat." „Die Betriebsräte mussten erfunden werden, weil die Manager versagt haben", antwortete ich. „Ich entziehe Ihnen das Wort", erwiderte er, und ich replizierte: „Ich weiche der Gewalt." „Müssen Sie immer das letzte Wort haben?" „Nein, wenn Sie keine andere Meinung vertragen, dann fragen Sie mich doch besser nicht", antwortete ich und war beleidigt. Neben mir hörte ich murmeln: „Oberlechner ist tot." Nach der Sitzung ist der Gen. Direktor gekommen und hat zu mir gesagt: „Sind wir wieder gut, ich habe überreagiert es tut mir leid."

Wir haben natürlich niemandem gekündigt.

Ich habe immer wieder Magenschmerzen und Gastritis gehabt, besonders im Herbst und im Frühjahr. Damals wusste man noch nicht, dass die Ursache nicht die Psyche war, sondern ein Bakterium, (Helicobacter), von dem die Medizin glaubte, es sei ein nützliches Bakterium zur Verdauung. Erst 20 Jahre später hat man einem amerikanischen Arzt geglaubt, dass dieses Bakterium ansteckend ist und durch Antibiotika abgetötet werden kann. Ich habe aufgehört zu rauchen, habe aber sofort 20 Kilogramm zugenommen. 1995 hat auch die Schulmedizin verstanden, was im Magen läuft, und seit dieser Zeit gibt es fast keine Magenoperationen mehr, weil die Behandlung mit Antibiotika ein voller Erfolg geworden ist. Die neueste Erkenntnis besagt, dass Broccoli zu essen, überhaupt die wirksamste Medizin gegen das Bakterium ist.

Am 7. Juli 1977 waren wir in unserem Haus in Kirchberg am Wechsel. Wir hatten Besuch von zwei guten Freunden, die bei uns am Wochenende wohnten. Beide waren Ärzte. Am Nachmittag bekam ich plötzlich Schmerzen im Magen, die nicht aufhörten und die anders waren, als ich es gewohnt war. Die beiden Ärzte meinten, die Schmerzen kämen vom Essen, ich solle doch einen Cognac trinken, dann würde es besser werden. Das habe ich auch getan, aber besser wurde es nicht. Im Ort war eine Sauna, meine Freunde und ich gingen dort hin. Ich hoffte, dass meine Übelkeit sich da verabschieden würde. In der Saune habe ich mich auf die oberste Stufe gelegt und gewartet. Der Gemeindearzt war auch mit. Die drei haben gerätselt, was es wohl sein könnte. Auf die Idee, mich abzutasten, ist niemand gekommen. Die Schmerzen sind stärker geworden. Nach einer halben Stunde waren sie unerträglich und ich konnte nicht mehr selber mit dem Auto fahren. Einer der Ärzte hat seinen Schwiegervater in Wien angerufen, dieser hat geraten, sofort nach Wien zu kommen und ein Magenröntgen zu machen. Der Befund war schlimm. ich hatte einen gedeckten Magendurchbruch. Die Bauchwand hat den Magen verklebt, dadurch konnte der Inhalt zurückgehalten werden. Operiert konnte ich nicht werden, weil mein Kreislauf so instabil war, dass dieser erst in Ordnung gebracht werden musste, bevor man daran denken konnte. Ich wurde nach Mönchhof gebracht. Ein Mitarbeiter von mir hat mir eine Meditation mitgegeben, die ich sofort durchführen sollte. Ich habe daran geglaubt, dass sie mir helfen werde, und habe damit begonnen. Christine und meine Schwester Hildegard waren in großer Sorge, weil ich nur mehr 59 kg gewogen habe und auch sonst meine Lebensgeister ziemlich am Ende waren. Nach 4 Wochen sollte ich in Wien operiert werden, aber bei der Untersuchung stellte der Arzt fest, dass nichts zu operieren war. Der Magen war völlig zugeheilt. Ein Irrtum war ausgeschlossen, weil das Vergleichsröntgen 4 Wochen vorher eindeutig den Durchbruch zeigte. In den 4 Wochen hatte ich 8 kg zugenommen, mein psychischer Zustand war sehr gut und auch meine Lebensgeister waren wie früher. Ich habe jeden Tag Yoga gemacht und dort auch einen Kurs für Yoga absolviert. Ich habe auch zu malen begonnen. Der ehemalige Innenminister, Franz Olah, war in derselben Zeit auch auf Kur. Er hat mir erlaubt, ihn zu zeichnen. Die Zeichnung ist mir sehr gut gelungen.

OKTOBER

Wenn Farben klingen würden,
wäre die Welt eine einzige Symphonie; jedes Blatt ein Instrument, das dem Schöpfer sich in Ehrfurcht beugt.
Im Oktober unseres Lebens sehnen wir uns nach dem April.

1978 war wieder ein Jahr, in dem mein Leben sich grundlegend verändert hat. Ich habe begonnen, das Theater-Ensemble neu zu organisieren, weil Waldecker an Krebs erkrankt war und es ihm gesundheitlich sehr schlecht gegangen ist. „Helden" haben wir sehr erfolgreich ca. 80 Mal im ganzen deutschsprachigen Bereich aufgeführt, ein neues Stück musste her. Herbert hatte die Idee, das Buch „Der Kleine Prinz" von Exupery zu dramatisieren und vom Ensemble spielen zu lassen. Es war eine Großtat von ihm, denn nie vorher und auch nie nachher ist dieses Buch so logisch und so wirkungsvoll dramatisiert worden wie von ihm. Die ersten Aufführungen hat er noch erlebt. Bald danach ist er an seiner Krankheit gestorben. Ich habe die Produktion übernommen, sie weiterentwickelt und später noch sehr oft inszeniert.

Ich wurde von der Viktoria Versicherung angerufen, die mir den Job als Generaldirektor angeboten hat. Der bisherige Generaldirektor wollte in Pension gehen, daher hat er selbst mich angerufen und mich gefragt, ob ich sein Nachfolger werden möchte. Ich habe um Bedenkzeit gebeten, weil ich zuerst mit meinem Generaldirektor reden wollte. Dieser sagte zu mir: „Es ehrt Sie und uns, aber ich würde Sie bitten zu bleiben." Der Verkaufsleiter, ehemaliger Gen. Direktor der Anglo Danubian Lloyd, wollte seit der Fusion seinen Firmling in der Generaldirektion unterbringen. Dieser war Direktor der Donau in Innsbruck, von Lloyd und war nach der Fusion von ihm dort eingesetzt worden.

Er sollte meinen Job in Wien übernehmen und ich sollte nach Innsbruck übersiedeln. Das wollte ich nicht. Das Angebot der Viktoria war dreimal so hoch wie mein bisheriges Einkommen. Der Direktor hat sich geweigert, mir mehr Gehalt zu geben, weil er mich unter Druck setzen wollte. Der Gen.–Direktor hat eingegriffen und mir zugesagt, dass ich ab sofort so viel Gehalt bekommen würde wie bei der Viktoria, wenn ich bleiben würde. Er selbst werde das schriftlich fixieren und beim Vorstand hinterlegen, weil er am nächsten Tag für 2 Monate nach Amerika fahren musste. Durch eine Indiskretion habe ich erfahren, dass der Direktor diese Entscheidung auf Eis gelegt hatte und sich weigerte, dem Wunsch des Gen.–Direktors nachzukommen. Er wollte mich ganz weghaben, weil ich zuerst den Generaldirektor von meinem Angebot informiert hatte und nicht ihn. Er ging noch einen Schritt weiter. Als Direktor hatte ich ein Kulanz Bouvier für Schäden, die in der Versicherung nicht gedeckt waren. Ab einer gewissen Höhe musste der Verkaufschef die Entscheidung treffen, ob ein Versicherter den Schaden ersetzt bekommt oder nicht. Bei seinem früheren Unternehmen, in dem er Gen.–Direktor war, konnte er allein entscheiden. Bei der Donau waren die Grenzen streng geregelt. Ein früherer Mitarbeiter der Anglo, der jetzt bei der Donau im Außendienst arbeitete, kam mit dem Ersuchen zu mir, eine Windschutzscheibe für einen Autobus, die angeblich zerbrochen war, im Kulanz-Wege zu ersetzen. Ich verlangte eine Rechnung, erhielt aber nur eine Kopie. Der Betrag überstieg meine Grenzen, daher bin ich mit meinem Büroleiter zum Direktor gegangen und habe ihn ersucht, den Betrag zu genehmigen. Er schrie mich an, ob ich nicht in der Lage sei, es selbst zu entscheiden. Ich erwiderte, dass dieser Betrag höher sei, als mir erlaubt ist. Er verweigerte die Unterschrift und erklärte vor meinem Büroleiter, dass ich das zu zahlen hätte, weil es ein Großkunde sei. Ich schrieb vor ihm auf die Rechnung „laut Herrn Generaldirektor-Stellvertreter zahlen“ und unterschrieb.

Drei Tage später erhielt ich einen Anruf aus der Allianz, dass man über mich sehr enttäuscht sei, weil ich versuchte, die eigene Versicherung durch eine fingierte Rechnung zu betrügen. Ein paar Stunden später kam ein Herr aus der Wiener Städtischen und teilte mir mit, dass gegen mich eine Anzeige wegen Versicherungsbetrug laufe und dass eine interne Kommission die Sache untersuche. Mein Büroleiter und ich wurden einvernommen, aber auch der Herr Direktor. Dieser verwickelte sich in Widersprüche und es stellte sich heraus, dass beim Anglo Betriebsausflüge damit bezahlt wurden, dass man fingierte Rechnungen in der Höhe einer zerbrochenen Windschutzscheibe einreichte und damit den Betriebsausflug finanzierte. Ich wurde natürlich freigesprochen, aber der Hass des Herrn Direktors vergrößerte sich.

Der Generaldirektor kam nach 3 Monaten aus Amerika zurück und stellte fest, dass sein Schreiben an den Vorstand wegen meiner Gehaltserhöhung nicht behandelt worden war. Er rief den Herrn Direktor zu sich und forderte ihn auf, innerhalb von 24 Stunden einen Nachfolger für mich zu benennen. Gleichzeitig stellte er mich dienstfrei. Der Schock war groß. Ich konnte mir nicht erklären, was das bezwecken sollte, aber ich wartete ab. Nachdem der Herr Direktor keinen Nachfolger in der kurzen Zeit erbringen konnte, setzte der. Gen.–Direktor mich wieder mit allen Vollmachten in mein Amt ein. Der Direktor wurde vorzeitig pensioniert. Ein ungutes Gefühl blieb für mich trotzdem. Im März 1979 erhielt ich einen Anruf von einem sehr bekannten Headhunter. Er hatte den Auftrag, mir die Position eines Direktors bei der Grazer Wechselseitigen anzubieten. Es handelte sich um drei Direktionen – Wien, Niederösterreich und Burgenland. Eine reizvolle Aufgabe, die hoch dotiert war. Ungefähr so viel wie als Generaldirektor bei der Viktoria. (ca. S. 900.000.– brutto jährlich, heute wären das ca. 60.000 jährlich in €uro).

Damals waren die Manager noch viel genügsamer und nicht so korrupt, wie heute es viele sind. Ein Jahr später hat mich der Nachfolger vom Gen.–Direktor zu einem Essen eingeladen und wollte, dass ich wieder zur Donau zurückkomme. Die neue Aufgabe bei der Grawe hat mir aber so gut gefallen, dass ich ablehnte. Was mich bei der Grawe besonders reizte, waren die drei verschiedenen Volksgruppen. Die Wiener, so wie ich sie schon von früher kannte, die Niederösterreicher, ein Menschenschlag, der unglaublich verlässlich, arbeitsam und fleißig ist, die Burgenländer, die klare Vorgaben und auch konsequente Führung brauchten. Ich war gefordert, immer wieder neue Strategien zu entwickeln, um die Jahresziele zu schaffen. Meine Direktion war am Lobkowitzplatz gegenüber dem Palais Lobkowitz. Wunderschöne Räume mit Deckenstuckaturen. Es war zur Kaiserzeit die Residenz des Reichsverwesers von Ungarn. Interessant war auch, dass dieses Haus außerhalb der Zone der Adeligen gelegen ist. Innerhalb der Zone durften keine profanen Menschen wohnen. Ich vergleiche diese Privilegien mit der katholischen Kirche. Dort dürfen Laien auch keine besonderen Aufgaben übernehmen und Frauen dürfen keine Priester werden. Dafür tragen Priester Kittel. Vielleicht symbolisieren sie damit, dass sie beide Geschlechter gleichzeitig sind. Sie sind Männer und Frauen zugleich. Heiraten dürfen sie auch nicht, wenn sie sich in eine Frau verlieben. Ich wurde einmal zu meiner Schwester nach Liechtenstein in das Kloster eingeladen. Die Generaloberin und ihr Team (es waren Amerikanerinnen) haben über ihre Gelübde philosophiert (Jungfräulichkeit, Armut und Gehorsam). Sie wollten von mir wissen, wie ich Gehorsam definiere, weil viele Schwestern mit der herkömmlichen Deutung nichts mehr anfangen konnten. Gehorsam bedeutet für mich – in mich hineinhören, ob ich noch auf dem Weg bin. – Diese Auslegung haben die Oberen mitgenommen und in ihre Regeln aufgenommen. Heute wäre es gut, wenn auch bei den Männern das „einem anderen gehorchen“ abgeschafft werden würde. Vielleicht würde sich vieles zum Positiven verändern. Ungehorsam im katholischen Sinn ist eine Rückkehr in die Sklaverei und im 21. Jahrhundert nicht mehr möglich.

In der Spittelberggasse hat sich gegenüber unserem Haus, in dem wir wohnen, eine Rahmenhandlung einquartiert. Wenn ich früher mit meiner Arbeit fertig war oder wenn wir keine Proben im Theater hatten, bin ich immer dort vorbeigekommen und habe den beiden Damen bei der Herstellung der Rahmen geholfen. Ein junger Mann kam auch oft vorbei und hat mitgeholfen. Er war Filialleiter der Raiffeisenbank in Mödling.

Die Rahmen verkauften sich sehr gut, sodass sie einen Raum dazu mieten mussten, den sie feierlich einweihen wollten. Viele Freunde waren zu der Feier gekommen, auch der Raika-Mann. Ich wollte alle überraschen und habe mich als Bischof verkleidet und den Anwesenden erklärt, dass ich die Eröffnung hier vornehmen soll und wo eine Schere auf einem Polster sei, damit ich das Band durchschneiden kann. Der Raika-Mann ist zu mir gekommen und ich habe mit großer Würde zu ihm gesagt: „Knie nieder, mein Sohn, und küsse meinen Ring." Das hat er sofort gemacht. Unter großem Hallo haben die beiden Damen die Anwesenden aufgeklärt. Es wurde ein toller Abend. Der Raika-Mann war niemand anderer als Christian Konrad, der spätere Generalgouverneur der Raiffeisenbank. Wir haben uns angefreundet. Diese Freundschaft dauert bis heute an.

Bevor ich bei der Grawe begonnen hatte, war ich mit dem neuen Dienstwagen, einem Volvo, den ich mir gewünscht hatte und den ich auch privat nutzen durfte, mit meinen Pflegeeltern und mit Christine nach Spanien in die Nähe von Barcelona gefahren. Grabher Meier hatte uns in sein Ferienhaus am Meer für 3 Wochen als Gegenleistung dafür, dass ich für ein Rhetorikseminar von ihm nichts verlangt hatte, eingeladen. Es waren die ersten Ferien für Paula und Lois, die sich so eine Reise nie geleistet hätten. Mein Vater war schon fast 90 Jahre alt und wollte so eine lange Reise nicht mehr machen. Die Adresse, die mir angegeben wurde, lautete, nach der 15. Ausfahrt von der Autobahn links abbiegen, dann kommt eine große Pinie, dann das dritte Haus rechts. Wir haben das Haus auf Anhieb gefunden. Nichts ist schwieriger als das Einfache.

Was gibt es Schöneres, als eine neue Herausforderung anzunehmen und eingefahrene Verhaltensmuster zu verändern. Wenn man einen Brief an die Gen.–Direktion schreiben musste, dann hat man schon bei der Anrede seine Unterwürfigkeit signalisieren müssen: „Sehr verehrliche Herren der Generaldirektion". Der Büroleiter war völlig fertig, als ich mich weigerte, solche Briefe zu unterschreiben. Einmal wollte er einen Kredit für sich in der Höhe von S.100.000.– nehmen und hat einen Brief unterwürfigst nach Graz geschrieben. Man hat ihm zurückgeschrieben, dass er nicht kreditwürdig sei, hat ihm S. 50.000.– genehmigt und den Rest geschenkt. Auf der einen Seite extrem großzügig, auf der anderen Seite noch immer mit Erzherzog Johann, der die Grawe ja gegründet hat, konservativ verbunden. Wenn wir Direktorentagung in Graz hatten, wurden alle Direktoren am ersten Tag niedergemacht und festgestellt, dass es so nicht weitergehen könne. Am dritten Tag war mir das zu viel. Ich habe mich zu Wort gemeldet und dem Vorstand mitgeteilt, dass ich mir vorkomme wie ein bezahlter Feind, der hier abgekanzelt wird und dann voll motiviert zu seinen Mitarbeitern fahren und sie zu neuen Taten animieren soll. Die Reaktion war sehr positiv. Nie mehr wurden wir gedemütigt.

Ich habe begonnen, in den Bundesländern Wien, Niederösterreich und Burgenland neue Filialen zu eröffnen und dort Mitarbeiter einzustellen. Innerhalb von 3 Jahren erhöhten wir den Außendienst von bisher ca. 50 in allen drei Bundesländern auf 150 Mitarbeiter. Diese Vielzahl an Herausforderungen war sehr reizvoll und bereicherte mich ganz besonders. Viele neue Menschen mit ihren Besonderheiten mussten geschult und in das für sie neue Unternehmen integriert werden. Am Beginn haben die Filialleiter viele Bewerber eingestellt, (30 auf einmal), aber nicht darauf geachtet, dass diese geführt und geschult werden mussten, bevor die Probezeit verlängert werden konnte. Am Ende der Frist wollten sie 20 von ihnen nicht mehr verlängern, weil ihre Produktionsergebnisse nicht zufriedenstellend waren. Ich habe das nicht akzeptiert, weil ich die hohen Kosten nicht verantworten wollte. Daher habe ich selbst Verkaufsschulungen durchgeführt und die Verkäufer zu den Kunden geschickt. Das Ergebnis war verblüffend. Von den 20 abgelehnten Verkäufern haben 18 ihre Ziele erreicht und ich habe ihre Dienstverträge verlängert. Einer davon wurde ein Jahr später sogar Bundessieger in der Sparte Leben. Ein Filialleiter von Wien wollte mir aus Frust, weil ich einen Mitarbeiter nicht gekündigt hatte, so wie er es wollte, und weil er hoffte, beim Personalchef in Graz besonders gut dazustehen, etwas auswischen. Eine Mitarbeiterin, die 4 Monate bei uns in Wien im Außendienst tätig war, teilte dem Filialleiter mit, dass sie um sofortige Beendigung des Dienstverhältnisses ersuche. Ich sollte die Auflösung des Dienstvertrages unterschreiben. Auf meine Frage, warum sie das wolle, erklärte der Filialleiter, weil sie nicht mehr bei uns tätig sein wolle.

Ich bestellte die Mitarbeiterin und ihn zu mir und ersuchte die Frau, mir den Grund ihrer Kündigung zu erklären. Sie erzählte mir, dass ihr Mann sich umbringen wollte und sich deshalb eine Kugel in den Kopf geschossen habe. Das war für mich kein Grund, einen Arbeitsplatz aufzugeben. Ich erklärte ihr, dass wir wohlhabend genug seien, ihr die nächsten 2 Monate auch ohne, dass sie arbeite, das Einkommen weiter zu bezahlen, bis die Situation mit ihrem Mann so weit sei, dass sie eine für sie gute Entscheidung treffen konnte.

Der Filialleiter schrieb an den Personalchef, dass ich Firmenvermögen verschleudere und Geld verschenken würde, was mir nicht zustünde. Der Personalchef wiederum lief zum Generaldirektor, vielleicht auch, um sich hervorzutun, wie aufmerksam er die Entwicklung in Wien im Griff habe. Der Generaldirektor reagierte ebenso empört und kam am nächsten Tag nach Wien, warf den Bericht des Personalchefs und des Filialleiters auf meinen Schreibtisch und verlangte von mir eine Erklärung, warum ich Firmenvermögen vergeude. Ich war erstaunt, dass ein Generaldirektor einfach seinen Direktor im Bundesland Wien verurteilte, ohne sich vorher ein objektives Bild über dessen Entscheidung zu machen. Ich habe ihm erklärt, dass ich es vor mir selbst nicht verantworten könnte, in so einem Fall anders zu entscheiden. Er war sehr beschämt und hat mir voll recht gegeben. Für den Personalchef war es ein Jahr sehr schwer, einen Termin beim Generaldirektor zu bekommen. Der Filialleiter hat gekündigt und hat in der Folge bei einem Mitbewerber versucht, erfolgreich zu sein.

Einmal sind Mitarbeiter zu mir gekommen und haben mir mitgeteilt, dass sie nicht mehr zusammen mit einer neuen Mitarbeiterin im selben Zimmer arbeiten wollen, weil sie einen schrecklichen Geruch habe. Daraufhin habe ich die Betriebsrätin zu mir gebeten und habe ihr gesagt, welches Problem wir hätten und ob sie als Frau mit der Mitarbeiterin reden würde. Diese hat das abgelehnt und gemeint, dass ich als Chef das tun müsste. Also habe ich sie gerufen und habe sie gefragt, wie es ihr bei uns gefalle. Sie erzählte mir, dass sie sehr gerne hier sei und hoffe, dass wir mit ihr auch zufrieden sind. Ich habe ihr geantwortet, dass ich bemerkt habe, dass sie einen Geruch habe, den sie selbst vielleicht nicht wahrgenommen habe. Bevor es die anderen Mitarbeiter bemerkten, solle sie zu einem Hautarzt gehen, den ich vorher schon angerufen hatte, der würde diese Überproduktion der Hormone mittels Tabletten regulieren können. Sie ist sofort dorthin gefahren und das Thema war für immer vom Tisch. Sie wurde eine unserer besten Mitarbeiterinnen. Warum ist das Einfache immer so schwierig.

Wenn wir in der positiven Energie Entscheidungen treffen, ist es immer erfolgreich.

1982 ist unser Vater im 93. Lebensjahr friedlich eingeschlafen. Bis zum Schluss war er bestrebt, sein Leben seinem Alter anzupassen. Einmal hat er mir gestanden, dass er sehr einsam sei, weil es niemanden mehr gäbe, mit dem er sich auf gleicher Ebene unterhalten kann, weil alle jünger als er seien und daher vieles nicht so sehen könnten wie er. Ich glaube heute, dass er gerne gestorben ist. Er ist einfach beim Lesen einer Zeitung eingeschlafen und nicht mehr aufgewacht. Seit seinem Tod erlebe ich seine Aussagen anders und heute würde ich vieles im Zusammenleben mit ihm anders machen. Seine Schwester Frieda wurde 100 Jahre alt. Monate vor dem Hunderter hat sie mir gestanden: „Weißt, ich derstirbs nicht. Immer wenn ich glaube, es geht zu Ende, dann geben sie mir ein Getränk und ich bin wieder ganz fit."

Gestorben ist sie 10 Tage vor ihrem Geburtstag, weil eine neue Krankenschwester von ihr gefragt wurde, wie lange sie noch im Altersheim bleiben könne. Diese antwortete ihr, weil sie nicht wusste, dass meine Tante schon so alt war: „Bei uns können Sie 100 werden." Sie hat aufgehört zu essen und ist gestorben.

Mein älterer Sohn Andreas war 1982 großjährig geworden und ist nach Wien gekommen, auch um Christine und mich zu sehen, aber auch, um wieder einmal Wien zu erleben und alte Erinnerungen aufleben zu lassen. Ich bin mit ihm nach Lienz gefahren, von dort über Innsbruck nach Salzburg, um meine Schwester Hildegard zu sehen. Es waren schöne Tage mit ihm. Auf dem Weg von Innsbruck sind wir über das deutsche Eck gefahren. Die Straßen waren eisig, weil es vorher stark geschneit hatte. Plötzlich schleuderte vor meinem Auto ein LKW mit Anhänger und stellte sich quer. Ich konnte mit meinem Auto gerade noch auf den Pannenstreifen ausweichen und verhinderte dadurch nicht nur einen Unfall, der nicht gut ausgegangen wäre, sondern auch wahrscheinlich unseren Tod. 33 Fahrzeuge sind nach uns auf diesen Lkw aufgefahren, auch einige Tote und Schwerverletzte waren zu beklagen. Diesen zweiten Geburtstag werde ich nie vergessen. Auch deshalb, weil er an meinem offiziellen Geburtstag stattgefunden hat. Es war der 10. Jänner.

Ich wurde nach Kassel eingeladen, in einer Loge einen Festvortrag zu halten, der sich mit einem freimaurerischen Thema auseinandersetzen sollte. St. Exupery war Freimaurer. Am Logenhaus in Paris ist ein Spruch, der mir immer imponiert hat: „Wenn Du mit einem Bruder einen Streit hattest, dann betrachte das nicht als ein Ärgernis, sondern als eine Bereicherung." Bevor ich wusste, dass Exupery Freimaurer war, konnte ich mit „Der kleine Prinz" nicht viel anfangen. Die vielen Personen und die vielen Symbole waren für mich schwer als philosophische Erkenntnisse einzuordnen. Plötzlich waren die Zusammenhänge im Stück ein offenes Buch für mich. Ich habe meine Arbeit darüber im Buch als Anhang 3 hineingestellt. Mit dieser Erkenntnis bin ich nach Kassel gefahren. Der Vortrag wurde ein voller Erfolg. Auch habe ich die Inszenierung des Stückes in diese Richtung weiterentwickelt und vor jeder Vorstellung meine Auslegung dem Publikum mitgeteilt.

Die Einnahmen bei den einzelnen Vorstellungen waren gut, aber um den Indios wirklich helfen zu können, war ein Großereignis notwendig. Im Fernsehen habe ich eine Sendung gesehen, in der die österreichische Klassenlotterie die Hauptziehung des Hauptgewinns im Fernsehen gesendet hat. In der Zeitung habe ich gelesen, dass dieses Ereignis

S. 3.000.000. – gekostet hat. Das hat mich auf die Idee gebracht, das Stück „Der kleine Prinz" in einem großen Theater zu inszenieren. Ich bin ins Volkstheater gegangen, habe dort mit dem Direktor Blaha über meine Idee gesprochen, er hat mir die Kosten einer solchen Aufführung mitgeteilt und mir auch versprochen, dass er alles tun werde, damit es ein Erfolg wird. Wenn wir das Stück auf unseren Tourneen gespielt haben, musste immer ein kleiner Bub den Prinzen spielen. Alle waren hervorragend. Für das Volkstheater brauchte ich zwei, weil einer immer in Reserve da sein musste. Beide hatten schon mit dieser Rolle Erfolge gefeiert, daher war die Besetzung für diesen Teil kein Problem. Die einzelnen Rollen habe ich versucht so zu besetzen, dass sie dem Typ, der dargestellt werden sollte, gerecht wurden.

Als König habe ich einen Schauspieler genommen, der damals sehr berühmt war und der sich auch freute, dass er diese Rolle spielen durfte. Es war Oskar Willner. Die Proben mit ihm waren ein Vergnügen. Einmal hat er mich gefragt, wie ich die Inszenierung von Axel Cortis Fernsehproduktion „eine blassblaue Frauenhandschrift" finde. Sie war aus meiner Sicht großartig, er aber fand „uns trennen Welten" mit übertriebener Pose, wie er es immer machte, wenn ihm etwas gefiel. Wenn ich daran denke, mit welcher Demut er Regieanweisungen zur Kenntnis nahm und sie ausführte, dann wird mir bewusst, wie man ein großer Star wird. Die Aufführung fand an seinem 75. Geburtstag statt. Bundespräsident Kirchschläger, alle Schauspieler, Sänger und ich haben das auch gebührend gefeiert. Die choreographische Beratung hat Samy Molcho gemacht, als Erzähler konnte ich Axel Corti gewinnen, den Laternenanzünder hat Heinz Zuber übernommen, der Manager war Rudolf Strobl, der Trinker Heinz Marecek, der Geograph war Adi Lukan vom Volkstheater, die Schlange hat wie auch in unserem Ensemble Edith Privoznik übernommen, den Fuchs spielte Norbert Mlinar, einer der Mitbegründer des Ensembles, die Rose war Christine Bledl aus unserem Ensemble, die später den Grafen von Meran Kuen heiratete und jetzt in Meran lebt und auch sehr erfolgreich am Theater und im Fernsehen arbeitet, der Eingebildete war Magdalena Waldecker, die Tochter des Gründers unserer Gruppe, der Pilot war Erwin Ebenbauer vom Volkstheater. Das Bühnenbild gestaltete Rogl, die Kostüme wurden vom Volkstheater gefertigt. Alle Schauspieler haben ohne Gage gespielt und wurden dafür von der Österreichischen Klassenlotterie mit einem Jahreslos belohnt. Ich bin zu einer Vorstandssitzung der Klassenlotterie gegangen und habe ihnen meine Idee unterbreitet und gebeten, diese zu unterstützen. Sie waren großzügig und haben eine Ausfallshaftung von einer Million Schilling übernommen mit einer Bedingung. Sie wollten keine Arbeit übernehmen, außer die Pressebetreuung und den Kartenverkauf. Alles andere habe ich selbst übernommen. Karl Heinz Böhm war mit seiner Aktion „Menschen für Menschen“ überall in den Medien. Ich habe auch ihn angesprochen, ob diese Aktion im Rahmen seiner Aktion laufen könnte. Er hat abgelehnt, daher musste auf den Plakaten stehen:

Der kleine Prinz, eine Aktion des Ensembles 365 und der von Karl Heinz Böhm ins Leben gerufenen Aktion Menschen für Menschen. In einer Pressekonferenz und im ORF hat er auch mitgeteilt, dass er mit der Aktion in Bolivien nichts zu tun habe und nur für sein Projekt zur Verfügung stehe. Ich habe ihm für die Namensgebung die Hälfte des Erlöses von der Vorstellung versprochen und ihm auch S. 300.000.– am Ende überwiesen. Eine Reaktion darauf habe ich bis heute nicht erhalten.

Das Stück selbst dauert etwas mehr als 90 Minuten, daher habe ich im ersten Teil ein Konzert geplant, in dem Stefan Vladar, Beethovenpreisträger, Eva Lind, Opernsängerin, Christian Boesch, damals der berühmteste Papageno der Opernwelt und Hans Kann, ein Konzertpianist, der weltberühmt war, spielten. Leider sind Kann, Lukan, Strobl und Willner inzwischen verstorben. Ich werde sie sicher nie vergessen. Die Proben haben 3 Monate gedauert. Im Volkstheater gibt es eine eigene Probebühne, auf der wir die Proben 3 Mal in der Woche durchführten. Heinz Zuber hat am öftesten Proben gebraucht. Er war ein Perfektionist. Bei der Generalprobe hat das Fernsehen das Stück aufgenommen, durfte es aber live nicht senden, weil die Erben Exuperys das nicht erlaubten. Der damalige Generalintendant, Podgorsky, hat mein Projekt sehr unterstützt. Um 13 Uhr war die Generalprobe angesetzt, die Umbauten der einzelnen Szenen waren schwierig, weil nach einer Stunde die Bühnenarbeiter eine Auszeit hatten. Während dieser Zeit haben sie nichts auf der Bühne gearbeitet, weil das zu ihrer Vorschrift gehört. Das Fernsehen hat aber weiter aufgenommen bis zur Szene des Geographen. Der Globus war auf der falschen Seite des Tisches aufgestellt. Ich habe Adi Lukan gebeten, den Globus auf die andere Seite zu stellen. Er durfte das aber nicht tun, weil das vom Gesetz her nicht erlaubt ist. Nur ein Bühnenarbeiter durfte das tun. Es war aber keiner da. Ich habe unterbrochen und den Globus selbst dorthin gestellt. Dann konnten die Aufnahme und auch die Generalprobe weitergehen.

Die Aufführung wurde für den 30. 4. 1986 geplant und vorbereitet. Ich habe den damaligen Bundespräsidenten, Rudolf Kirchschläger, gebeten, den Ehrenschutz zu übernehmen, was er auch getan hat. Es war sein letztes öffentliches Auftreten als Bundespräsident, daher hat auch Bundeskanzler Sinowatz als Vertreter der Bundesregierung die Kosten für den Saal im Volkstheater und für das Personal übernommen. Er selbst konnte zur Vorstellung nicht kommen, weil er im Ausland weilte. Der Justizminister, Dr. Ofner, war als sein Vertreter gekommen. Ich habe ihn zu seinem Platz geführt. Beim Hinaufgehen hat er mir erklärt, dass er freiwillig zu so einer Sache nie gekommen wäre. Ich habe ihm geantwortet: „Warum sind Sie dann nicht zu Hause geblieben?", und bin gegangen.

Ich wusste, dass am 30.4. am Wiener Ring ein Fackelumzug für den ersten Mai geplant war. Axel Corti war in Zürich und sein Flugzeug würde erst um 20 Uhr in Schwechat landen. Ich habe den damaligen Polizeipräsidenten Reidinger angerufen und ihn gebeten, Axel Corti direkt vom Flugzeug abholen zu lassen und mit einer Polizeieskorte zum Volkstheater zu bringen. Reidinger hat sofort zugestimmt, die Pause bis zu seinem Eintreffen hat zwar länger gedauert, aber ich habe in der Pause einen Empfang mit dem Bundespräsidenten und den Schauspielern vorgesehen gehabt, daher ist es niemandem aufgefallen, dass die Pause länger gedauert hat.

Eine Woche vor der Vorstellung hat Böhm angerufen und von mir gefordert, dass alle Karten kostenlos an die Besucher abzugeben seien, weil er ein Jahr vorher im Theater in der Josefstadt eine ähnliche Veranstaltung für sein Projekt gehabt habe und dabei ein Defizit von S. 500.000.– entstanden sei, das Rabelbauer (der Mann mit dem Koffer) ihm dann ersetzt habe. Ich konnte dem Wunsch Böhms nicht nachkommen, weil alle Karten bereits verkauft waren. Durch das Programm führte Chris Lohner wirklich gekonnt. Ich war ihr Trauzeuge, als sie Alfons Lohner heiratete. Leider ist diese Ehe aus seinem Verschulden schiefgegangen.

Der Abend wurde ein voller Erfolg. Das Reinergebnis waren S. 600.000.–. Die Hälfte bekam Böhm, die andere Hälfte wurde für das Projekt in Bolivien verwendet. Wir haben damit für die Indios ein Gebiet von 7.000 ha Grund gekauft, einen künstlichen See anlegen und einen Zaun rund um das gesamte Land machen lassen. Damit mussten sie nicht mehr wandern, wenn keine Regenzeit war. Sie haben sich ansässig gemacht und werden heute als Bürger behandelt und geschützt. Der Staat hat über die Großloge von Bolivien den Grund als Reservat geschützt und die Indios leben glücklich dort.

Ich selbst bin auf eigene Kosten mit Christine nach Bolivien gereist und wir haben uns dort überzeugen können, dass die Mittel vollständig gemäß der Widmung verwendet wurden. Die 3 Wochen im Dschungel haben uns sehr gefordert. Eine Woche vor dem Flug war ich in meiner Loge wie jeden Dienstag. Ein Gast aus La Pas war zufällig auch da, weil er aus beruflichen Gründen in Wien war. Es fällt einem etwas zu. Jeden Tag arbeiten 6 Logen. Warum er ausgerechnet in meine Loge kam, kann ich nicht beurteilen, aber es war schon eigenartig. Er hat Grüße aus seiner Loge aus La Pas mitgebracht und eine Einladung ausgesprochen, sollte jemand von uns einmal nach Bolivien kommen. Ich habe mich zu Wort gemeldet und gesagt, dass ich nächsten Mittwoch in La Pas sein werde. Am Flughafen von La Pas hat er uns abgeholt und wir haben bei ihm bis zum Weiterflug nach Santa Cruz, eine Woche später, gewohnt. Er hat uns das Land rund um La Pas gezeigt und ist mit uns zum Titikakasee gefahren. Von ihm habe ich erfahren, dass alle Sprachen, die weltweit gesprochen werden, in der Sprache der Aimaras, den Bewohnern dieser Region, zu finden seien. Beim Besuch der dortigen Loge habe ich den Brüdern mein Projekt erklärt und sie haben mir zugesagt, für diese Indios in Zukunft zu sorgen. Von Santa Cruz sind wir dann mit dem Zug in einer 8-stündigen Fahrt zusammen mit Pater Elmar nach San José gefahren. Von dort mit einem Lkw nach Santa Teresita, der Station von Pater Elmar. Unsere Behausung war ein Zelt, in dem zwei Betten gestanden sind. Wegen uns wurde das Licht wieder eingeschaltet. Normalerweise gibt es von 18 Uhr abends bis 6 Uhr früh kein elektrisches Licht im Dorf. Wenn die Sonne untergeht, ist es innerhalb von 10 Minuten finster. Ab diesem Zeitpunkt gehen die Indios bis 6 Uhr schlafen. Im Zelt war ein Wespennest, das am Giebel des Zeltes von den Wespen kunstvoll errichtet wurde. Durch das Licht sind sie aktiv geworden und haben uns den Kampf angesagt. Im Dorf haben sie auch eine Krankenstation gehabt, die Gott sei Dank gerade nicht gebraucht wurde. Dorthin sind wir geflüchtet. Zwei Campingbetten waren unsere Schlafgelegenheit. Das einzig Gefährliche dort waren Schlangen. Kleine gefährliche gelbe Nattern, die zu den giftigsten Schlangen der Welt zählen. Die Natur reguliert sich selbst, daher haben sich dort Katzen auf das Töten von Schlangen spezialisiert. Bei unserer Ankunft hat uns eine Katze begrüßt und wir haben sie gestreichelt und auch gefüttert. Daraufhin ist sie bei uns eingezogen und bis zu unserer Abfahrt bei uns geblieben. Wenn wir im Dorf gegangen sind, ist sie immer mitgegangen. Wir brauchten keine Angst mehr vor Schlangen zu haben, weil die Katze ständig aufgepasst hat.

Im Dorf herrschte noch das Matriarchat. Männer haben dort nichts zu bestimmen. Ihre Aufgaben bestehen darin, den Kindern zu zeigen, wie man im Dschungel überlebt. Die Frauen bestimmen, wen sie heiraten, einmal in der Woche treffen sie einander im Gemeindehaus und besprechen die Probleme des Ortes. Es gibt dort keine Gefängnisse, weil die Männer pflegeleicht sind. Wenn Mädchen geschlechtsreif werden, gehen sie nachts von einem Bett zum anderen und beglücken die Männer. Wir haben nie erfahren, wie sie sich davor schützen, schwanger zu werden. Wenn sie dann heiraten, bekommen sie jedes Jahr ein Kind. Die Männer sind auf jeden Fall sanft wie kleine Kätzchen. Kriminalität ist auch unbekannt, weil jedem alles gehört, was der andere hat. Unser Obst haben wir auf einen Abstellplatz vor dem Haus gelegt. Die Kinder sind vorbeigekommen und haben sich genommen, was sie gerade brauchten. Wir haben Schokoladen-Naps jeden Tag an die Kinder verteilt, aber niemand hat dafür gedankt. Am Anfang war es für uns ungewohnt, dass jemand nicht bitte oder danke sagen wollte. Pater Elmar hat uns aufgeklärt. Diese beiden Wörter haben sie nicht in ihrem Sprachschatz, weil alles allen gehört. Haustiere leben und sterben wie auch bei uns. Bei ihnen ist die letzte Stufe des Tieres ein Puma. Daher jagen sie ihn rituell, weil er nach seinem Tod wieder Mensch wird. Der Medizinmann zeigt den Kindern in einem Spiel, wie die Jagd vollzogen wird. Einmal ist er der Panther, dann ist er wieder der Jäger und zeigt, wie es gemacht wird. So lernen die Kinder das Jagen und auch, warum das so ist. Väter gehen mit ihren Kindern in den Wald und bleiben dort eine Woche und leben ausschließlich von den Früchten und dem, was der Wald zu bieten hat. Wir haben auch gesehen, wie sie wilden Honig geerntet haben. Wir waren auch dabei, wie sie den Zaun gebaut haben. Eine faszinierende Geschichte. Im Dorf spielten die Mädchen Fußball und die Burschen mussten zuschauen. Einmal spielten die Burschen, weil ich sie filmen wollte. Die Mädchen haben ihnen die Dresse weggenommen und haben selbst gespielt. Sie wollten nicht, dass die Burschen gefilmt werden.

Nach 14 Tagen Dschungel sind wir wieder mit dem Zug nach Santa Cruz zurückgefahren. 200 Meter vor dem Bahnhof in einer Kurve ist der Zug entgleist und konnte 14 Tage nicht mehr zurückfahren. Es war wieder unglaublich, dass wir noch vorher gefahren waren. In Santa Cruz haben wir ein 5–Sterne-Hotel gefunden, das von einem Österreicher geführt wird. Wir haben uns wie im Paradies gefühlt nach diesen 2 Wochen im Dschungel. Rückblickend waren es die tollsten Erlebnisse, die man sich vorstellen kann. Pater Elmar hat 100 Zigaretten am Tag geraucht. Er musste nach Linz geflogen werden. Dort haben sie ihm beide Beine abnehmen müssen. Anschließend ist er wieder nach Santa Teresita geflogen und nach einem Jahr dort gestorben. Jetzt verehren sie ihn wie einen Heiligen, weil er ihnen das Leben gerettet hat.

Von Santa Cruz sind wir nach Brasilien zu meinem Cousin Adolf geflogen. Das war schon vorher so geplant. Unser Rückflug nach Wien war 1 Woche später gebucht, musste aber vorher bestätigt werden. Mein Cousin Adolf hat das übernommen, dadurch konnten wir in Ruhe Rio besichtigen. Einmal sind wir zu einer Kultstätte der Macumba, die Religion der Ureinwohner und heute noch von den Einwohnern sehr geschätzt, gefahren. Ich habe dort alles gefilmt und habe dabei nicht bemerkt, dass ein Verbrecher, der dort auf Touristen wartete, seinen Colt schon gezogen hatte, um mich zu bedrohen. Adolf hatte auch einen Revolver bei sich, mit dem er klarmachte, was passieren würde, wenn er nicht sofort verschwinden würde. So ist alles noch einmal gut gegangen.

Am Tag des Rückfluges sind wir zum Flugplatz gefahren, Adolf wollte für uns einchecken, da wurde ihm mitgeteilt, dass der Flug abgesagt werden musste, weil zu wenige Passagiere für den Flug gebucht hatten. Christine war während der gesamten Reise im Dschungel ruhig und gelassen. Als sie hörte, dass der nächste Flug vielleicht in einer Woche oder in 14 Tagen möglich wäre, war es mit ihrer Ruhe vorbei. Sie begann zu weinen. Die gesamte Anspannung der letzten Wochen ist aus ihr herausgekommen. Daraufhin bin ich zum Schalter gegangen, habe der Stewardess in voller Lautstärke gesagt, dass, wenn wir nicht heute zurückfliegen könnten, ich die Fluglinie auf Verdienstentgang verklagen und ich sie dafür verantwortlich machen würde, falls ich meinen Job verlöre. Sie sagte kein Wort, nahm den Telefonhörer, telefonierte mit einer Person von der Deutschen Lufthansa, teilte uns mit, wir sollten zum Schalter der Lufthansa gehen und dort alles Weitere besprechen. Gewundert habe ich mich, weil dort der Schalter für First Class-Passagiere war. Wir checkten dort ein und waren im Transitraum. Alle Passagiere wurden aufgerufen, nur drei andere Personen, Christine und ich mussten warten. 10 Minuten vor dem Abflug der Maschine nach Frankfurt wurden wir an Bord begleitet und sind dort in der ersten Klasse wie Fürsten behandelt worden. Wir hatten die billigsten Tickets gebucht und auf einmal sind wir geflogen wie im Märchen. 2 Stunden hat das Abendessen gedauert. Der Sitz wurde zu einem Bett umgebaut und wir haben von den 11 Stunden Flug 8 Stunden geschlafen. Eine Stunde vor der Landung wurden wir geweckt, haben wie zu Hause gefrühstückt und sind in Frankfurt völlig ausgeruht gelandet. Beim Weiterflug nach Wien haben wir uns wieder an normale Verhältnisse im Flugzeug gewöhnen müssen, aber wir sind sicher in Wien gelandet.

Immer wenn ich ins Büro gefahren bin, habe ich mein Auto in der Operngarage geparkt und bin zu Fuß beim Sacher vorbei zu meinem Arbeitsplatz gegangen. Mir ist nicht bewusst gewesen, dass ich von einer Dame, die im 2. Stock des Hauses wohnte, immer beobachtet wurde. Wenn ich zum Lift gekommen bin, ist sie von oben heruntergekommen und wir haben ein paar Worte gewechselt. Dann sind wir miteinander hinaufgefahren, ich habe mich verabschiedet und sie ist einen Stock weitergefahren. Das war fast jeden Tag so. Zu Weihnachten 1987 habe ich ihr frohe Weihnachten gewünscht und habe ihr auch gesagt, dass ich mich jeden Tag auf die Begegnung mit ihr freue und hoffe, dass wir einander im kommenden Jahr wiedersehen werden. Am 7. Jänner bin ich ins Büro gegangen, aber sie war nicht beim Lift. Ich habe mich darüber gewundert und bin ins Büro hineingegangen, mit der Absicht, im Laufe des Tages bei ihr vorbeizuschauen und ihr ein gutes Neues Jahr zu wünschen. Im Vorzimmer meines Büros ist ein Herr gesessen, der mich sprechen wollte. Es war der Sohn der Dame. Er wollte mir mitteilen, dass seine Mutter am Heiligen Abend sich das Leben genommen hatte und ihm vorher einen Abschiedsbrief geschickt hat, den er aber erst nach Weihnachten erhalten hatte. Sie hat, bevor sie sich das Leben genommen hat, die Wohnung so sauber geputzt und auch auf einem Zettel geschrieben, mit welcher Kleidung sie begraben werden wollte. Im Brief an ihren Sohn hat sie auch geschrieben, dass ich der einzige Mensch gewesen sei, mit dem sie Kontakt hatte, daher hat sie mir einen Bauernbarockkasten und ein Bild mit Pferden, das sie gemalt hatte, geschenkt. Beides hat er mir übergeben. Das Bild hängt in unserem Haus in Oberösterreich und hat dort einen Ehrenplatz. Der Kasten steht in unserem Wohnzimmer in Wien und passt dort perfekt hinein. Immer muss ich daran denken, wie einsam diese Frau gewesen sein muss und nicht mehr leben wollte, weil ihr Leben scheinbar keinen Sinn für sie ergab. Die Wohnung war 240 m^2 groß und gehört sicher zu den schönsten Wohnungen in der Stadt. Der damalige Präsident des Aufsichtsrates der Grawe, Graf Kotulinsky, fragte mich, ob ich Interesse an der Wohnung hätte, weil es ihm lieber wäre, wenn der Direktor dort wohnen würde statt eines ihm fremden Menschen. Christine und ich haben uns die Wohnung angeschaut und waren einverstanden. Der Vorvertrag wurde abgeschlossen und wir waren am Überlegen, wie sie eingerichtet werden sollte. Dr. Waldheim war inzwischen Bundespräsident geworden und wollte seine Residenz in Döbling renovieren. Er brauchte eine Wohnung in der Stadt in der Nähe der Hofburg. Damit war unser Traum gestorben und Waldheim erhielt die Wohnung, die gleichzeitig vorübergehend auch die Residenz des Bundespräsidenten war. Eigenartig war, dass er, wenn er in die Hofburg wollte, nicht die 200 Meter zu Fuß dorthin ging, sondern jeden Tag mit der Staatslimousine abgeholt, über den Ring gefahren wurde und dann erst in seinem Büro war. Angeblich aus Sicherheitsgründen. Er war ein einsamer Bundespräsident. Einmal bin ich am Abend um halb 10 Uhr nach einer Probe mit Norbert noch einmal ins Büro gefahren, weil ich für das Theater etwas brauchte. Ich wollte den Schlüssel ins Schloss stecken, um zu öffnen, aber es ging nicht. Ich hörte ein Geräusch. Es war Waldheim, der gerade seinen Kriminalbeamten hinauslassen wollte.

Ich habe ihn höflich gefragt, wie es ihm gehe, und er antwortete: „Wenn Sie wüssten, wie einsam ich oft bin, würden Sie verstehen, dass ich es nicht leicht habe. Kommen Sie doch einmal auf einen Kaffee zu uns. Meine Frau und ich würden uns sehr freuen." Am nächsten Tag habe ich seine Frau getroffen, die mir mitteilte, dass ihr Mann ihr erzählt habe, dass ich einmal auf einen Kaffee kommen würde. Auch Bundespräsidenten sind manchmal einsam, wenn sie nicht geliebt werden.

1988 habe ich nach einer Direktoren-Tagung in Bad Loipersdorf mit dem Generaldirektor eine Auseinandersetzung gehabt, weil ihm zu Ohren gekommen war, dass ich kaum arbeite, weil ich ja mit dem Theater so beschäftigt sei. Verwunderlich war, dass meine Direktionen die besten Ergebnisse aller in Österreich hatten und auch besser waren als die Direktion in Graz. Meine Berufsauffassung lässt es nicht zu, dass ich auf Kosten des Unternehmens mein Hobby ausüben und dadurch die Arbeit vernachlässigen würde, daher war ich empört, dass man mir das überhaupt unterstellte. Damit war auch meine Hoffnung, einen Pensionsvertrag zu bekommen, kaum realisierbar. Niemand der Landesdirektoren hatte einen solchen Vertrag, daher war es ausgeschlossen, ihn zu bekommen. 3 Monate später habe ich ihn in Wien auf der Kärntnerstraße zufällig getroffen und habe ihm bei dieser Gelegenheit mitgeteilt, dass ich überlege, noch einmal die Firma zu wechseln, weil ich für mein Alter vorsorgen wolle. Er hat es zur Kenntnis genommen und hat mir mitgeteilt, dass ich entscheiden müsste, wie ich mein Leben gestalten möchte.

Dr. Ederer war damals Generaldirektor-Stellvertreter und zuständig für die gesamte Verwaltung. Nach dem Gespräch mit Dr. Fall hat er mich angerufen und mir mitgeteilt, dass er nach Wien kommen werde und möchte, dass alle Mitarbeiter der Verwaltung und ich uns in einem Restaurant in der Nähe unseres Büros treffen sollen. Bei dieser Besprechung hat er sich im Namen des Vorstandes und der gesamten Direktion in Graz für die Gerüchte entschuldigt, weil es nicht zur Kultur der Grawe passt, soziale Aktivitäten eines Menschen negativ zu kommentieren. Man sei stolz, dass ich solche erfolgreichen Aktivitäten setzen würde, und er stellte ausdrücklich fest, dass meine Tätigkeit keinen Grund zu negativer Kritik geben würde. Er ersuchte mich, mir noch einmal die Kündigung zu überlegen. Das habe ich dann auch getan.

Im Oktober 1988 haben wir das erfolgreichste Jahr meiner Tätigkeit bei der Grawe gehabt, mit Ausnahme vom Burgenland. Alle geforderten Sparten aller drei Direktionen waren im Oktober im Zeitziel, nur im Burgenland waren bis Oktober nur 20% des Zieles in der Sparte Lebensversicherung abgeschlossen worden. Ich habe den Betriebsratsobmann zu mir gebeten und habe ihm mitgeteilt, dass wir ins Burgenland fahren müssten und er den Mitarbeitern zu Kenntnis bringen solle, was ein Dienstauftrag laut Arbeitsverfassungsgesetz bedeutet. Einem Dienstauftrag muss man nachkommen. Widrigenfalls muss man mit der Kündigung des Arbeitsvertrages rechnen. Alle Mitarbeiter im Burgenland wurden verständigt, dass sie in ein Restaurant in der Nähe von Eisenstadt zu einer Besprechung kommen müssten. Entschuldigt war nur jemand, wenn er sich im Krankenhaus sich befunden hat. Alle waren anwesend. Mein Dienstauftrag lautete, dass ich umgehend einen schriftlichen Bericht von jedem Außendienstmitarbeiter möchte, warum die Kunden beim Abschluss einer Versicherung seit Jänner, egal in welcher Sparte, keine Lebensversicherung abschließen wollten. Ich gebe zu, dass diese Maßnahme bösartig war, weil ich wusste, dass es für einen Außendienstmitarbeiter nichts Schlimmeres gibt, als Berichte zu schreiben. In der Folge habe ich 3 Wochen lang selbst Schulungen im Burgenland durchgeführt, um den Mitarbeitern zu helfen, wie im Verkauf argumentiert werden muss, wenn man erfolgreich einen Abschluss machen will.

Kurios war, dass ich keinen einzigen Bericht bekommen habe, aber das Jahresziel und damit auch alle Bonifikationen erreicht habe.

1989 war noch immer keine Rede von einem Pensionsvertrag für mich. Generaldirektor Fall meinte, ich hätte ja noch Zeit bis zu meiner Pensionierung, aber diese Argumentation wollte ich nicht mehr hinnehmen. Eher aus Neugier als aus einer Notwendigkeit heraus habe ich bei der Bundesländerversicherung anrufen lassen und wollte dort mit dem Generaldirektor verbunden werden. Petrak meldete sich persönlich. Ich stellte mich vor und teilte ihm mit, dass ich Direktor der Grawe sei, aber mir einen neuen Job suchen möchte und fragte, ob in der Bundesländer ein Manager gesucht werde. Er antwortete, dass er mich mit seinem Verkaufsvorstand verbinden werde, der dafür zuständig sei. Es meldete sich Herr Buchinger, der sofort Interesse zeigte und mich zu einem Gespräch eingeladen hat. Was ich erst viel später erfahren habe, war der Umstand, dass er irrtümlich glaubte, ich sei ein Freund des Generaldirektors. Bei dem zu besetzenden Job handelte es sich um den Geschäftsführer eines neu zu gründenden Unternehmens, das die sieben größten Versicherungen Österreichs in Zusammenarbeit mit den Wirtschaftskammern gründen wollten.

NOVEMBER

Die grauen Schleier des Nebels im November sind wie Daunen,
die der ungeschützten Natur Geborgenheit verheißen,
bevor die schwere Decke des Schnees
sich über alles ausbreitet und den Schlaf bewacht.
Nie ist der Traum lebendiger als in dieser Zeit.

Das Angebot war verlockend, daher habe ich bei der Grawe gekündigt und auf alle Ansprüche, die mir die vielen Jahre im Arbeitsleben gebracht hätten, verzichtet. Die Grawe hat mir ein großes Abschiedsfest im Wiener Rathauskeller bereitet. Ich bin mit einem lachenden und einem weinenden Auge fortgegangen. Heute rückblickend, bin ich froh, dass ich diesen Schritt gewagt habe, obwohl eine Zeit auf mich zugekommen ist, die meine ganze Kraft gefordert hat. Meine Vertragsverhandlungen habe ich erfolgreich abgeschlossen und auch einen Pensionsvertrag ausgehandelt.

Bevor ich im neuen Unternehmen angefangen habe, bin ich mit Christine noch nach Ecuador gefahren. Das Projekt in Bolivien war zu Ende und eine neue Herausforderung war überfällig. Norbert war mit seiner Familie nach Ecuador übersiedelt und erzählte mir, dass in dem Bereich, in dem er wohnte, die meisten Blinden der Welt lebten. Die Ursache dafür war eine Keramikfabrik, die ungefiltert die Abgase aus der Produktion über den Kamin entsorgte. Bei den Bewohnern jener Gegend, in der die Abgase niedergingen, war die Wirkung so groß, dass 80% der Bevölkerung blind wurden. Niemand kümmerte sich um diese Menschen. Nur der Erzbischof von Quenca, der von der Deutschen Botschaft eine Villa geschenkt bekam, weil er sich um die Blinden kümmerte, versuchte; die Regierung unter

Druck zu setzen, diesen Missstand zu beseitigen. Die Folge waren Morddrohungen. Kurze Zeit wurde er auch als zukünftiger Papst gehandelt, aber das war nur ein Traum, weil Revolutionäre in dieser Kirche keinen Platz haben. Sie werden auch Befreiungstheologen genannt.

Hans Muliar, der Sohn von Fritz Muliar, dem ich die Situation erzählte, war von der Idee begeistert, eine Initiative zu gründen, um den Blinden eine Existenzgrundlage zu bieten, die ihr Überleben leichter machte. Wir gründeten einen Verein mit dem Namen „Durch Blinde sehen". Prof. Freyler, der beste Augenarzt, den Österreich hatte, übernahm die Präsidentschaft und durch großzügige Spenden von bekannten Künstlern und Institutionen war so viel Geld zusammengekommen, dass wir damit dort Lehrwerkstätten errichten konnten, die den Blinden die Möglichkeit gaben, einen Beruf zu erlernen und nicht mehr angewiesen zu sein, auf der Straße zu betteln. Die Reise nach Ecuador war für das Projekt wichtig, weil ich dort mit den Logen in Chito reden musste, damit diese die Initiative weiter betreuen würden. Ich organisierte in Wien einen Abend im Konzerthaus, in dem die „Schöpfung" von Joseph Haydn aufgeführt wurde, zu dem der Botschafter von Ecuador zusammen mit dem damaligen österreichischen Vizekanzler, Dr. Busek, den Ehrenschutz übernommen hatte.

Der 8. Dezember war der Termin für die Aufführung. Viele Busse aus Niederösterreich waren organisiert worden, weil das Interesse für die Aufführung auch vom künstlerischen Bezug her groß war. Am Nachmittag begann es zu schneien und artete zu einem Schneesturm aus, wie ihn Wien seit vielen Jahren nicht mehr erlebt hatte. Die Züge, die Straßenbahnen, aber auch die Taxis hatten keine Chance, auf den Straßen weiterzukommen. Trotzdem war das Konzerthaus fast voll. Wie das die Menschen geschafft haben, bleibt mir bis heute ein Rätsel.

Der Flug nach Ecuador war teuer, daher bin ich zur Lufthansa gegangen und habe gefragt, ob ich einen Rabatt haben könnte, für den Flug für zwei Personen. Lufthansa war sehr großzügig und hat die Kosten für den Flug für Christine halbiert und wir konnten ohne Aufzahlung in der Business-Class fliegen. In Chito wohnten wir bei Norbert und Monica und den Kindern von ihnen in einem Haus. Für dortige Verhältnisse sehr komfortabel. Weihnachten und Silvester feierten wir mit ihnen. Es war anders als bei uns. Die Menschen feierten im Freien, weil es sehr warm war, und zu Silvester wurde Fußball gespielt. Ich versuchte, das Tor sauber zu halten, was aber bei meinen Kenntnissen über Fußball nicht sehr erfolgreich geendet hat. Mein Vortrag in der Loge war erfolgreich, weil ich ein Bewusstsein bei den Brüdern für die Situation der Blinden wecken konnte. Heute geht es den Blinden so gut, dass sie durch ihren erlernten Beruf in der Gesellschaft voll integriert sind. Außerdem wurden die Schutzmaßnahmen in den Keramikfabriken so verbessert, dass die Erblindungen sehr stark zurückgegangen sind. Ein Jahr nach dieser Initiative ist Hans Muliar an Krebs gestorben. Er hatte einfach zu viel geraucht und wollte auch nicht mehr damit aufhören. 3 Tage vor seinem Tod hatte sein Vater im Akademietheater mit dem Stück „Sibirien“ Premiere. Hans wollte nach diesem Erlebnis im Theater nicht mehr weiterleben und wollte nicht so zugrunde gehen wie der Darsteller in diesem Stück. Er hat mich angerufen und mir mitgeteilt, dass er nun in das Krankenhaus gehen wolle und versuchen werde, seine Situation zu ändern. Es war zu spät für eine Genesung.

Am Beginn meiner neuen Tätigkeit hatten wir noch keine Mitarbeiter. Viele neue Räume wurden zur Verfügung gestellt, meine Sekretärin in der Grawe durfte ich mitnehmen und ein zweiter Geschäftsführer, der sich um die EDV kümmerte, wurde aufgenommen. Von der Wirtschaftskammer wurde mir ein kontrollierender Geschäftsführer zur Seite gestellt, dem ich sehr viel verdanke. Dr. Gründler, der spätere Generalsekretär-Stellvertreter der Bundeswirtschaftskammer war versiert im Umgang mit den politischen Funktionären und vermittelte mir mit seiner Ruhe und Gelassenheit das Gefühl, dass mir nichts passieren konnte, wenn ich nicht von meiner bisherigen Haltung dem Leben gegenüber abkommen würde.

Das Produkt, das wir verwalten mussten, war eine Abfertigungsvorsorge für Arbeitnehmer, wenn sie gekündigt wurden oder in Pension gehen wollten.

Die Abfertigungsansprüche der Arbeitnehmer waren für viele Unternehmen ein Punkt, der einen Betrieb in große Schwierigkeiten bringen konnte, wenn der Arbeitnehmer in Pension gehen wollte und die Abfertigungsansprüche ausbezahlt werden sollten. Durch eine Versicherung konnten diese Ansprüche ausgelagert werden. Die Prämien wurden von den Wirtschaftskammern gestützt, daher wurde diese Versicherung sehr schnell von den Unternehmern angenommen und abgeschlossen. Besonders in Wien hat die Wirtschaftskammer einen großen Betrag zugeschossen und dadurch auch die Leistungen im Versicherungsfall stark erhöht. Es waren 200 Millionen, die ich für ein Jahr in verschiedenen Banken anlegen musste. Die Vorgabe der Kammer waren 5,5% Zinsen, die ich erzielen musste. Ich war begeistert, wie die Banken sich gegenseitig überboten haben, den Betrag zu erhalten. Am Ende habe ich nach einem Jahr 6,5% erwirtschaftet. Die Kammer konnte sich nicht erklären, wie ich das gemacht habe, weil sie diese Rendite nie erreichen konnten. Die sieben Gesellschafter haben uns insgesamt 25 Mitarbeiter des Verkaufs zur Verfügung gestellt, die bei ihren Kunden das Produkt verkauften. Meine Aufgabe am Anfang war die Schulung der Mitarbeiter und die Schulung der Steuerberater in ganz Österreich. Dr. Gründler hat mich begleitet, weil er Fachmann für Abfertigungsansprüche war und am Entstehen des Produkts auch mitgearbeitet hat.

Nach einem Jahr war unser Unternehmen so erfolgreich, dass von den damaligen 50.000 Firmen, für die das Produkt infrage kam, mehr als die Hälfte bereits diese Art der Vorsorge abgeschlossen hatten.

Eines Tages erhielt ich einen Anruf. Dr. Schüssel, der spätere Bundeskanzler, war am Apparat und fragte an, ob wir ein Inserat in der Wirtschaftsbundzeitung schalten würden. Natürlich bejahte ich diese Frage und wir besprachen die Details des Layouts. Am Ende fragte ich ihn, ob der normale Anzeigentarif zu verrechnen sei oder ob wir bessere Konditionen bekommen würden. S. 5.000.– war der normale Tarif. Er antwortete: „Nicht 5.000, sondern 1 Million." Ich fragte ihn, ob er mich pflanzen wolle, er antwortete: „Werden Sie nicht frech", und beendete das Gespräch. 10 Minuten später rief der Syndikatsvorsitzende an und wollte wissen, wie ich dazu käme, mit Herrn Schüssel in diesem Ton zu reden. Ich antwortete, dass ich lebenslänglich eingesperrt werden müsste, wenn ich für ein Inserat, das normalerweise S. 5.000 kostet, einen Millionenbetrag zahlen würde. Er meinte: „Sie werden schon noch unterschreiben", und hat aufgelegt. Ich wurde zu Herrn Buchinger gerufen, der mir mitteilte, sollte ich nicht unterschreiben, würde mein Gehalt halbiert und außerdem müsste ich in Zukunft jede Rechnung und jeden Auftrag, den ich entscheiden würde, von einem Kanzleigehilfen, der im Archiv der Bundesländer arbeitete, gegenzeichnen lassen. Dr. Gründler hat gemeint, dass ich ruhig unterschreiben solle, er würde auf keinen Fall unterschreiben. Das lehnte ich ab, weil ich ja die Verantwortung hatte. 2 Monate haben mich die Herren gequält, ich weigerte mich. Es wurde eine Generalversammlung einberufen, um den Gesellschaftern die Situation der Firma zu erklären. Eine Woche vor der Sitzung bin ich zur Wiener Städtischen gegangen und habe dem Gen.–Direktor, Dr. Sellitsch, meine Situation mitgeteilt. Mir war bewusst, dass es hier um versteckte Parteienfinanzierung ging und ich erpressbar werden würde, wenn ich zustimmte. Außerdem konnte ich es mit meinem Gewissen nicht vereinbaren, in dieser Form zu agieren. Was mich heute noch empört, ist die Selbstverständlichkeit, mit der Dr. Schüssel geglaubt hat, Erfüllungsgehilfen vor sich zu haben, die, ohne zu fragen, das tun, was er wollte. Woher nimmt er eigentlich diese Präpotenz, zu glauben, er wäre das Maß der Dinge. Wenn ich heute die Medienberichte verfolge, was mit den einzelnen korrupten Politikern passiert, wenn sie im Untersuchungsausschuss nicht antworten wollen, wird mir bewusst, wie Lebewesen (Menschen möchte ich zu diesen Behinderten nicht sagen) agieren, wenn die soziale Intelligenz nicht entwickelt ist. Auch sie werden eines Tages sterben.

Bei der Generalversammlung erklärte ich die Bilanz, Dr. Sellitsch unterbrach mich und fragte, warum ich die Forderung von einer Million für Inserate nicht zahle. Ich erklärte ihm, dass ich keinen Auftrag erteilt habe. „Warum steht es dann in der Bilanz?“, fragte er weiter. Die Alpentreuhandgesellschaft hatte die Forderung hineingenommen, obwohl von mir kein Auftrag gegeben wurde. Dr. Sellitsch sagte noch: „Ich lass mich hier nicht über den Tisch ziehen“, und verließ die Generalversammlung. Nach dem Abgang sind die anderen Gesellschafter auch aufgestanden und die Sitzung war geplatzt.

Anschließend musste ich zu Herrn Buchinger kommen, der mir einen neuen Dienstvertrag vorlegte, in dem nur mehr die Hälfte meines Einkommens angeboten wurde. Dr. Gründler wurde sofort suspendiert und mir drohte man mit weiteren Sanktionen. Ich könnte es mir ja noch einmal überlegen. Natürlich habe ich mir nichts mehr überlegt und habe diesen Vertrag nicht zur Kenntnis genommen. Entlassen konnte man mich nicht, weil kein Arbeitsgericht dem zugestimmt hätte. Für die Änderung des Dienstvertrages hätten die zwei größten Gesellschafter und der Aufsichtsrat unterschreiben müssen. Ich bin meiner Arbeit nachgegangen und habe abgewartet, was noch alles kommen würde. Eine Woche später ist eine Reporterin der Kronenzeitung zu mir gekommen, um mit mir ein Interview zu machen. Ich erklärte ihr die Konstruktion des Unternehmens und unsere Ziele. Sie fragte auch, was mit den 200 Millionen geschehen sei, die von der Wiener Wirtschaftskammer angelegt wurden. Ich habe ihr erklärt, dass sie gut angelegt seien und den Firmen für deren Abfertigungsansprüche zugeschossen werden würden. Am nächsten Tag ist in der Kronenzeitung als große Überschrift gestanden: „Geschäftsführer Oberlechner verludert 200 Millionen??“

Einen Tag später stand auf der zweiten Seite kleingedruckt: „Wir entschuldigen uns für die gestrige Fehlinformation. Der Geschäftsführer Oberlechner hat kein Geld verludert.“

Der Syndikatsvorsitzende und Herr Buchinger haben mir dann erklärt, dass ich medial verbraucht sei und es für mich schwer werde, weiterhin für das Unternehmen tätig zu sein. Dem stimmte ich zu und verlangte eine einvernehmliche Lösung meines Vertrages. Das wurde abgelehnt. Ich bin wieder zu Dr. Sellitsch gegangen. Dieser hat Dr. Petrak, den Syndikatsvorsitzenden, angerufen und gedroht, sollte Oberlechner nicht alle Forderungen erhalten, die ihm zustünden, werde er seine Anteile am Unternehmen sofort kündigen.

Am ersten September 1991 habe ich alle Ansprüche ausbezahlt bekommen und habe mich mit 57 Jahren als Betriebsberater selbstständig gemacht.

Am Anfang war es nicht leicht, aber die Grawe hat mich für Rhetorik und Führungsseminare 15 Jahre lang engagiert. Auch die Wirtschaftskammern haben viele Seminare mit mir gemacht.

Christine und ich wollten im Sommer aus der Stadt und in der Nähe von Wien eine Wohnung pachten. Das Kloster meiner Schwester Hildegard hatte in Wiener Neudorf ein großes Areal, auf dem einige Einfamilienhäuser standen, die ursprünglich für Mädchen, die nach der Erziehungsanstalt ins Kloster eintreten wollten, gedacht waren. Sie konnten nicht in den normalen Orden eintreten, sondern der Orden wurde „Die Magdalenerinnen“ genannt und wurde auch separat geführt. Wir haben uns eines der Häuser angeschaut und waren sehr angetan von den Räumlichkeiten und der Lage.

Wir haben im Provinzhaus in Vill bei Igls angerufen und wurden eingeladen, nach Innsbruck zu kommen, um über den Vertrag zu reden. Die Provinzoberin erklärte uns, dass ich damit rechnen müsste, dass in den nächsten Jahren das gesamte Areal an Wiener Neudorf verkauft werden würde und dass derzeit die Kobra dort ihre Übungen abhalte. „Aber wir haben eine Villa in Oberösterreich. Schauen Sie sich dieses Haus an, ich glaube es wird Ihnen gefallen.“ Christine meinte: „Was brauchen wir ein Haus in Oberösterreich. Ich fahre doch nicht am Wochenende 250 km hin und wieder zurück.“ Ich meinte, dass wir auf dem Heimweg dort vorbeischauen könnten. „Nein kann man immer noch sagen, wenn es uns nicht zusagt.“ Wir sind dort vorbeigefahren. Jetzt ist es 28 Jahre her und wir sind immer noch glücklich mit dem Haus. Doch das ist eine andere Geschichte.

Seit 1990 war ich auch Generalsekretär des österreichischen Reifenhandels neben meiner Tätigkeit als Geschäftsführer. Der Aufwand war nicht besonders zeitraubend, weil ich nur einige Tage im Monat aktiv werden musste. Die Hauptaufgabe für mich bestand darin, die Interessen der Reifenindustrie und des Handels zu koordinieren und beide Teile in eine Partnerschaft zu bringen. Das ist auch gut gelungen. Heute sind sie eine Einheit, ohne dieses Miteinander hätten Sie es schwer, existieren zu können.

Mein Engagement im Theaterensemble war in den vielen Jahren sehr intensiv. In den Jahren von 1976 bis 1991 habe ich 986 Mal auf der Bühne gestanden und auch drei verschiedene Stücke inszeniert. Viele Theateraufführungen waren sehr erfolgreich, es hat kaum eine Stadt gegeben, in der wir nicht gespielt haben.

Ich brauchte eine neue Herausforderung. Walter Kobéra, mit dem ich schon die Schöpfung gemacht hatte, war Konzertmeister des Niederösterreichischen Tonkünstlerorchesters und wurde von der Stadt Wien beauftragt, in der Orangerie von Schönbrunn ein Ereignis aus dem Jahre 1786 aufzuführen. Kaiser Josef II hatte im Februar 1786 den gesamten Hochadel zu einem Frühlingsfest eingeladen. Er wollte in der Orangerie, das ist eine Halle, in der die mediterranen Pflanzen über Winter eingelagert sind, Mozart und Salieri zu einem Wettstreit einladen, um herauszufinden, wer der bessere Kompositeur sei. Ein Libretto von Da Ponte diente dazu als Vorlage. Jeder der beiden musste dazu eine Oper komponieren. Es wurden zwei Bühnen aufgebaut. Auf der einen Seite wurde „Der Schauspieldirektor" von Mozart und auf der anderen Seite

„Prima la Musica" von Salieri aufgeführt. In der Mitte ist das Publikum gesessen und hat darüber abgestimmt, wer aus ihrer Sicht der bessere Kompositeur sei. Als Belohnung wurde dem Sieger der Posten als Hofmusikkapellmeister zuerkannt. Salieri hat gewonnen und Mozart ist sehr gekränkt nach Deutschland gereist und hat bis zu seinem Tode nicht mehr für den Hof gearbeitet. Ich durfte die Oper von Mozart und Tambosi erhielt den Auftrag, die Salieri Oper zu inszenieren. Meine Inszenierung war wieder für das Projekt „Durch Blinde sehen" gedacht, daher haben wir alle Kostüme von der Staatsoper kostenlos bekommen. Ich durfte auch den Buffo singen. Das war für mich der Höhepunkt in meinem Leben als Sänger. Mit einem Orchester auf einer Opernbühne zu stehen und eine Arie zu singen, was gibt es Schöneres. Meine Inszenierung war absichtlich so wie sie zur Zeit Mozarts inszeniert wurde, während Tambosi die Handlung in die heutige Zeit verlegte und modern auslegte. Seine Oper begann mit einem Knalleffekt. Eine schöne junge Dame machte ein Sonnenbad in einem Liegestuhl, nur mit einem Slip bekleidet, und aus dem Lautsprecher ertönte ein moderner Schlager aus den 80er Jahren. In der Mitte des Saales ist das Publikum gesessen und hat vor der zweiten Aufführung ein Menü serviert bekommen, so wie damals. Ich habe während des Essens dem Publikum sowohl den geschichtlichen Hintergrund dieses Abends, als auch die Motive, die zu dieser Aufführung geführt haben, erklärt. Insgesamt haben wir 13 Aufführungen gehabt und alle waren ausverkauft.

Im September 1991 hat Christine Bledl Graf Kuen von Meran geheiratet.

Das Theaterensemble war zur Hochzeit eingeladen und ich wollte Christine als Hochzeitsgeschenk eine besondere Freude bereiten. Nach der Trauung in der Kirche war vorgesehen, dass die Hochzeitsgesellschaft zu Fuß zum Schloss der Kuen gehen werde. An verschiedenen Plätzen dorthin haben wir Barrieren errichtet, die gleichzeitig jeweils eine Szene darstellten, die sie im Ensemble gespielt hatte. Für sie war es natürlich schwierig, sich aus dem Stand sofort zu erinnern, was sie antworten musste. Erst wenn sie die Szene mit dem jeweiligen Partner aus dem Stück gespielt hatte, durfte der Zug sich weiterbewegen. Andorra, Ball der Diebe, Prinz, Hexenjagd waren die Stücke, die ich ausgesucht hatte. Sie hat alle Szenen im Kopf gehabt. Leider hat mit diesen Szenen auch mein Engagement im Ensemble geendet. Wahrscheinlich war mein Hang zur Perfektion für einige der jungen Ensemblemitglieder unerträglich geworden und, wie fast in jeder Gruppe, auch die Rebellion gegen Ältere kam zum Ausbruch. Mit 57 Jahren ist ein Mensch noch lange nicht am Ende seiner Entwicklung, aber für Menschen zwischen 20 und 30 Jahren zählt man schon zum alten Eisen. Ausschlaggebend war sicher auch, dass ich nicht den katholischen Vorstellungen der Vereinsführung entsprochen habe. Aber das gehört zu meiner Lebenshaltung, dass ich mir nicht vorschreiben lasse, was ich zu denken habe. Die Umstellung meiner beruflichen Tätigkeit hat auch dazu beigetragen, dass ich mich, zwar traurig, aber neugierig auf neue Herausforderungen, von meinem liebsten Hobby verabschiedet habe. Ganz konnte ich es, wie sich später herausstellte, nicht lassen, meinen Hang zum Theater.

Zu Silvester 1991 wollten wir diesen Tag in Wien verbringen, weil ich noch nie in der Silvesternacht am Stephansdom war. Dort war das Zentrum aller Aktivitäten in dieser Nacht. Der Lärm dort war unerträglich. Die Böller übertönten sogar die Bummerin um Mitternacht. Wir flüchteten und eilten über den Kohlmarkt, den Heldenplatz, über den Rathausplatz zum Spittelberg. Die Stille, die dort herrschte, war beängstigend. Auch die Spittelberggasse war menschenleer. Da habe ich zur Christine gesagt: „Ist das nicht schrecklich, die Menschen verkriechen sich in ihren Wohnungen und verschließen sich dem neuen Jahr. Man könnte doch diese Nacht zur Nacht der Begegnung machen. Auf allen öffentlichen Plätzen könnte man Sektstände errichten und einander um Mitternacht zuprosten und auch miteinander tanzen. Der Reinertrag könnte Menschen zugutekommen, denen es schlecht geht, oder aber auch in jene Länder geschickt werden, in denen der Hunger an der Tagesordnung ist."

Am nächsten Tag habe ich an den ORF und an den Bürgermeister von Wien, Dr. Zilk, einen Brief geschrieben und habe ihnen meine Idee mitgeteilt. Ein Jahr später habe ich aus den Medien erfahren, dass Dr. Zilk eine tolle Idee hatte. Es wurde der Silvesterpfad in Wien eingerichtet. Ich habe Dr. Zilk, der mit seiner Frau im Rathauspark spazieren ging, angesprochen und ihn gefragt, warum er mir auf mein Schreiben nicht einmal geantwortet und meine Idee einfach als von ihm stammend präsentiert habe. Er hat mir geantwortet, wenn einer eine gute Idee hätte, müsse man sie ausführen, das habe er getan. 20 Jahre später ist Wien eine andere Stadt geworden. Bis zu 1.000.000 Menschen feiern auf den Straßen von Wien und es ist selbstverständlich geworden, nicht mehr zu Hause zu bleiben und zu warten, bis „Das Dinner for One“ im Fernsehen zu Ende ist. Auch im übrigen Österreich wurde diese Art zu feiern zur Selbstverständlichkeit.

Anfang der Neunzigerjahre habe ich von der oberösterreichischen Volkspartei das Angebot erhalten, an einem Hearing teilzunehmen, in dem zu entscheiden war, wer den Auftrag erhalten sollte, die neuen Landtagsabgeordneten der ÖVP auszubilden. Ich wurde gebeten, mich im Landtagsclub vorzustellen und auch darüber zu referieren, welche Themenschwerpunkte in meinen Schulungen behandelt werden. Rhetorik, Konferenzleitung und Menschenführung waren die Kernpunkte meines Angebotes. Innerhalb des Landtagsclubs herrschte geteilte Meinung über die Notwendigkeit, das Kraftwerk Lambach zu bauen oder nicht. Die Grünen in Oberösterreich polemisierten gegen das Kraftwerk aus ökologischen und Umweltgründen. Die Hälfte der Abgeordneten war verunsichert und befürchtete, dass die ÖVP bei der nächsten Wahl aus diesen Gründen Mandate verlieren könnte. Ich wurde gefragt, was ich ihnen raten würde zu tun. Für mich war klar, dass dieses Kraftwerk gebaut werde müsse, wenn alle Punkte, die für oder gegen das Kraftwerk sprechen würden, sowohl kurz als auch langfristig geprüft worden seien und die Partei aus tagespolitischen Gründen nein zum Kraftwerk sagen würde, oder aber so entscheidet, wie sie entscheiden müsste, wenn sie langfristig für das Land das Beste tun will, egal ob es ihnen jetzt schaden könnte. Dies war auch die Meinung des Landeshauptmannes Pühringer und einiger der Abgeordneten. Das Kraftwerk wurde gebaut und heute sind alle froh, dass wir es haben. Die Abgeordneten haben mir den Lehrauftrag einstimmig übertragen.

1994 wurde ich von der Frau eines Reifenhändlers eingeladen, ihre Ausstellung bei einer Vernissage zu eröffnen. Sie hat ihr Talent zur Malerei entdeckt und wollte aufzeigen, dass man in jedem

Alter Neues beginnen kann. Im Rahmenprogramm hat Gunnar Prokop einen Vortrag über den Sport und im Besonderen über seine Hypo Südstadt Handball-Damenmannschaft gehalten. In seiner manchmal groben Ausdrucksweise hat er ein Bild über die Damen gezeichnet, das ich nicht nachvollziehen konnte. Meine Rede über die Künstlerin habe ich folgendermaßen begonnen:

„Nach einem Gunnar Prokop über Damen zu reden und ihre Leistung zu würdigen, ist fast unmöglich, weil er über Frauen ein Bild zeichnet, das einfach nicht stimmen kann. Wenn diese so wären, wie er sie hier dargestellt hat, dann würden sie nicht Europacupsieger sein, sondern in der 5. Liga am letzten Platz agieren. Die Wahrheit ist eine andere. Prokop ist einer der sensibelsten Manager, die im Sport tätig sind, und führt seine Mannschaft so, dass diese mit Recht diese Erfolge hat." Nach der Eröffnung ist Prokop zu mir gekommen und hat mich gefragt, woher ich wisse, dass er anders sei, als er sich dargestellt habe. „Weil ich Sie beobachte", habe ich zu ihm gesagt, „und daher weiß, dass Sie Wege im Sport beschreiten, die andere nicht gehen können oder wollen." Er hat mich dann gefragt, ob ich Lust hätte, mit ihm zu arbeiten. In seinem WC hänge ein Plakat auf dem Folgendes steht: „Die Psyche lenkt die Motorik." „Ich weiß nicht, was das heißt, aber Sie könnten mir dabei helfen, es zu verstehen." Ich habe ihm meine Telefonnummer gegeben und dazu gesagt, dass ich mich nicht melden werde, aber wenn er sich melden würde, könnte er mit mir rechnen. Er hat sich gemeldet und wir haben begonnen, völlig neue Methoden im Sport einzuführen. Prokop wollte immer anders sein, als die anderen es wollten. Daher hat er auch Feinde gehabt, die auf seinen Erfolg neidisch waren. Im Trainingslager am Faakersee habe ich das erste Mal mit der Mannschaft gearbeitet und mit ihnen im ersten Seminar Rhetorik gemacht. Die Kunst der freien Rede war und ist für mich die Grundlage, auch im Sport erfolgreich zu sein. Was wir nicht in Worten denken können, können wir nicht denken. Wie soll ein junger Mensch mit Druck, Angst, Niederlagen, Frust und Erwartungshaltungen umgehen, wenn er keine Worte hat, sich von der Seele zu reden. Seit Jahren kritisiere ich, dass Skifahrer in den Medien wie Fernsehen und Radio keine ganzen Sätze sprechen können und einen Dialekt sprechen, den nicht einmal ich als Tiroler verstehen kann. Ich habe einmal Schröcksnadel auf dieses Defizit angesprochen und ihm vorgeschlagen, den Skifahrern im Interview Technik beizubringen. Seine Antwort war: „Insere Gitschen und Buiben miassen so bleibm, wia sie sein, des isch insere Kultur." Meine Antwort war: „Entschuldigen Sie die Störung. Bei Hypo waren viele Ausländerinnen, die ohnehin verunsichert waren, erstens mit unserer Kultur umgehen zu lernen, auch hier war die eigene Angst groß, weil ihr Deutsch nicht perfekt war, und daher hatten sie versteckte Minderwertigkeitskomplexe, die sie mit Zurückgezogenheit versuchten zu kompensieren. Wir Menschen können unsere Leistungen nur erbringen, wenn wir dort daheim sind, wo unsere Leistung gefordert wird. Wenn wir nur wie „bezahlte Feinde" behandelt werden, revanchieren wir uns auf unsere eigene Art. Niederlagen haben viele Ursachen, aber auch Siege haben eigene Gesetze. Alle Spielerinnen haben Reden halten müssen, auch Tanja Dshandshgava, die Torfrau. Sie war Russin und mit der Sowjetischen Mannschaft 2 Mal Olympiasieger und einige Male Weltmeister geworden. Als sie an der Reihe war, eine Rede zu halten, hat sie sich geweigert, das zu tun. Gunnar hat sich schon gefreut, dass sie auch mir gegenüber nur das tat, was sie wollte. Ich habe gehört, wie er zu seinem Trainer gesagt hat: „Jetzt bin ich neugierig, was Walter tun wird, wenn sie dabeibleibt." Für mich war ihr Verhalten nicht lange ein Problem. Ich habe ihr gesagt, dass sie die Rede auch auf Russisch halten könnte, wenn sie wegen der Sprache nicht Deutsch reden möchte. Ihre Rede war sensationell. Ich habe kein Wort, außer das Wort Olympia, verstanden, aber ihr Vortrag war so perfekt, dass alle begeistert applaudierten. Gunnar war perplex. Diese 3 Wochen am Faakersee waren der Beginn einer Zusammenarbeit, die fast 10 Jahre gedauert hat. Was mir besonders gefiel, war die Tatsache, dass Gunnar offen war für völlig neue Methoden im Sport, die vorher nie praktiziert wurden. In Trainingslagern haben wir Malkurse, Töpferkurse und Gitarrenkurse gemacht, aber auch sehr viel dazu gesungen.

Bei einem Trainingslager in den Pyrenäen haben wir gegen die Nationalmannschaft von China ein Trainingsspiel gehabt. Nach dem Spiel haben die Spielerinnen uns ein Ständchen gesungen. Wir haben mit einem Lied geantwortet. Die Beziehung zueinander war nachher anders als vor dem Match.

Manchmal war es nicht leicht, Gunnars Launen zu verstehen, aber mit der Zeit hat er sich bei mir ausgetobt, wenn er mit dem Verhalten der Spielerinnen nicht einverstanden war. Nachdem er sich den Frust von der Seele getobt hatte, habe ich ihn gefragt, ob ihm nun leichter sei. Er wurde immer pflegeleichter. Wir haben in den vielen Jahren der Zusammenarbeit nie wirklich Streit gehabt, aber wir haben 6 Mal hintereinander den Europacup gewonnen, wurden 3 Mal Vereinsweltmeister, 1 Mal Dritter in der Europameisterschaft, 1 Mal Dritter in der Weltmeisterschaft. Hypo war damals ident mit der österreichischen Nationalmannschaft.

1995 war die Weltmeisterschaft in Wiener Neustadt. In einem Trainingslager am Faakersee habe ich Gunnar vorgeschlagen, dass ich mit den Spielerinnen gerne das Theaterstück „Der Kleine Prinz" spielen möchte. Er fragte mich, wofür das gut sei. Ich erklärte ihm, dass Menschen, wenn sie Ausländer sind, ein anderes Selbstbewusstsein bekommen, wenn sie sogar in einer ihnen fremden Sprache auf der Bühne stehen und sprachlich keinen Fehler machen dürfen. Er war einverstanden und ich begann mit den Proben. Babsi Strass war der Prinz, Iris Moorhammer der Fuchs, Aushra war der König, Niki Prokop war der Pilot, Laura Fritz war die Blume, Stana Bosovich war der Eitle, Edith Strass war die Schlange, Edith Matej war der Geograph, Rima Zuchiene war der Manager, Tanja Dshandshgava war verantwortlich für die Technik. Ich machte die Beleuchtung zusätzlich zur Regie. Bei einer Probe mit Aushra als König hat sie einen Satzfehler gemacht. Ich habe sie verbessert, da hat sie mir die Rolle hingeworfen und gesagt: „Bin ich nicht Österreicherin, kann ich nicht perfekt sprechen", und ist davongelaufen. Ich habe ihr nachgerufen, um 19 Uhr ist die nächste Probe. Sie war pünktlich zur Stelle und hat die Probe sehr gut abgeschlossen. Der ORF war mit seinem Starreporter Peter Klein bei der Aufführung dabei, die wir in einem Ort in der Nähe von St. Kanzian vor Publikum machten, um auch die Konzentration der Spielerinnen sicherzustellen. Nach der Aufführung ist Klein zu mir gekommen, hat mich umarmt und noch sehr berührt gesagt, dass er die Aufführung für das Fernsehen aufnehmen möchte, weil er sicher sei, dass Sport völlig neue Dimensionen erreichen könnte, wenn die Sportler im Sprachbereich so gefordert werden würden, wie sie es hier wurden. Ich habe das Stück im Stadttheater von Wiener Neustadt vor der Weltmeisterschaft noch einmal inszeniert. Der ORF hat ein Kamerateam für diese Aufführung hinbeordert. Alle, die im öffentlichen Leben bedeutend waren, sind gekommen. Die Medien berichteten ausführlich und Bundeskanzler Vranitzky ließ mir ausrichten, dass ich ein Buch über diese neuen Methoden im Sport schreiben solle, wenn wir Weltmeister werden sollten. Wir sind es nicht geworden, daher interessierte sich niemand mehr dafür, warum wir in den letzten Jahren 176 Mal ununterbrochen erfolgreich waren. Dabei war die Vorbereitung für die WM in Wiener Neustadt unglaublich professionell. Nach dem Gewinn des Europacups 1995 haben wir in Lienz auf 2000 Meter Höhe in einem Hotel eine Woche lang einen Malkurs gemacht. Die Spielerinnen waren ziemlich angefressen, weil sie 2 Tage nach dem Pokalgewinn dorthin fahren mussten. Ich war schon einen Tag vorher angereist, weil ich den Maler noch informieren musste, wie der Kurs vom Tagesablauf her gestaltet werden sollte. Hermann Pedit war zu diesem Zeitpunkt bereits ein international anerkannter Künstler, der sich bereit erklärt hatte, diesen Kurs zu leiten und den Spielerinnen die Kunst des Malens nahezubringen. Unsere Familien waren seit der Jugend unserer Eltern miteinander befreundet. Sein Vater ist mit meinem Vater in die Schule gegangen. Die Ankunft des Teams war für mich eine schlimme Erfahrung. Niemand grüßte mich, alle gingen auf ihre Zimmer, niemand wollte mit mir sprechen. Ich konnte damit nicht umgehen, weil sie 3 Tage vorher, nach dem Gewinn des Pokals, mich stürmisch umarmten und sich über den Sieg freuten wie Kinder.

Beim Mittagessen habe ich dem schwedischen Trainer Arne Högdal laut, sodass mich alle hören konnten, gesagt, dass ich mich geirrt hätte, weil ich glaubte, dass ich es mit Profis zu tun hätte und nicht mit blöden verwöhnten Frauen, die ihre Launen auslebten, anstatt sich auf die Weltmeisterschaft vorzubereiten. Sportliche Erfolge funktionieren nur, wenn Siege oder Niederlagen auch psychisch verarbeitet werden. Nichts ist besser für die Aufarbeitung als die Hinwendung zu völlig anderen Aktivitäten. Dadurch werden im Gehirn Glückshormone freigesetzt, die den Menschen helfen, die durch Grenzsituationen entstandenen Spannungen abzubauen, um frei für neue Herausforderungen zu werden. Ich wollte mit ihnen nicht mehr weiterarbeiten und bin in mein Zimmer gegangen. 10 Minuten später sind alle Spielerinnen vor der Zimmertüre gestanden und haben sich für ihr Verhalten entschuldigt. Das war zu viel für mich. Ich habe mich für meine brutalen Äußerungen entschuldigt und der Malkurs mit Pedit konnte beginnen. Edith Matej fehlte noch, weil sie nicht rechtzeitig mit dem Flugzeug aus Rumänien in Wien angekommen war. Sie hat sich einen Leihwagen genommen, ist mit diesem nach Lienz gefahren und wollte mit dem Auto auf das Zettersfeld kommen. Ich kannte den Weg seit meiner Kindheit und wusste, dass die vielen Kurven in der Nacht gefährlich waren, noch dazu war starker Nebel aufgekommen. Man hatte nur 2 Meter Sicht. Ich bin mit meinem Auto nach Lienz hinuntergefahren und habe dort am Beginn der Straße auf sie gewartet. Um 21 Uhr ist ein Taxi gekommen. Hinter ihr ein Auto mit Wiener Kennzeichen, von dem ich angenommen hatte, dass es ihres war. Das Taxi ist stehen geblieben und hat ihr erklärt, wie sie weiterfahren müsse. Ich bin ausgestiegen und habe ihr gesagt, dass ich auf sie gewartet hätte und sie ins Hotel bringen werde. Ihre Freude darüber war für mich der beste Lohn. Ich glaube nicht, dass sie oben heil angekommen wäre, wenn ich sie nicht begleitet hätte. Es war auch für mich nicht leicht, rechtzeitig die Kurven zu sehen, aber nach 2 Stunden waren wir am Ziel und alle waren erleichtert. Pedit hat alle Richtungen der Kunst den Damen erklärt und sie konnten selbst entscheiden, welchen Künstler sie kopieren wollten. Für viele von ihnen war dieser Bereich der Kunst völliges Neuland, aber das, was sie daraus gemacht haben, hat gezeigt, dass Sportler, die erfolgreich in ihrem Sport sind, auch in anderen Bereichen erfolgreich sein können, wenn sie ihr Gehirn fordern. Die Bilder, die dort entstanden sind, wurden in einer Ausstellung bei der Weltmeisterschaft ausgestellt und sind alle verkauft worden. Einige haben sich auch später noch mit der Malerei als Ausgleichsport beschäftigt.

Gunnar ist erst nach dem Kurs ins Trainingslager gekommen und die Spielerinnen haben in der zweiten Woche hauptsächlich Leichtathletik gemacht. Auf 2.000 Meter Höhe ist die Ausübung von sportlichen Aktivitäten für den Körper von großer Bedeutung, weil in dieser Höhe mehr rote Blutkörperchen gebildet werden als in unteren Regionen. Gleichzeitig sind auch die körperlichen Anstrengungen größer, aber auch wirkungsvoller. Nikki Prokop, damals noch Nikki Peissl, war immer schon, in konditioneller Hinsicht, Vorbild für alle anderen. Am Ende des Trainingslagers konnte ich der Mannschaft noch meine Heimat, Osttirol, nahebringen und wir alle sind voll motiviert nach Hause gefahren, um uns für die Reise nach Atlanta vorzubereiten, die 14 Tage später stattfand. In Atlanta wurden 1996 die olympischen Spiele ausgetragen, zu denen wir uns bei der Weltmeisterschaft in Wiener Neustadt qualifizieren mussten. Alle Mannschaften, die dafür infrage kamen, sind dorthin gefahren und haben dort „olympische Luft" geatmet. Wenn einer eine Reise tut, dann kann er was erzählen. Das war bei uns nicht anders. Wir mussten mit verschiedenen Luftlinien hinfliegen, weil in einer Maschine nicht alle Platz hatten. Die Mannschaft war geschlossen in einer Maschine, die Journalisten und die Betreuer sind mit einer anderen Maschine geflogen. Das hatte für uns schlimme Auswirkungen, wie sich später herausstellte. Bei der Ankunft in Atlanta war das Fluggepäck abhandengekommen. Die Mannschaft war davon nicht betroffen, aber die Ärzte, alle Journalisten und alle Trainer waren ohne Gepäck. Wir wurden jeden Tag auf den nächsten Tag vertröstet. Am sechsten Tag war meine Geduld zu Ende. Ich hatte eine Akkreditierungskarte als „Medicalstaff", die hatte ich umgehängt und bin zum Flugplatz gefahren. Dort habe ich mich bei „Lost and fund“ gemeldet und habe den Supervisor verlangt zu sprechen. Dem habe ich mitgeteilt, dass ich alle Räume sehen möchte, in denen Gepäckstücke aufbewahrt werden. Eigenartigerweise hat dieser sofort eingewilligt und ist mit mir in alle Räume gegangen, in denen Gepäckstücke aufbewahrt wurden, die nicht abgeholt worden waren. Nirgends war das Gepäck. Meine letzte Frage war, ob es noch einen Raum gebe, in dem Gepäck sein könnte. Im zweiten Keller wäre noch ein Raum, aber dort seien nur Gepäckstücke, die schon mehr als 2 Jahre nicht abgeholt worden seien. Ich wollte auch diesen Raum sehen. Dort habe ich alle Gepäckstücke gefunden. Fünf Träger mussten dieses Gepäck sofort mit mir ins Hotel bringen. Um 3 Uhr früh habe ich an jeder Tür geklopft und alle konnten endlich ihre Koffer erhalten. Als Wiedergutmachung des Flughafens wurden die mitgereisten Angehörigen der Journalisten zu einem Flug erster Klasse nach Disneyland eingeladen.

Zum Frühstück gab es in unserem Luxushotel „Ritz Charlton“ nur Weißbrot. Einige von uns hätten gerne auch Schwarzbrot gehabt, aber dieser Wunsch war scheinbar unerfüllbar. Ich habe einem Oberkellner gesagt, dass ich mir wie in Russland vorkomme. Sogar dort bekommt man in einem Hotel das, was man möchte. Ab nächsten Tag haben wir jeden Tag auch Schwarzbrot am Buffet bekommen. Die Journalisten haben in den österreichischen Zeitungen über unsere Mannschaft oft negativ geschrieben. Besonders dann, wenn wir nur knapp gewonnen haben, wurden schon Prophezeiungen artikuliert, wie wir bei der Weltmeisterschaft abschneiden werden. Einmal haben sie mich eingeladen, an ihrem Tisch Platz zu nehmen, aber ich habe abgelehnt und gesagt: „Sie scheißen auf den Tisch und wundern sich, dass es stinkt.“ Robert Sommer hat gemeint, warum ich so mit ihm rede, ich habe ihm geantwortet: „Von dir bin ich besonders enttäuscht, weil du einen Anhänger um den Hals hast, in dem ein Ying-Yang-Zeichen eine gewisse Lebenshaltung signalisiert, und dann schreibst du wie ein ganz schwacher Schreiber.“ Er hat nie mehr unsachlich geschrieben. Am Ende des Turniers kam eine weitere Überraschung. Alle wollten ihr Zimmer am Counter auschecken und alle hatten eine horrende Telefonrechnung. (Zwischen 800 und 5.000 Dollar). Dabei hat die Verbindung nach Österreich bei niemandem geklappt. Nur ankommende Gespräche konnte man annehmen, aber diese kosten ja bekanntlich auch in Amerika nichts. Ich habe mir das nicht gefallen lassen und habe beim Direktor protestiert und auch erklärt, dass ich das nicht bezahlen werde. Das Hotel hatte eine neue Telefonanlage installiert und dabei einen Schaltfehler programmiert. Für alle konnte ich erwirken, dass wir keine Kosten verrechnet bekommen haben. Es ist alles einfach, wenn wir es nicht kompliziert machen.

Nach unserer Rückkehr aus Atlanta sind wir in das nächste Trainingslager am Hochkar gefahren. Wieder war der Schwerpunkt Technik, Leichtathletik, Malen und Töpfern. Ein Team hat den Spielerinnen beigebracht, wie man aus Tonerde wunderbare Gefäße und Töpfe erzeugen kann.

Die letzte Vorbereitung für die WM war ein Höhenlager in Südfrankreich nahe der spanischen Grenze, wieder auf 2.000 Meter. Es war dies das berühmteste Höhenlager für Sportler und auch dafür speziell eingerichtet. Die Stimmung war angespannt, weil die Spielerinnen schon zu lange von ihren Familien getrennt waren. Die ersten Spannungen haben sich zwischen Aushra und der Torfrau, Marianne Raz, ergeben. Ich war schuld an dieser Auseinandersetzung. Ich bin auf 2.000 Meter mitgelaufen und wollte zeigen, dass ich genug Kondition hätte, noch mitzuhalten. Der Laktat-Test war vernichtend. Der anwesende Arzt hat gemeint: „Wenn ich nicht wüsste, dass du heute 5.000 Meter gelaufen bist, würde ich nach diesen Werten annehmen, dass du einen Herzinfarkt hast.“ Marianne hat darauf geantwortet: „Aushra hat auch keine besseren Werte.“ Daraufhin antwortete Aushra: „Du bist eine alte Ratte.“ Das war zu viel für die Ungarin Marianne. Sie war beleidigt und es bildeten sich sofort zwei Gruppen. Ich war gefordert. Ich habe ihnen klargemacht, dass wir hier nicht zum Vergnügen sind, sondern die Weltmeisterschaft gewinnen wollen, und dass solche Geplänkel keinen Platz in der Mannschaft haben. Nach kurzer Zeit war der Konflikt wieder erledigt. Stana Bosovic hat am Abend für alle gekocht und nach einem Glas Wein war wieder Friede in der Mannschaft.

Nächsten Tag bekam Stana furchtbare Schmerzen im unteren Bauchraum, die sich auch im Rücken bemerkbar machten. Gunnar war der Meinung, dass ihr Zustand auf ihre Psyche zurückzuführen sei. Ich war anderer Meinung und bin mit ihr in das medizinische Zentrum gefahren, um sie ordentlich untersuchen zu lassen. Eine ganz junge Ärztin hat ein Buch genommen, hat sich die Schmerzen erklären lassen, wo sie aufgetreten waren, hat wieder im Buch geblättert und dann festgestellt, dass es eindeutig der Blinddarm wäre. Die Rettung ist gekommen und ich bin mit ihr 50 km ins nächste Spital gefahren. Dort hat man festgestellt, dass es wahrscheinlich ein Leistenbruch sein könnte. Wir sollten, wenn wir wieder nach Wien kommen werden, diesen Bruch dort operieren lassen. Die Schmerzen wurden immer stärker. Drei Tage später haben wir den Rückflug von Barcelona angetreten und haben sie sofort ins Krankenhaus nach Mödling gebracht. Unser Vereinsarzt, Dr. Geissel, hat dort festgestellt, dass Nierensteine verantwortlich für ihre Schmerzen waren.

Knapp vor der Weltmeisterschaft sind wir nach Lindabrunn gefahren, wo wir während der WM. einquartiert werden sollten. Die Mannschaft sollte die Anlage kennenlernen und auch während der WM sich dort zurückziehen können. Gleichzeitig mit uns war die österreichische Nationalmannschaft der Fußballer dort. Auch sie bereiteten sich auf ein Länderspiel unter Herbert Prohaska, der damals Teamchef war, vor. Prohaska hat mich an der Bar gefragt, ob Prokop schon so krank sei, dass er einen Sportpsychologen brauche. Ich habe ihm geantwortet: „Wenn einer das sagt, dann braucht **er** einen." Da wurde mir das erste Mal klar, dass Fußballer glauben, keine Psyche zu haben. Erst später habe ich herausgefunden, dass viele Fußballer das „Peter-Pan-Syndrom" haben. Das ist eine Sucht, in der sich der Mensch weigert, erwachsen zu werden. Daher sind auch alle Strategien des Überlebens in dieser Sucht blockiert. Ich erzähle nun eine Geschichte, die zwei verschiedene Versionen hat. Ich bin neugierig, welche für Sie die wahre ist.

Erste Geschichte: Als wir nach Lindabrunn gekommen sind, haben die Spieler der Nationalmannschaft ein Spalier gebildet. Jeder Spieler hat eine unserer Spielerinnen am Arm genommen und hat sie durch die Räume geführt. Wir sind in den Speisesaal gegangen, der wunderschön gedeckt war, und haben dort gewartet, bis alle wieder beisammen waren. Ein Dinner wurde serviert, das fünf Gänge hatte, und unseren Spielerinnen wurde das Gefühl vermittelt, mit Respekt behandelt zu werden. Immerhin war unsere Mannschaft damals die beste Handball-Damenmannschaft der Welt. Nach dem Essen wurden die Spielerinnen in die Bar gebeten und wir sind dort mit einem Abschiedstrunk wieder zum Bus begleitet worden. Jede hat eine Rose bekommen und Prohaska hat mit großem Respekt die Leistungen unserer Damen gewürdigt. Wir waren sehr berührt und sind wieder abgefahren.

Zweite Geschichte: Nach der Ankunft in Lindabrunn ist der Verwalter auf uns zugekommen und hat unseren Spielerinnen das Gelände und die Räumlichkeiten gezeigt. Anschließend wurden wir gebeten, im Kinderspeisesaal Platz zu nehmen. In einem großen Topf wurde uns Rindfleisch mit Kartoffeln und ein Krautsalat serviert. Während des Essens sind die Fußballer vom Training zurückgekommen, Prohaska hat Gunnar mit Handschlag begrüßt, die Spieler sind in den wunderschön gedeckten Speisesaal nebenan gegangen, manche haben uns gegrüßt, Polster ist zum Tisch gekommen, hat den Trainern die Hand gegeben und ist dann weiter zu den anderen Spielern geeilt. Nach dem Essen wurde uns vom Verwalter mitgeteilt, dass wir jetzt wieder fahren könnten. Fußballer haben wir keine mehr gesehen.

Es ist nicht schwer, herauszufinden, welche Geschichte wahr ist und welche hätte sein können, wenn Fußballer gelernt hätten, wie man sich zu verhalten hat, wenn man den Anspruch erhebt, eine wichtige Persönlichkeit in der Öffentlichkeit sein zu wollen.

Die WM selbst war voller Überraschungen. Wir waren gut vorbereitet, haben alle Spiele vor der WM gewonnen und auch die Vorrundenspiele waren kein Problem für unsere Mannschaft.

Edith Matej wollte ihre Mutter und ihren Ehemann bei der WM in Wien haben, aber beide erhielten kein Visum. Gunnar hatte gute Beziehungen, daher war es scheinbar selbstverständlich, ohne Schwierigkeiten eine Aufenthaltsbewilligung zu bekommen. Aber dem war nicht so. Auch Gunnar resignierte und es schien aussichtslos, dass sie Höchstleistungen bringen würde. Ich habe den österreichischen Botschafter in Bukarest angerufen und habe ihn gebeten, die Mutter und auch Herrn Matej einreisen zu lassen. Er erklärte mir, dass beide beim letzten Aufenthalt in Österreich deren Aufenthaltsbewilligung um 3 Tage überzogen hätten und dadurch nicht mehr einreisen dürften. Matej spielt für Österreich. Warum sollte sie ihren ganzen Einsatz geben, wenn nicht einmal ihre wichtigsten Bezugspersonen in unserem Land sein dürften, wenn es für sie wichtig ist, argumentierte ich. „Können Sie es verantworten, dass Sie unsere Mannschaft schwächen, wenn Sie eine unserer besten Spielerinnen demotivieren?" Seine Antwort war: „Sie sollen in der nächsten Stunde bei mir vorsprechen. Sie werden das Visum erhalten." Warum ist das Einfache so schwierig. Ich habe ihre Mutter und ihren Mann kennengelernt. Matej hat bei der WM alles gegeben, was sie konnte.

Bis zum Viertelfinale haben wir alle Spiele gewonnen. Dann kam das Spiel gegen Norwegen. Dänemark hatte in Ungarn gegen Rumänien absichtlich verloren, um nicht gegen Norwegen spielen zu müssen, weil sie angenommen hatten, dass Österreich gegen Norwegen verlieren werde. Hätten wir verloren, wäre unser Gegner im Halbfinale Rumänien gewesen, die wir sicher geschlagen hätten. Nach der regulären Spielzeit ist es unentschieden gestanden. Wir haben Gunnar beschworen, das Spiel zu verlieren, aber Gunnar war der Meinung, wir sind Sportler, daher werden wir gewinnen, wenn es möglich ist. Wir haben in der zweiten Nachspielzeit gewonnen. Unser Gegner im Halbfinale war dadurch Dänemark, unser Angstgegner. Unsere Spielerinnen haben alles gegeben, aber der Druck, gewinnen zu müssen, war zu groß, daher war das Endspiel Norwegen gegen Dänemark. Dänemark wurde Weltmeister und wir wurden Neunter. Jahre später hat Gunnar uns recht gegeben, dass man im Spitzensport auch manchmal taktieren muss, wenn es um Sieg oder Niederlage geht.

Bis zum Jahre 2.000 haben wir jedes Jahr den Europacup gewonnen und natürlich auch die österreichische Meisterschaft.

1996 waren wir wieder, wie jedes Jahr, am Faakersee auf Trainingslager. Gleichzeitig mit uns war auch die Nationalmannschaft der Skispringer dort. Prof. Ganzenhuber hat mich gebeten, mit den Springern Yoga zu machen, auch um feststellen zu können, welche Verbesserungen der Leistung durch Yoga erreicht werden können. Die Ergebnisse waren beachtlich. Alle Springer, die vor dem Training Yoga gemacht hatten, konnten 10 Sprünge im Training mehr machen als jene, die vorher kein Yoga gemacht hatten.

Einer der jungen Springer, von dem mir Ganzenhuber erzählte, dass er das größte Talent im österreichischen Kader sei, hieß Karl Heinz Dorner. Er war damals gerade 16 Jahre alt, aber hoch intelligent und brachte alle Voraussetzungen mit, um eines Tages ein ganz Großer zu werden. Ich wurde eingeladen, nach Stams zu kommen und mit dem Kader an deren Persönlichkeitsbildung zu arbeiten. In mehreren Seminaren war es mein Ziel, den Springern die Sprache entwickeln zu helfen und auch ein Bewusstsein, wie viel verschiedene Bereiche für den Erfolg entwickelt werden müssen, damit dieser keine bleibenden Schäden hinterlässt. Einmal war ein Seminar in Windischgarsten. Ich bin mit den Springern nach Hinterstoder zum Steyr-Ursprung gegangen. Dort mussten sie beobachten und erkennen, wie Erfolg entstehen kann. Wenn man dorthin kommt und um sich schaut, sieht man, dass aus verschiedenen Spalten des Bodens winzige Mengen Wasser herauskommen. 100 Meter weiter fließt bereits ein Bach und 300 Meter weiter hat dieser Bach unglaublich viel Energie in sich. Die Springer haben sofort verstanden. Mit Dorner habe ich mich angefreundet und habe ihn begleiten dürfen. Bei der Vier-Schanzen-Tournee in Bischofshofen ist er mit Ahonen im ersten Durchgang Höchstweite gesprungen. Leider hat es im zweiten Sprung dann nicht mehr für einen Spitzenplatz gereicht. Eines Tages hat er mich angerufen und mir mitgeteilt, dass er für einen Springer zu viel Gewicht hätte und aufhören muss. Ich habe das nicht verstanden und bin mit ihm in das Wiener AKH gefahren. Dort hat man sein Gewicht und den Fettgehalt in seinem Körper geprüft. Er hatte nur 50% eines normalen Menschen, dafür war seine Muskelmasse die Ursache für das Gewicht. Es ist doch paradox, dass man verhindern muss, seinen Körper fit zu machen, um den Sport ausführen zu können. Heute haben sie dieses Gesetz wieder rückgängig gemacht. Im Jahre 2011 hat mich Charly angerufen und mir erzählt, dass der Generaldirektor der Volksbanken den Wunsch geäußert hat, dass er im Sommercup am Berg Isel springen soll. Dorner hat seit 7 Jahren keinen Sprung mehr gemacht, daher war er im Moment perplex. Er hat einen Rat von mir beherzigt, den ich ihm schon Jahre vorher gegeben hatte: „Lass es einfach springen und denk nicht zu viel. Du kannst es, daher brauchst du keine Angst zu haben." Er hat den zweitbesten Sprung gemacht und wurde österreichischer Meister der über Dreißigjährigen. Der Höhepunkt war, dass er zur Weltmeisterschaft der über Dreißigjährigen eingeladen wurde, und er wurde dort auch Weltmeister in dieser Klasse. Vor diesem Ereignis hat er den Magister für Wirtschaft abgeschlossen und ist seit Jahren sehr erfolgreich bei Harti Weirather als Manager für Veranstaltungen tätig. In Stams lernte ich auch Toni Innauer kennen, der damals schon einer der Führungskräfte beim ÖSV war. Walter Reyer, mit dem mich eine tiefe Freundschaft verbunden hat, ist auch nach Stams gekommen und hat den Springern erzählt, wie man mit dem „Berühmtsein" umgehen sollte. Charly Dorner ist und wird immer einer meiner besten Freunde bleiben.

Die Tochter von Gunnar Prokop hat mich eines Tages angerufen und mich gefragt, ob ich bei Magna Österreich ein Seminar für Führungskräfte machen würde. Karl Heinz Grasser, der damals gerade mit Jörg Haider böse war und von Stronach für die Öffentlichkeitsarbeit engagiert wurde, war mein Gesprächspartner für die Details des Auftrages. Er wollte, dass ich das erste Seminar kostenlos machen sollte, weil ich für die weiteren 350 Outlets, wie er sich ausdrückte, für Seminare engagiert werden würde. Ich lehnte ab und erklärte ihm, dass jeder Tag meines Lebens „Lebenszeit“ für mich sei und dass ich bereit sei, sollte ich den Großauftrag bekommen, einen Rabatt von 20% von meinem Honorar zu gewähren.

Am ersten Tag des Seminars im Hotel Burgenland in Rust hat Grasser begonnen, mit Gummibändern und Papierkugeln auf die Damen, die am Seminar teilnahmen, zu schießen. Ich habe das Seminar unterbrochen und habe ihn gebeten, mit diesen Spielen aufzuhören, weil ich ihn sonst aus dem Seminar entfernen müsste. Am nächsten Tag hat er seine „Späße“ wieder fortgesetzt. Ich habe das Seminar unterbrochen und ihn gebeten, das Seminar zu verlassen. Das hat er dann auch getan. Ich glaube, er hat das „KHG“-Syndrom (kein heilbares Gehirn).

Es war mein letztes Seminar bei Magna.

1998 hat der ÖFB bei Prokop angefragt, ob er glaube, dass ich für die Ausbildung der Eurolizenztrainer dem ÖFB für Sportpsychologie zur Verfügung stehen würde. Wieder ein neues Gebiet, das mich interessierte. Vielleicht auch deshalb, weil ich jedes Jahr mit Christine in Velden auf Urlaub war und jedes Mal einmal mit ihr ins Casino in Velden gegangen bin. Eigenartigerweise war jedes Mal Ernst Happel dort. Beim dritten Mal hat er mich gefragt, ob ich Fußballer sei. Ich habe ihm geantwortet: „Leider nein, weil ich zwei ungleiche Beine habe.“ Er hat geantwortet: „Da sind Sie nicht der Einzige, ich kenne viele, die so tun, als wären sie zweibeinig und können nicht einmal mit einem Bein gerade schießen. Fußball ist ein Kopfspiel und je mehr ein Spieler im Kopf gebildet ist, umso besser spielt er.“ Das habe ich mir gemerkt, auch weil ich Happel spielen gesehen und viel über ihn als Trainer gelesen habe. Neugierig, wie ich ja bin, habe ich selbstverständlich zum Angebot ja gesagt.

Bezahlt wurde wenig, aber das war ich ja bei Prokop gewohnt, weil ich bei ihm in den Jahren, die ich für ihn arbeitete, nichts verlangte. Nur für Seminare, die ich mit Trainern der Südstadt machte, bekam ich auch mein normales Honorar.

Das erste Seminar, das ich für den ÖFB machte, war in Lindabrunn. Es wäre nicht Österreich, wenn es keine Ausnahmen geben würde. Manche Trainer, die berühmter als die anderen sind, werden ohne Prüfung Eurolizenztrainer, die anderen müssen dafür zahlen. Zehn Trainer, die in der obersten Liga Trainer werden wollten, mussten 200 Stunden in verschiedenen Bereichen Prüfungen ablegen und bezahlten für diese Ausbildung ca. S. 200.000.–. Im Fach Sportpsychologie unterrichtete ich Rhetorik, Konferenzleitung und Menschenführung. Insgesamt waren 10 Tage für diese Fächer vorgesehen. Für die meisten Trainer war der Umgang mit Menschen deshalb schwierig, weil sie selbst in ihrer Jugend von ihren Trainern nicht wie Partner behandelt wurden, sondern wie Spielermaterial, das, wenn es nicht jene Leistung erbrachte, die von ihm erwartet wurde, wieder weggeworfen wurde. Die Konflikte mit den Trainern waren vorprogrammiert, weil viele sich nicht vorstellen wollten, dass Spieler junge Menschen sind, die den Beruf des Fußballers gewählt hatten, weil sie hofften, so behandelt zu werden, wie es in einem zivilisierten Land üblich ist. Im Verlauf der 10 Jahre, die ich in der Ausbildung der Trainer tätig war, habe ich gelernt, dass im Sport die Eitelkeit, das Machtstreben und auch die Missachtung der Würde der jungen Menschen am meisten gelebt wird. Nur wenige Trainer haben meine Botschaften verstanden und ihr Verhalten den Spielern gegenüber umgestellt. Einmal hat mich ein Spieler, den ich gut kannte, angerufen und mich gefragt, was ich mit seinem Trainer im Seminar gemacht hätte, weil er völlig verändert sei, nicht mehr herumschreie und mit ihnen ganz normal reden würde. Der Trainer hatte einfach die Inhalte des Seminars verstanden und sein Verhalten umgestellt. Aus ihm wurde einer der erfolgreichsten Trainer der österreichischen Bundesliga. (Georg Zellhofer)

Im Jahre 2000 habe ich Gunnar gebeten, Christine nach Sydney mitzunehmen. „Selbstverständlich", war seine Antwort. Eine Woche vor dem Abflug hat er mir mitgeteilt, dass Christine nicht mitfahren könne, weil Maria Sykora mitfliegen werde.

Ich bin daraufhin auch nicht mitgeflogen. In Sydney kam es zum großen Krach in der Mannschaft, in der Folge haben einige Spielerinnen bei Hypo aufgehört. Gunnar hat nie mehr den Europacup mit Hypo gewonnen.

Meine Verbundenheit mit Prokop hat sich nicht geändert, aber die Intensität der Betreuung der Mannschaft war nicht mehr so groß, auch weil ich durch die Seminare mit den Fußballtrainern mich intensiver mit denen beschäftigte. Einer der Ersten war Walter Schachner. Er hatte gerade beim FC Kärnten begonnen und hatte als junger Trainer wenig Erfahrung im Umgang mit Spielern unterschiedlicher Herkunft. Die Mannschaft war in Gruppen zerfallen, die sich gegenseitig behinderten. Da waren die alten Wiener, die alten Kärntner, die jungen Jugoslawen und die jungen Kärntner. Aus einem Trainingslager in Udine hat er mich angerufen und gebeten, ihm ein Rezept zu schicken, wie er mit den Spielern umgehen soll, die sich gegenseitig bekämpfen. Er war nahe daran, als Trainer wieder aufzuhören, wenn ich keine Lösung finden würde. Mir ist etwas eingefallen. Ich habe ihm eine Vereinbarung geschickt, die ich als Grundlage einer erfolgreichen Zusammenarbeit innerhalb der Mannschaft als unabdingbar gesehen habe.

Vereinbarung!

Wir haben uns vorgenommen, Meister unserer Liga zu werden und in die Bundesliga aufzusteigen. Die Voraussetzung dafür ist der 1. Platz in unserer Spielklasse.

Um diesen Platz erreichen zu können, ist es notwendig, einige Punkte des Zusammenlebens neu zu definieren.

1. Jeder einzelne Spieler erklärt sich bereit, sein Privatleben so einzurichten, dass er in der Lage ist, ohne Mühe die vom Trainer ausgegebenen Richtlinien voll erfüllen zu können.
2. Im Training wird jeder Spieler im Sinne des übergeordneten Ziels agieren und sich auf jedes Spiel so vorbereiten, als wäre es das wichtigste Spiel des Jahres.

3. Die Freizeit wird so gestaltet, dass jeder mit gutem Gewissen behaupten kann, im Sinne des vereinbarten Zieles gelebt zu haben.
4. Konflikte im Team werden so ausgetragen, dass die Harmonie garantiert bleibt.
5. Gruppenbildungen werden weitgehend vermieden, um Neid und Eifersucht nicht aufkommen zu lassen.
6. Jedem Spieler ist bewusst, dass er von der Öffentlichkeit beobachtet wird und dass jede Entgleisung zu einem Imageverlust des gesamten Teams führt.
7. Es ist alles zu vermeiden, was gegen das Team ausgelegt werden kann. (Tratsch, Gerüchte verstreuen usw.)
8. Alle internen Angelegenheiten werden im Team aufgearbeitet und es wird nach außen Stillschweigen vereinbart.
9. Jeder Spieler hat zur Kenntnis genommen, dass der Klassenerhalt nur möglich wird, wenn jeder seinen Teil am Gelingen beiträgt.
10. Im Falle der Nichteinhaltung dieser Vereinbarung werden die von allen Spielern vereinbarten Sanktionen akzeptiert.

Erfolg ist die Summe jener Überwindungen, die jeder Spieler jeden Tag auf sich nimmt, um das angestrebte Ziel erreichen zu können.

Verlierer sind jene, die nicht durchhalten können, was sie sich einmal vorgenommen haben.

Diese Vereinbarung haben alle Spieler unterschrieben. Das Original wurde in der Spielerkabine aufgehängt. Was ich vermutet habe, ist eingetreten. Alle Spieler haben sich daran gehalten. Sanktionen, die bei Nichteinhaltung angekündigt wurden, sind nicht zum Tragen gekommen.

Meine Tätigkeit in Kärnten war für mich sehr lehrreich, weil alle Facetten des menschlichen Miteinanders gelebt wurden. Die Spieler kamen aus verschiedenen Kulturen und Sprachen, daher war die Verständigung oft sehr schwierig. Ich habe mit der engagierten Deutschlehrerin ein Gespräch geführt, bei dem ich feststellen musste, dass die Art des Unterrichtes in 5 Jahren erst dazu führen würde, dass die Spieler unsere Sprache beherrschen würden. Im Hotel, in dem ich wohnte, haben die Kellner ein Deutsch gesprochen, wie ich es bisher noch nie gehört hatte. Ich habe den Oberkellner gefragt, aus welchem Land er komme, weil er so ein schönes Deutsch spricht. „Wir sind aus Bosnien und wollen nicht, dass wir als Ausländer diskriminiert werden. Wir sind ca. dreißig Personen, die sich vorgenommen haben, perfekt Deutsch zu lernen. Auch unsere Kinder werden von uns angehalten, Deutsch auch untereinander zu sprechen." In der Mannschaft hatten wir drei Spieler aus Bosnien, die alle noch kein Wort Deutsch gesprochen haben, obwohl sie schon 3 Monate in Österreich waren. Hota, ein Nationalspieler aus Bosnien, der heute noch in der Bundesliga spielt, war schwierig, weil er sich auf dem Spielfeld nur schimpfend in seiner Sprache verständigen konnte. Er hat kaum Bälle bekommen, weil die anderen Spieler sein Verhalten nicht akzeptiert haben. Er hat mich durch einen anderen Spieler, der schon länger in Österreich war und gut Deutsch gesprochen hat, gefragt, warum er nicht angenommen werde und was er tun könnte, damit es besser würde. Ich habe ihm geraten, immer wenn er schreien möchte, soll er sich den Mund zuhalten und weiterspielen. Eine Woche hat er das gemacht, alle haben gelacht, er auch, und die Situation war entschärft. Ich habe die Kellner gebeten, sich der Spieler anzunehmen und ihnen Deutsch beizubringen. Sie haben das sehr gern gemacht, weil sie ja Landsleute waren und bei jedem Spiel zugeschaut haben, weil sie Fans der Spieler aus Bosnien waren. Nach 2 Monaten war Weihnachtsfeier in Klagenfurt. Ich wurde auch eingeladen. Hota begrüßte mich mit den Worten: „Du bist mein bester Freund." Darüber habe ich mich sehr gefreut. Präsident des Vereins war Jörg Haider, mit dessen politischer Haltung ich nie etwas anfangen konnte. Er war für mich ein politischer „Keiler", den Menschen nicht interessierten, sondern nur sein politischer Erfolg, den er mit allen Mitteln erreichen wollte, interessierte ihn. Er beherrschte die Gesetze der Masse perfekt, daher war er auch erfolgreich. (siehe Anlage 5) Bei der Feier bin ich neben ihm gesessen und habe ihm auch meine Meinung über sein politisches Verhalten offen gesagt. Überraschenderweise hat er zugehört und am Ende gemeint: „Darüber werde ich nachdenken." Meine Arbeit beim Verein hat er aber nicht behindert. Schachner hat sich nie wirklich erkundigt, was ich mit den Spielern mache, obwohl ich ihn gebeten habe, das zu tun. Er meinte, er verstehe davon zu wenig, daher möchte er sich nicht einmischen. Mir gefiel, dass er sich immer ein Betreuer-Team aussuchte, mit dem er erfolgreich war. Erst als diese mit ihm nicht mehr arbeiten wollten, war auch sein Erfolg nicht mehr vorhanden. Wenn man seine Kindheit kennt, dann versteht man, warum er manchmal sehr verschlossen und in manchen Situationen überfordert war. Sport ist ein brutales Geschäft, in dem die soziale Intelligenz kaum entwickelt ist. Dort agieren Menschen, die selbst Fußballer waren, aber nie gelernt haben, dass sie einseitig entwickelte Wesen sind, die Kinderträume ausleben, aber durch dieses einseitige Denken die Realität verloren haben. In der Psychologie spricht man, wie schon mal gesagt, vom Peter-Pan–Syndrom, (die innere Weigerung, erwachsen zu werden).

Unser Gehirn wird von Beginn an gezwungen, 10 Stunden am Tag aktiv zu sein. Besonders ab der Volksschule ist dieser Rhythmus im Gehirn determiniert. Wenn nun ein Mensch aufhört, in diesem Rhythmus zu leben, dann entsteht dieselbe Reaktion im Gehirn wie bei einem Menschen, der in Pension geht und das 40 Jahre lang Gelernte nicht mehr aktiviert wird. Er vergreist. Daher ist es ja wichtig, auch andere Bereiche des Gehirns wie Musik, Tanz, Malerei, Verbindung zur Natur, Alternativsportarten auszuüben, um alles, was an Talenten vorhanden ist, auch entdecken zu können. Meine Erkenntnis lautet: **Was ich nicht lernen will, muss ich lernen, ich will es deshalb nicht, weil ich es noch nicht kann.**

Unsere Arbeit in Kärnten war sehr erfolgreich. Wir wurden Meister, Cupsieger und Supercupsieger.

Schachner wurde Trainer des Jahres und ist von Stronach als Trainer bei der Austria engagiert worden. Er wollte, dass ich auch zur Austria mitkomme, er ist mit mir auf der Feier zu Stronach gegangen und hat ihm mitgeteilt, dass er mit mir arbeiten möchte. Stronach war einverstanden und hat mir gesagt, ich solle zu Svetic, seinem Generalmanager, gehen und ihm sagen, dass er möchte, dass ich für die Austria arbeite. Wir sind sofort zu ihm gegangen, dieser hat geantwortet: „Stronach redet viel, wenn der Tag lang ist, und ich muss es dann zahlen." Das war mir zu dumm und ich bin sofort gegangen. Am nächsten Tag hat mich Josef Hickersberger angerufen und mich gefragt, ob ich bei Rapid arbeiten möchte. „Psychologie ist nicht mein Fach, daher brauche ich deine Hilfe."

Rapid war zu diesem Zeitpunkt Achter in der Bundesliga. Lothar Matthäus war nicht gerade erfolgreich, aber das war er ja nach seiner aktiven Zeit als Fußballer nie mehr als Trainer. Diese Aufgabe faszinierte mich, weil schwierige Situationen schon immer meine Welt waren.

Die Zusammenarbeit mit Hickersberger war für mich die schönste Zeit, die ich im Sport bis jetzt erlebt habe. Seine Art, mit Menschen umzugehen, war so, dass sich jeder bemühte, sein Bestes zu geben, soweit er in der Lage war. Mein größter Feind im Verein war der Vereinsarzt. Es passte ihm nicht, dass die Spieler mir vertrauten, auch dann, wenn seine Prognosen etwas anderes prophezeiten. Über Herzog hat er einmal gesagt, dass dieser mit seinen Knochen am Ende sei und er bald auf Krücken gehen werde. Ich habe eine andere Meinung vertreten und habe diese auch Herzog mitgeteilt. Er ist aus Bremen gekommen, war sehr verkrampft, weil er andere Verhältnisse hier vorgefunden hat als in Bremen. Er wollte erfolgreich sein, die jungen Spieler waren noch unerfahren, daher waren sie auch ängstlich, Fehler zu machen. Das hat er wiederum nicht verstanden, das Klima im Team war nicht gut, aber nicht anders als in allen anderen Vereinen. Sechs arrivierte Spieler bestimmten über die jungen und verhinderten so deren Entwicklung. In einer anonymen Umfrage in einem Trainingslager in Kärnten habe ich alle Spieler gefragt, wie sie sich im Verein fühlen, da ist herausgekommen, wo Defizite im Miteinander waren und welche Alternativen sie sich wünschen würden. Bei den einzelnen Tests, die ich mit allen Spielern gemacht habe, hat Steffen Hofmann am besten abgeschnitten. Sein Ergebnis war das beste, das ich je bei Fußballern außer bei Junusovic bekommen habe. Nach einem Jahr waren wir Vierter in der Tabelle. Hickersberger hat mich gefragt, was ich tun würde, wenn ich Trainer wäre. Ich habe ihm geantwortet: „Ich würde sechs Spieler weggeben. Einen davon würde ich zu meinem Assistenten für die jungen Spieler machen, nämlich Andreas Herzog." „Und wer sind die anderen?" „Knez, Laursen, Saler, Schießwald und Sobocic." „Jetzt weiß ich, dass du von Fußball keine Ahnung hast", erwiderte Hickersberger. „Aber ich verstehe etwas von Menschen", antwortete ich. „Dann würde ich an die Öffentlichkeit gehen und sagen, dass wir heuer Meister werden." Hickersberger lachte und meinte: „Wir sind zu schwach zum Absteigen und dann sagst du wir werden Meister." „Wie sollen die jungen Spieler an etwas glauben, wenn nicht einmal der Trainer daran glaubt", erwiderte ich. Hickersberger hat beides getan. In einer Pressekonferenz hat er der Öffentlichkeit mitgeteilt, dass wir Meister werden und wir sind es auch geworden. Mein Vertrag bei Rapid wurde leider nicht mehr verlängert, weil der Arzt gedroht hat: „Entweder geht der Oberlechner oder ich stehe nicht mehr zur Verfügung." Er ist geblieben. Mit Rapid verbindet mich noch immer sehr viel, weil dieser Verein etwas hat, was anderen Vereinen fehlt. Rapid ist aus dem Arbeiterstand geworden und hat in 100 Jahren eine Loyalität zueinander entwickelt, wodurch er auch sehr erfolgreich war. Viele behaupten, Rapid sei eine Ersatzreligion für viele geworden. Das kann schon sein, aber die offizielle Religion hat die Menschen verloren, daher brauchen sie etwas, an das sie sich halten können.

Schachner war inzwischen GAK-Trainer geworden. Wieder war sein Team nach Graz mitgegangen und der Erfolg war fast vorprogrammiert. Gorenzl und Klaus Schmid, für mich das ideale Trainerteam, nicht nur vom Können, sondern auch von der sozialen Kompetenz. Schachner hat, wie schon die Jahre vorher, das Team arbeiten lassen und hat wenig gestört. Die Bezugspersonen der Spieler waren die beiden. Schachner hat nach außen das gemacht, was die Menschen wollten. Er hat präsentiert und so ist er seinem Image gerecht geworden. Er war erfolgreich. Schwierige Spieler habe ich zur Spezialbetreuung bekommen, aber auch das war das, was ihn ausmachte. GAK wurde Meister, aber das Team wollte nicht immer im Hintergrund bleiben und hat begonnen, Schachner zu fordern. Der Präsident vom GAK, Roth, war sehr großzügig Schachner gegenüber. Als dieser ein Angebot erhielt, Trainer bei 1860 zu werden, hat Roth sehr großzügig den Vertrag abgegolten. Gorenzl ist noch immer treu zu ihm gestanden und ist mit ihm mitgegangen. Schmid ist in Graz geblieben und wurde Co-Trainer bei Söndergard.

Schachner hat in München nicht jenen Erfolg gehabt, den er sich gewünscht hatte. Die Vereinsführung war gewohnt, dass „Deutsches Denken" im Fußball auch von ihm in München gelebt werden würde, und war überrascht, dass er Gorenzl die meiste Arbeit überlassen hat und sich fast ausschließlich mit der „Vierer-Kette" beschäftigte. Ich wurde angerufen und gefragt, ob ich bereit sei, nach München zu kommen. Wieder ein Neuanfang, der mich reizte. Meine erste Aufgabe war, die Spieler zu testen und ihnen klarzumachen, so wie bei Rapid und Hypo, was sie alles entwickeln müssten, um vorne mitspielen zu können. Marcel Schäfer war der erste „Klient". Seine Entwicklung war nicht so erfolgreich, wie man geglaubt hatte, als er noch in der Akademie bei 1860 war. Nach dem ersten Gespräch war er am Fußballfeld völlig verändert. Der Pressesprecher des Vereins hat mich nach einem Spiel gefragt, was ich mit ihm gemacht hätte, weil er wie ausgewechselt spielte. Die Lösung war sehr einfach. Ich habe ihm beigebracht, wie er seine Stärken aktivieren muss, um erfolgreich zu werden. Es geht immer um die Stärken, die Schwächen, die Ängste, den Druck und auch um die soziale Intelligenz, mit denen ein Fußballer umgehen lernen muss, weil er ja erst mit seinem Leben als Spieler beginnt. Auch die Bender Zwillinge habe ich im Verein betreut und heute sind beide, zwar in unterschiedlichen Vereinen, aber sehr erfolgreich unterwegs. Jörg Haider, wollte Schachner wieder in Kärnten als Trainer haben und hat ihm, anlässlich dessen 50. Geburtstag, das goldene Verdienstkreuz des Landes Kärnten überreicht. Der Vertrag bei

1860 dauerte aber noch eineinhalb Jahre, daher war Schachner in der Zwickmühle, was er machen sollte. Eine Ablöse wäre eine Möglichkeit gewesen, die bei mangelndem Erfolg in Deutschland oft gehandhabt wird, den Vertrag zu lösen. Das wollte 1860 aber nicht, weil Schachner die Erwartungen nicht erfüllen konnte, die man in ihn gesetzt hatte. Schachners Frau hat in der Bildzeitung ein Interview gegeben, in dem sie ihren Mann als den besten Trainer bezeichnet hat, aber die Spieler seien zu dumm, ihn zu verstehen. Das war für die Münchner zu viel. Sie haben ihm gedroht, dass er bei der nächsten Entgleisung fristlos entlassen werde. Schachner ist selbst gegangen und hat einen Monat später bei Kärnten wieder begonnen.

Nach dem Abgang von Schachner vom GAK ist dort der Todestrieb ausgebrochen. Zwar langsam, aber doch so, dass das Sterben nur eine Frage der Zeit war, wenn alles, was in der Wirtschaft Gültigkeit hat, einfach über Bord geworfen wird und man wirklich glaubt, die anderen seien noch dümmer als man selbst. Angefangen hat es mit Svetic. Eine Gestalt, die, wo immer er aktiv wurde, dafür gesorgt hat, dass nachher nichts mehr so war wie vor ihm. Ich möchte den Leser nicht damit langweilen, was man sowieso in den Medien nachlesen kann, daher beschäftige ich mich mit der angeschlossenen Akademie in Liebenau, in der Jugendliche neben dem Gymnasium im Fußball ausgebildet werden. Der Leiter der Akademie, Heimo Kump, hat mich eingeladen, dort mit den angehenden Fußballstars zu arbeiten und ihnen zu helfen, ihre Persönlichkeitsbildung nicht zu vernachlässigen. Nichts habe ich lieber getan als das, weil ich ja in meiner Tätigkeit beim ÖFB gelernt habe, dass gerade beim Fußballer dieser Bereich überhaupt nicht aktiviert wird. Wenn ein männliches Kind beginnt, sich mit dem Fußball auseinanderzusetzen, dann beginnt es mit der Zeit, alle anderen Bereiche im Gehirn als nebensächlich zu betrachten. Mit der Zeit ist der junge Fußballer von dieser Welt so besessen, dass er auch die Schule als Störung empfindet. Daraus wiederum entsteht das sogenannte, schon mehrmals genannte „Peter-Pan-Syndrom“, die Weigerung, erwachsen zu werden. Das Kind möchte in dieser Scheinwelt schnell berühmt werden, daher lernt es in einer großen Geschwindigkeit jene Teile des Gehirns zu aktivieren, die seiner Karriere als Fußballer dienen. Wenn sich dann herausstellt, dass sein Talent mit seinem Wollen eine Einheit wird, dann ist es sehr schwer, ihn von seiner Sucht zu befreien. Einer der Jugendlichen, er war in der fünften Stufe der Fußballklasse, hatte im Halbjahreszeugnis 6 Fünfer, und damit war er für die Akademie nicht mehr tragbar. Die Lehrer und auch die Trainer waren der Meinung, dass er es bis zum Schulschluss niemals schaffen werde, alle Fünfer wegzubringen. Ich habe ihn zu mir gebeten und habe mit ihm einen Deal gemacht. Wenn es ihm gelingen sollte, bis zum Ende des Schuljahres ein positives Ergebnis zu erreichen, lade ich ihn ein, mit mir zur Weltmeisterschaft nach Südafrika zu fahren. Obwohl die WM erst in vier Jahren stattfinden werde, war es für ihn ein Grund, seine ganze Energie zu aktivieren, um dieses Ziel erreichen zu können. Er hat das Ziel erreicht. Alle Fünfer waren weg und er hat positiv abgeschlossen. An diesem Beispiel will ich aufzeigen, dass Jugendliche bereit sind, über sich hinauszuwachsen, wenn sie wie gleichwertige Partner angesehen werden. Ein Trainer, der „unter 10"-Mannschaft ist zu mir gekommen und hat mich gebeten, mir einen Buben anzuschauen, der für ihn zu den größten Talenten im Fußball zählte, die Österreich je hatte. Sein Vater war ein Farbiger aus Angola, seine Mutter war aus Graz und hatte mit ihm zwei weitere Kinder. Vorher hatte sie mit zwei anderen Männern je ein Kind. Der Vater hat sie angeblich verlassen, sie war hoch verschuldet und hatte noch dazu Krebs, wie sie mir glaubhaft schilderte, und werde bald daran sterben. Ich war gefordert und zwei Freunde haben mir dabei sehr geholfen, weil ich auch noch andere Jugendliche unterstützte, die sich die Ausbildung nicht leisten konnten. Valentino Lazaro hat in den fünf Jahren ca. € 40.000.– für die Ausbildung und für die Schulden der Mutter gekostet. Red Bull Salzburg hat gefunden, dass er für sie interessant sein könnte, und sie haben ihn mit Hilfe der Mutter, die uns alle angelogen hatte, nach Salzburg transferiert. Dort erhält sie jetzt im Monat € 5000.– Valentino hat das Internat in Salzburg verlassen und ist in ein Hotel gezogen, weil er mit der Kampfmannschaft trainierte, zum Kader gehörte und es ihm nicht mehr zumutbar war, im Internat zu leben, obwohl er noch nicht einmal 17 Jahre alt war. Ich gebe zu, dass ich sehr verärgert bin, weil ich so viel belogen wurde. Ich schreibe diesen Vorfall deshalb in mein Buch, weil im Sport in Österreich nicht die Freiheit des Menschen gefördert wird, sondern die moderne Sklaverei fröhliche Urstände feiert. Die Zukunft wird zeigen, dass auch er ein sportlicher Krüppel wird, weil er nichts gelernt hat und auch nicht bereit ist, ein soziales Wesen zu werden. Hier ist eindeutig seine Mutter die Ursache seiner späteren Behinderung. Meine letzte Information über diesen Spieler ist ein Anruf, bei dem mir mitgeteilt wurde, dass Inter Mailand Lazaro kaufen wollte. Jetzt spielt er bei Hertha Berlin. Auch für Arnautovic war Inter der Beginn der geistigen Selbstverstümmelung, weil er so viel Geld im Alter von 18 Jahren erhalten hat und damit nicht mehr bereit war, auch sein Gehirn zu trainieren. Aber es gibt auch andere, positive Entwicklungen, über die ich schreiben möchte. Wieder war es meine Tätigkeit in der Trainerausbildung. Ich wollte das Umfeld der einzelnen Akademien sehen und bin nach Ried gefahren, weil dort in der Akademie ein Trainer agierte, der großes Talent hat, ein besonderer Trainer zu werden, aber sich oft durch seine Vergangenheit selbst behindert. In den ehemaligen jugoslawischen Staaten wird der Sportler ähnlich wie bei uns durch Schreien in die Pflicht genommen. Bei heranwachsenden Jugendlichen, wie ich im Buch an anderer Stelle bereits ausgeführt habe, führt das zu großer Verunsicherung. Nach meinem Besuch habe ich von einem der 17-Jährigen, er heißt Johannes Lahninger, eine Mail bekommen, in der er mir schreibt, dass er Hilfe brauchen würde. Ich habe ihn eingeladen, zu mir ins Haus zu kommen, und habe ihn lange sportlich und auch in Form einer Lebenshilfe begleiten dürfen. Er war einfach für den Sport zu intelligent. Auch das kann ein Hindernis werden, wenn seine Mitspieler nicht verstehen, welche Spielzüge in einer Spielsituation die besten wären, wenn man erfolgreich sein will. Auch hat er sehr viel gegrübelt und versucht, seine soziale Intelligenz im Team weiterzugeben. Nach der Matura habe ich ihm geraten, mit dem Fußballspielen aufzuhören und ein Wirtschaftsstudium in Linz zu beginnen. Das hat er dann auch getan und hat mit Auszeichnung den Magister abgeschlossen. Während des Studiums habe ich ihm eine Aufgabe gegeben und zwar eine Ausarbeitung über die „Grundbedürfnisse des Menschen am Arbeitsplatz und die Folgen, wenn diese Grundbedürfnisse nicht beachtet werden". Nach dem Studium hat er in der größten Wirtschaftstreuhänderkanzlei der Welt in der österreichischen Niederlassung in Wien gearbeitet und ist nach einem Jahr einer der erfolgreichsten Mitarbeiter im Unternehmen geworden. Seit 2 Jahren arbeitet er in einer Niederlassung des Unternehmens in Australien und ist dort sehr erfolgreich.

Einen Bereich in meinem Leben habe ich bisher noch nicht beschrieben. Es ist die Malerei.

Meine Schwester Hildegard hat zwar nicht in der Musik brilliert, aber sie hat das große Talent unseres Vaters geerbt. Durch ihre Ausbildung in Innsbruck hat sie im Kloster begonnen, sich mit der Malerei zu beschäftigen, und zwar mit der schwierigsten Art, der Ikonen-Malerei, die man nicht malen nennt, sondern man schreibt eine Ikone von der Ur-Ikone ab. Es handelt sich dabei um eine Art der Meditation, die uns eine Verbindung in eine andere Welt aufmacht. Wer sich dieser Kunst hingibt, verliert viel an negativem Stress, der uns krank macht, wenn wir nicht aufpassen. Hildegard hat bei einem Russen gelernt und gibt ihr Wissen seit vielen Jahren in Kursen, die sie überall abgehalten hat, an Begeisterte weiter. Zu mir ist einmal ein hoher Polizeioffizier gekommen, der schon in vielen Spitälern gegen sein Burnout behandelt wurde, aber nicht geheilt werden konnte, und er hat mich gefragt, ob ich eine Lösung hätte. Ich habe ihn zu meiner Schwester, die gerade in Kals in Osttirol einen Kurs abhielt, geschickt. Nach einer Woche ist er mit einer Ikone bei mir aufgetaucht, war völlig verändert und hat mir seine Ikone mitgebracht. Nie vorher hatte er sich mit Malerei beschäftigt, aber dieses Bild ist ihm wirklich gut gelungen. Seit diesem Zeitpunkt ist er geheilt. Meine Schwester hat mich eines Tages gefragt, ob ich nicht auch einmal probieren möchte, eine Ikone zu schreiben. Was man nicht lernen möchte, muss man lernen, damit man weiß, ob man es kann oder nicht. Inzwischen habe ich ca. 40 Ikonen geschrieben und freue mich immer wieder neu über diese Erfahrung. Auch Manager und Top-Unternehmer habe ich dafür begeistern können und alle wollten bei meiner Schwester wieder einen Kurs buchen. Meine schönste Ikone, die ich aus der Ur-Ikone von Andrei Rublev, dem größten Maler nach Leonardo, abgeschrieben habe, ist die Trinität von ihm. Ich durfte einen ganzen Tag das Original während einer Ausstellung in Wien beobachten und fotografieren. Ich habe dabei kleine Dinge entdeckt, die ich dann auch im Bild ausgeführt habe. Auf meiner Homepage: www.oberlechner.at habe ich meine Interpretation hineingestellt. Wenn man mit der Maus zum Bild fährt, sieht man die Skizze des Bildes und erkennt die Perfektion, die dahintersteckt. Diese Ikone (1,44 Meter mal 1,14 Meter), die jetzt im Haus am Annaberg hängt, habe ich der leider verstorbenen Frau Innenministerin Prokop, geschenkt. Im Jahre 2011 haben Freunde von uns einen Kurs bei meiner Schwester gebucht. Die Familie wollte gemeinsam wissen, wie eine Ikone entsteht. Das Ergebnis war hervorragend.

„Der Kleine Prinz", der mich jetzt schon seit 35 Jahren nicht mehr loslässt, hat mich auch in Graz wieder eingeholt. Ich habe dem Heimo vorgeschlagen, dieses Stück mit den unter 17-Jährigen aufzuführen. Die Einseitigkeit, mit der sie versuchen, ihrem Leben Sinn zu geben, indem sie im Fußball ihren einzigen Sinn erkennen, war der Grund, warum ich ihrer Sucht entgegenwirken wollte. Heimo meinte, dass ich keinen Erfolg damit haben werde, weil Fußball und Theater für Fußballer keinen Sinn ergeben würde. Ich wollte es probieren. Nach dem ersten Gespräch interessierten sich 50% der Spieler, nach dem zweiten Gespräch wollten alle mitmachen. Drei von ihnen wollten selbst nicht spielen, aber sich um die Technik kümmern. Für die Rolle des Prinzen habe ich Julian Kainz ausgesucht. Er war gerade erst 16 Jahre alt, aber er war bereit, diese große Rolle zu lernen. Er wurde mir als großes Fußballtalent geschildert, sein steirischer Akzent störte zwar in den ersten Proben, aber er verbesserte seine Sprache schnell und sein Talent für das Theater war unverkennbar. Wir haben uns angefreundet und es entstand eine Beziehung zueinander, die bis heute andauert. Nach einigen Stationen in verschiedenen Vereinen nach seiner Matura, später auch in Holland, hat er mit dem Fußball aufgehört, ist jetzt Physiotherapeut und ist im Moment in Innsbruck tätig. Er hat seine Ausbildung mit großem Erfolg abgeschlossen.

Heimo hat den Erzähler und seine beiden Töchter haben die Rollen der Rose und der kleinen Rose gespielt. Interessant für den Leser könnte sein, dass fast alle, die im Stück mitspielten, sehr gute Fußballer geworden sind. Die Aufführung wurde im Atrium der Akademie HIB Liebenau gespielt und musste zweimal wiederholt werden, weil das Interesse so groß war. Die Fußballklasse hatte bisher in der Akademie den schlechtesten Ruf. Nach den Aufführungen hat sich das radikal geändert. Plötzlich waren die Fußballer hoch angesehen und sie wurden auch von den Lehrern anders eingeschätzt und behandelt. In einem Seminar mit einigen Lehrer-innen, habe ich gebeten, im Deutschunterricht regelmäßig Referate von den Schülern einzufordern, weil dadurch die Fähigkeit, mit der Sprache bewusst umzugehen, auch bei Interviews nach einem Spiel, eine andere Qualität bekommen würde. So war es dann auch. Die Erkenntnis aus meiner Tätigkeit mit den Jugendlichen ist, dass sich auch im spielerischen Bereich die technischen und spielerischen Fähigkeiten bei ihnen stark verbessert haben. Im Jahre 2009 war die Schulweltmeisterschaft der unter 17-Jährigen in Antalya in der Türkei. Wir haben alle Ausscheidungsspiele innerhalb Österreichs gewonnen und durften als Nationalteam in Antalya für unser Land antreten. Wir wurden Dritter in der Weltmeisterschaft, aber niemand, außer Grazer Zeitungen, hat darüber berichtet. Ich habe dem ORF geschrieben, dass noch nie eine österreichische Mannschaft im Weltfußball so weit vorne zu finden war und ich deshalb glaubte, dass der ORF den Auftrag hätte, darüber zu berichten. Ich wollte auch, dass die Spieler in der Sendung „Sport am Sonntag“ entsprechend geehrt werden müssten, aber der ORF lehnte mit der Begründung ab, dass dieses Ereignis nur lokale Bedeutung hätte und daher kein Grund vorliege, beachtet zu werden. Es wird so viel von Förderung der Jugend im Sport geredet, in Wirklichkeit wird ausschließlich die Quotenregelung beachtet und entsprechend reagiert. Diese Haltung ist kurzsichtig und erklärt auch, warum Fußball in unserem Land einen schlechten Stellenwert hat.

Ein Schreiben an den Bundespräsidenten Dr. Fischer, in dem ich um eine Audienz für die Spieler gebeten hatte, war ungleich erfolgreicher. Vier Wochen später hat er uns empfangen und entsprechend geehrt. Auch der steirische Landeshauptmann Voves hat uns empfangen und den Spielern seine Anerkennung ausgedrückt.

Im Thomas-Evangelium habe ich einen Satz gefunden, der mich seitdem begleitet. „Wer seine Talente nicht entwickelt, wird von diesen zerstört.“ Ein unglaublich talentierter Pianist aus Georgien, Giorgi Latsabitse, studierte in Salzburg am Mozarteum und besuchte meine Schwester im Kloster sehr oft, auch weil er wenig Geld hatte und froh war, dort Essen zu bekommen. Anlässlich des 50-jährigen Profess-Jubiläums meiner Schwester Hanni, die in Liechtenstein lebt, habe ich ihn dorthin mitgenommen. Er hat dort die Feierlichkeiten in der Kirche auf der Orgel begleitet und anschließend ein Konzert im Festsaal des Klosters gespielt. Der Höhepunkt war der Mephisto-Walzer von Franz Liszt, der mich so faszinierte, dass ich beschlossen habe, ihn bei Konzerten zu begleiten, und das war neu für mich, die Musikstücke dem Publikum zu erklären. Die einzelnen Sätze haben eine Geschichte, die wie ein Kapitel eines Buches Inhalt hat. Ich behaupte, dass der Großteil der Konzertbesucher das Konzert nicht wirklich versteht und am Ende des Stückes applaudiert, weil sie froh sind, dass es zu Ende ist. Wenn man aber weiß, was der Komponist erzählen wollte, dann kann das Konzert ein Erlebnis werden. Beim Mephisto-Walzer beschreibt Franz Liszt, wie Faust einen Pakt mit dem Teufel abschließt. Das kommt auch im ersten Satz großartig herüber. Im zweiten Satz begegnet Faust Gott. In seiner Interpretation bekommt auch die Beziehung mit Gott eine völlig neue Dimension in der Musik. Im dritten Satz begegnet Faust der Liebe. Nur wenn man die Liebe erlebt hat, versteht man Franz Liszt, wenn er sich mit der Liebe so auseinandersetzt wie im dritten Satz.

Ein Freund von mir hat seinen 50. Geburtstag gefeiert und mich auf die Burgruine in Griffen zu dem Fest eingeladen. Ich wollte ihm eine Freude machen, habe das Mikrophon genommen und habe ihm ein Konzert mit Latsabitse geschenkt. Dieser Freund heißt Hans Moll, daher habe ich den Gästen erklärt, dass die meisten Musikstücke in Moll geschrieben sind, daher passt dieses Geschenk gut zu seinem Geburtstag. Gesagt, getan. Das Konzert hat in der Wallfahrtskirche Maria Saal stattgefunden. Hans hat alle Gäste, die bei seinem Geburtstag waren, eingeladen. Der erste Höhepunkt sollte der Mephisto-Walzer sein, aber der Pfarrer von der Kirche hat verboten, dieses Stück zu spielen, weil es mit dem Teufel zu tun habe. Ich habe versucht, ihm zu erklären, dass dieses Stück zu den größten Kunstwerken der Musikgeschichte gehört, er aber war dagegen. Ich habe den Generalvikar von Klagenfurt angerufen und versucht, ihn zu überzeugen, aber der einzige Kompromiss war, dass wir den ersten Satz nicht spielen durften. Ich habe dem Publikum beim Konzert erklärt, dass wir den ersten Satz nicht spielen werden, weil der Teufel nicht verherrlicht werden darf. Natürlich hat Giorgi das gesamte Konzert gespielt. Sogar der Pfarrer war begeistert, aber er wusste nicht, dass auch der erste Satz gespielt wurde. Hauptsache es war großartig.

Dieses Konzert war der Beginn einer neuen Tätigkeit in meinem Leben.

Die Fußball-Europameisterschaft 2008 in Österreich und der Schweiz rückte immer näher. Hickersberger war inzwischen Teamchef geworden und bereitete das österreichische Team auf dieses Ereignis vor. Immer öfter hörte ich von jungen Fußballern, dass sie, wenn sie mit 18 Jahren einen Profivertrag erhielten, in Trainingslagern in der Nacht von den älteren Spielern ihres Vereines überfallen, nackt ausgezogen, ihnen die Haare rasiert und der Penis mit Trauma-Salbe eingeschmiert wurden. Anschließend wurden sie auf den Bauch gelegt und erhielten mit den Badeschlapfen 30 Schläge auf den Hintern. Die Verletzungen waren manchmal so stark, dass sie wochenlang nicht auf dem Rücken liegen konnten, weil die Schmerzen so groß waren. Damit waren sie offiziell aufgenommen und vollwertige Mitglieder der Mannschaft geworden. Niemand hat dabei überlegt, welchen seelischen Schaden ein junger Mensch dabei erleidet. Viele Aggressionen auf dem Spielfeld gegnerischen Spielern gegenüber erkläre ich mir damit, dass der einzelne Spieler sich an einem Spieler in dieser Form rächen will, weil er früher vielleicht einmal gemeinsam im selben Verein gespielt hat und von diesem Spieler „gebastert“ wurde. Wir Menschen müssen, um Demütigungen, die wir von Menschen erleiden mussten, wieder kompensieren zu können, diese schrecklichen Ereignisse aufarbeiten, um nicht ständigen Schaden an der Seele zu nehmen. Beim Länderspiel Österreich gegen Ungarn habe ich den Präsidenten des Tiroler Fußballverbandes, der Richter ist, gefragt, welche strafbaren Delikte hier von den Fußballern gemacht werden. Er hat mir geantwortet: Vergewaltigung, Bloßstellung, Einschränkung der persönlichen Freiheit, schwere Körperverletzung und Nötigung. Meine Frage war: „Und wie viele Jahre bekommt man dafür?“ Seine Antwort war: „5 Jahre unbedingt.“

Ich habe Willi Ruttensteiner, den sportlichen Leiter des ÖFB, angerufen und ihn gebeten, dieses schreckliche Aufnahmeritual zu verbieten. Er hat gemeint, wenn ich konkrete Beweise hätte, solle ich das bei Gericht anzeigen. Ich habe ihm gesagt, dass er aber dann der Erste sei, der in die Verantwortung genommen werde, weil er für den ÖFB sportlich verantwortlich sei. Ein paar Tage später habe ich bei meinem Freund Sigi Schwarz, der einige Male Staatsmeister im Rallye-Sport ist und der ein Hotel in Steyrling hat, die Sekretärin des damaligen Vizepräsidenten des ÖFB, Dr. Windtner, kennengelernt und habe ihr erzählt, was sich im Fußball alles abspielt. Sie hat nur gelacht und gemeint, dass sie sich nicht vorstellen könne, dass so etwas in Österreich möglich sei. Ich habe sie gefragt, ob sie einige junge Fußballer beim LASK kenne, die sie fragen könnte, ob diese Methoden auch bei ihnen angewendet werden. Am nächsten Tag hat sie mich angerufen und mir mitgeteilt, dass alle sechs Spieler ihr bestätigt hätten, „gebastert“ worden zu sein. Dr. Windtner hat für mich und auch für Herrn Ruttensteiner für den nächsten Tag beim Präsidenten des ÖFB, Herrn Dr. Stickler, einen Termin vereinbart. Dr. Stickler war entsetzt, dass solche Praktiken überhaupt möglich sind, und hat sofort eine Präsidiumssitzung einberufen, in der festgehalten wurde, dass für alle Zeiten solche Vorkommnisse verboten wurden. Tatsächlich gibt es seit diesem Zeitpunkt nur einen einzigen Fall, in dem ein junger Fußballer in dieser Form seiner Würde beraubt wurde.

Für mich war die Konsequenz daraus, dass ich vom ÖFB in der Ausbildung nicht mehr beschäftigt werde. Hätte ich diesen Skandal angezeigt, wären ca. 200 Fußballer der obersten österreichischen Bundesliga angeklagt worden. Die Europameisterschaft wäre sicher abgesagt worden.

In der Evolution sind Genies die Ausnahme, weil das Überleben der Menschen im Mittelmaß stattfindet. Das erklärt mir auch, warum ehemalige mittelmäßige Fußballer nur mittelmäßige Trainer werden können. Wenn sie das Glück haben, im Sport Manager zu werden, dann verkleinert sich das Mittelmaß nach unten, daher ist es für mich nicht verwunderlich, dass wir im Weltfußball keine Bedeutung mehr haben, obwohl wir als Menschen unglaubliche Talente in uns haben, die aber den Fußballern nicht zugänglich gemacht werden. Die Zahl der fußballverrückten Kinder und Jugendlichen wird jährlich größer. Bei uns in der Akademie melden sich jedes Jahr 100 – 200 Kinder, die aufgenommen werden wollen. Seit Menschengedenken ist unser Land berühmt für seine Musiker, Dichter, Tänzer und Sänger. Ich kenne nur drei Spieler, die sich mit Musik beschäftigen. Einer davon, er ist einer der besten Spieler, die Österreich in den letzten Jahren hervorgebracht hat, Andreas Ivanschitz. Sein Vater ist Symphoniker und seine Mutter ist Musikprofessorin. Er spielt einige Instrumente. Fußball ist ein Sport, in dem der Rhythmus der Bewegungen einem Tanz gleicht. Wenn man kein Gehör dafür entwickelt hat, bleibt einem dieser Teil des Lebens fremd. Würde ein Fußballer Klavier spielen, wäre seine Reaktionsgeschwindigkeit um vieles schneller, weil beide Gehirnhälften gleichzeitig entwickelt werden und dadurch auch in anderen Bereichen des Lebens sich diese Entwicklung auswirkt.

Fußball ist eine der schwersten Sportarten, weil das Gehirn über 90 Minuten konzentriert arbeiten muss und sollte dabei keine Fehler machen. Sex vor einem Spiel wirkt sich auf die Konzentration verheerend aus, weil das Ejakulat reine Gehirnnahrung ist und im Gehirn nicht so schnell nachgebildet werden kann, um 90 Minuten lang volle Leistung bringen zu können. 2 Tage vor einem Spiel Enthaltsamkeit zu üben, würde wahrscheinlich die Leistung des Fußballers sehr verbessern. Vor allem die letzten 20 Minuten. Eine Angewohnheit, die ich immer wieder versuche, den Trainern und den Spielern klarzumachen, ist das Niedersitzen in der Pause. Wenn wir sitzen, wird der Blutkreislauf in den Beinen unterbrochen, daher dauert es länger, bis der Körper jene Energie bringen kann, die er braucht, um die beste Leistung erbringen zu können. Eine der schlimmsten Angewohnheiten von Fußballern ist das Rotzen und auch das Spucken während eines Spiels. Die Fernsehanstalten zeigen diese Szenen besonders gerne, aber kein Spieler hat daraus die Konsequenz gezogen, sich in Zukunft wie ein gebildeter Mensch zu benehmen. Wenn ich mir vorstelle, was passieren würde, wenn ein Sänger oder Schauspieler auf der Bühne das machen würde, wäre Theater bald Vergangenheit. Vielleicht findet sich irgendwann ein Sponsor, vielleicht Tempo-Taschentücher, die eine Prämie bezahlen, wenn ein Fußballer ein Jahr lang am Spielfeld ein Taschentuch benutzt, wenn er sich schnäuzen muss.

Xavi wurde in einem Interview gefragt, welche Aufgaben er im Spiel habe. Er antwortete: „Ich muss die Gegner im Spiel vom Messi ablenken, damit er die Freude am Spiel nicht verliert.“ Diese Aussage hat mich deshalb sehr berührt, weil sie aufzeigt, welche soziale Kompetenz im Fußball erforderlich ist, um so erfolgreich wie Barcelona sein zu können. Messi hat auf eine ähnliche Frage auch so geantwortet. Immer mehr wird mir bewusst, warum diese Spieler in Barcelona schon so lange allen anderen überlegen sind. Sie sind keine Besessenen, sondern ihr Beruf ist, Fußballer zu sein, die ständig am letzten Stand sein wollen und wie eben erfolgreiche Menschen agieren, um das bleiben zu können.

Im Juli 2010 hat Gunnar Prokop seinen 70. Geburtstag gefeiert. Christine und ich wurden nach Annaberg zu dem großen Fest auch eingeladen. Etwa 300 Personen wurden in einem großen Festzelt bewirtet. Viele Reden wurden gehalten und viele frühere Betreuer habe ich dort wiedergetroffen. Auch einer seiner größten Konkurrenten als Manager und Trainer in den Neunzigerjahren war dort. Dr. Gerlach war der Einzige, der den Erfolgslauf von Hypo Südstadt einmal bremste. Er gewann das Finale mit Lütze – Linden in Deutschland. Aber nur ein Mal. Ich wurde ihm vorgestellt und weil er wusste, dass Prokop aufhören wird, hat er mich gefragt, ob ich in Deutschland bei ihm arbeiten würde. Neue Herausforderungen sind meine Welt, daher habe ich sofort zugesagt. Er wollte, dass ich bereits in der nächsten Woche nach Gießen bei Frankfurt kommen soll, weil er gerade ein neues Team aufbaute und ich mit den Spielerinnen sofort arbeiten könnte. Dr. Gerlach gehört zu den besten Orthopäden in Deutschland. Seine Praxis ist täglich so überlaufen, dass die Patienten am Gang warten müssen, wenn sie nach 3 Stunden drankommen wollen. Ich bin das einzige Mal mit dem eigenen Auto dorthin gefahren. Ich habe die Entfernung unterschätzt. Außerdem wurde mir für die Zukunft ein Mietauto zur Verfügung gestellt und auch bezahlt. Mit dem Zug zu fahren, ist wesentlich einfacher und erholsamer. Man braucht von Wels nach Frankfurt 4 Stunden. Ausgemacht wurde, dass ich 6 Tage im Monat dort tätig sein werde und neben der Damenmannschaft auch Fußballer des FC Wetzlar, einem Satellitenclub von Eintracht Frankfurt, mit betreuen sollte. Die Spielerinnen kamen zum Großteil aus den Oststaaten, aber mit Ausnahme einer Spielerin haben alle sehr gutes Deutsch gesprochen, daher habe ich sehr schnell Kontakt zu ihnen gefunden. Die 6 Tage waren sehr erfolgreich und ich freute mich schon auf den nächsten Termin mit ihnen.

Mein nächster Termin war vom 14. August bis 21. August. Diesen Termin haben wir deshalb gewählt, weil Dr. Gerlach am

14.8. ein Klavierkonzert im Rahmen eines Festivals gegeben hat. Mehrere Chöre, eine Sopranistin und ein Tenor haben in einer wunderschönen Gartenanlage vor etwa 300 Zuschauern gespielt und gesungen. Das Konzert sollte um 18 Uhr beginnen, ich bin 20 Minuten vorher dort angekommen, habe mir eine Eintrittskarte gekauft und in der Arena Platz genommen. 5 Minuten vor Beginn ist ein Herr auf mich zugekommen, hat mich gefragt, ob ich der Herr aus Wien sei, weil ich auf Veranlassung des Herrn Dr. Gerlach durch das Programm führen werde. Außer einem Programmzettel, auf dem der Ablauf der einzelnen Auftritte angegeben war, wusste ich überhaupt nichts über die einzelnen Künstler. Ich hatte keine Zeit zum Nachdenken, weil der Herr, der mich angesprochen hatte, auf der Bühne erschien, es stellte sich heraus, dass er der evangelische Pastor der Stadt war, das Publikum begrüßte und mich auf die Bühne bat, um mit dem Konzert zu beginnen. Im Programm war vorgesehen, dass Dr. Gerlach mit einer Sonate von Beethoven beginnen werde. Ich erzählte den Zuschauern zuerst den Vorgang meiner Bestellung zum Moderator und kündigte dann den ersten Programmpunkt an. Dr. Gerlach kam auf die Bühne, flüsterte mir ins Ohr „Paukenschlag" und setzte sich ans Klavier. Durch meine Ausbildung in Musik wusste ich, was damit gemeint war, und teilte dem Publikum mit, dass der Pianist am Beginn nicht Beethoven spielen, sondern aus der „Symphonie mit dem Paukenschlag" von Joseph Haydn eine Sonate zum Besten geben werde. Nach 2 Stunden war das Konzert zu Ende und meine Bühnenerfahrung ist mir dabei sehr zugute gekommen. Niemand hat mir geglaubt, dass ich ohne Vorbereitung durch das Programm geführt habe. Besonders belustigt habe ich die Zuhörer mit der Feststellung, dass Beethoven ein eingebürgerter Österreicher war. Als Ausgleich für den Verlust, den Deutschland dadurch erlitten hat, haben wir ihnen einen Massenmörder namens Hitler geschenkt, den sie begeistert bei sich aufgenommen haben. Wir lieben Beethoven heute noch. Hitler hat zwar heute noch Anhänger in Europa, aber nur von gestörten ewig Gestrigen. Die Vision Beethovens, dass alle Menschen Brüder werden sollten, wird von diesem vehement bekämpft und ausländische Menschen werden als notorische Verbrecher stigmatisiert.

Diese Bemerkungen von mir haben große Reaktionen ausgelöst. Viele Besucher haben mir für diese Aussagen gedankt.

Meine Tätigkeit beim Handballverein „Mainzlar“ war nicht nur erfolgreich, sondern durch die ständige Schreierei des Dr. Gerlach während des Spieles haben die Spielerinnen die Freude verloren. Nach drei verlorenen Spielen wurde ich vom Trainerteam gebeten, mit den Spielerinnen allein zu reden. Diese haben mir erklärt, dass sie ohne Geld nicht mehr spielen wollen. Ich habe ihnen geraten, die nächsten drei Spiele so zu spielen, dass sie alles geben, und dann erst Forderungen stellen sollten. Das haben sie auch getan, haben sehr hoch gewonnen und sind dann in den Streik getreten. Gerlach hat den Spielerinnen dann ihre Gagen sehr verspätet ausbezahlt, aber ich warte jetzt seit 2 Jahren auf das vereinbarte Honorar. Im Dezember 2010 habe ich meine Tätigkeit beendet und wollte erst dann wieder nach Wien fahren, wenn ich mein Geld erhalten würde. Gerlach hat versprochen, wenn ich ihm einen Vortrag auf PowerPoint vorbereiten würde, den er in Győr halten musste, würde er mir das Geld nach Wien mitbringen. Die Hoffnung stirbt bekanntlich zum Schluss, daher habe ich ihm den Vortrag geschrieben, aber nicht gegeben. Ich bin mit dem Zug von Frankfurt nach Wels gefahren, habe dort mein Auto aus der Bahnhofsgarage geholt, bin nach Wien gefahren und habe ihn vom Flugplatz abgeholt. Auf dem Weg dorthin musste ich tanken, bin zu eine Tankstelle gefahren und habe das erste Mal, seit ich ein Auto habe, das Auto zugesperrt, bevor ich zur Kasse gegangen bin, um zu zahlen. Ein Herr unterhielt sich angeregt mit dem Tankwart. Beide hörten nicht auf zu blödeln, bis ich ungeduldig wurde und fragte, ob er die Tankstelle kaufen möchte, weil sie so rücksichtslos waren. Plötzlich begann mein Auto schrecklich zu lärmen. Alle Lichter leuchteten auf und eine Sirene, von der ich nicht wusste, dass so etwas im Auto eingebaut ist, machte einen schrecklichen Lärm. Ich bin zum Fenster gegangen und habe gesehen, dass ein Auto mit ungarischem

Kennzeichen die Tankstelle schnell verlassen hat. Auch der vermeintliche Kunde an der Kasse war weg. Seit dieser Zeit sperre ich mein Auto immer ab, auch wenn ich annehmen könnte, dass keine Gefahr besteht.

Dr. Gerlach war pünktlich gelandet, ich bin mit ihm nach Györ gefahren, aber Geld hat er keines mitgebracht.

Dr. Gerlach hat den Vortrag gehalten und mir versprochen, dass nach seiner Rückkehr das Geld überwiesen sei.

Es hat noch 5 Jahre gedauert, bis ich die Hälfte meines Honorars von ihm über ein Gerichtsverfahren bekommen habe.

Seit 2003 arbeite ich auch in Graz in der Fußballakademie HIB – Liebenau als Sportpsychologe. Heimo Kump, Professor für Latein und gleichzeitig ist er Aufsichtsratsvorsitzender der steirischen Fußballakademie, hat mich eingeladen, die Fußballer bis zur Matura zu begleiten. Das mache ich jetzt seit damals und eigenartigerweise kommen aus Liebenau viele Fußballer, die international mithalten können. Im Jahr 2009 haben sich die Spieler unter 17 für die Schul-Weltmeisterschaft in Antalya qualifiziert. Diese WM wird nicht vom ÖFB ausgetragen, sondern das Bildungsministerium ist für die Durchführung der WM verantwortlich. Daraus ergibt sich die absurde Situation, dass Österreich bei dieser WM zweigeteilt ist. Zu dieser WM dürfen nur achtzehn Spieler und drei Betreuer fahren, die auch dafür bezahlt werden. Ich habe meine Kosten selbst bezahlen müssen, weil dafür kein Geld zur Verfügung stand. Unsere Spieler haben bis auf ein Spiel alle gewonnen. Gegen Südafrika haben wir verloren, auch weil Südafrika ein Jahr später die WM ausgerichtet hat. Brasilien, Türkei, Tschechien, Ungarn, Kroatien wurden alle geschlagen. Ich habe den damaligen Sportchef des ÖFB angerufen und ihm gesagt, dass wir Chancen auf den Titel haben. Seine Antwort war für mich verblüffend: „Das geht uns nichts an. Das ist nicht vom ÖFB." Seit damals weiß ich, dass unser Land Österreich und Austria heißt und zweigeteilt ist. Österreich wurde einmal Dritter, in der WM 1954 in der Schweiz.

Austria unter 17 wurde in Antalya Dritter und 2017 in Prag wieder Dritter in der WM. Austria hat sich für die WM unter 18 heuer in Belgrad wieder qualifiziert. Wieder wurden wir Dritter Wieder hat niemand darüber geschrieben.

Trainer und Co-Trainer waren immer Mag. Mag. Böcksteiner und Mag. Eder.

Physiotherapeut war einmal Peter Wöhrer und einmal Ernst Hofer.

Diese beiden Weltmeisterschaften sind deshalb auch besonders erwähnenswert, weil unsere Spieler besser als alle anderen Nationen waren. Sie waren perfekt vorbereitet und haben sowohl in Antalya als auch in Prag 8 Jahre später so gelebt, dass es fast selbstverständlich war, dass alle Nationen, die sich qualifiziert hatten, von ihnen besiegt wurden. Es wurden jeden Tag zwei Spiele gespielt. Zwischen den Spielen habe ich mit den Spielern Yoga gemacht. Das war notwendig, weil der Sauerstoffverbrauch bei jedem Spiel sehr groß ist und die Spieler verletzungsanfällig werden, wenn sie die Defizite in diesem Bereich nicht ausgleichen. Unsere Zellen bestehen ja aus Wasser, Sauerstoff und Aminosäuren. Durch die Bauchatmung nehmen wir zwei Drittel mehr Sauerstoff auf. Dadurch wird der Energieverbrauch einigermaßen wieder neutralisiert.

Fast alle Spieler aus der Akademie machen die Matura. Dadurch lernt ihr Gehirn, mit Belastungen so umzugehen, dass das Leben nach dem Sport erfolgreicher verläuft als bei einem Spieler, der nie gelernt hat, mit Angst, Druck, Berühmtheit, Geld, Herausforderung und noch mit vielen anderen Situationen zurechtzukommen.

Aber auch die soziale Intelligenz ist eine der wichtigsten Voraussetzungen für einen Fußballer, um mit den verschiedenen Persönlichkeiten in der Mannschaft zurechtzukommen.

Ein Fußballspiel ist für mich derzeit eine Theatervorstellung mit taubstummen Spielern. Taubstumm deshalb, weil sie zwar am Spielfeld spielen, aber das tun müssen, was der Trainer vorschreibt.

Mir kommt das so vor, als wenn in einem Theaterstück der Regisseur alle Rollen spricht, der Darsteller aber keinen Text hat, den er ausdrücken muss.

Die Lösung wäre in Wirklichkeit die, dass die Spieler genauso ausgebildet werden müssen wie die Trainer, damit sie die Zusammenhänge während des Spiels verstehen und dadurch auch umsetzen können. Dazu brauchen die Spieler die Sprache, um sich den anderen verständlich machen zu können.

DEZEMBER

Aus der Erinnerung können wir schöpfen,
wenn wir welche haben.
Sie ist Weisheit, Stärke und Erfüllung,
weil alles Leben in der Vergangenheit
die Gegenwart und die Zukunft erlebt.
Aus der Stille heraus erkennen wir Sinn
und Aufgabe unseres Daseins.
Jedoch ohne Jubel ist Freude nur halb.

Es sollte wieder mehr gestorben werden.

Dieser Ausspruch eines Arztes im größten Behindertenheim in Wien, den er bei einer Sitzung ausgesprochen hat, beschäftigt mich, seit ich den Film im Fernsehen gesehen habe, sehr. Es war eine Sitzung der Verantwortlichen für die Entfernung „Unwerten Lebens" im 2. Weltkrieg.

Es wurde mir bewusst, wie unfassbar diese Menschen unter der Begründung, dass sie ja von ihrem Leid erlöst werden und dass sie sicher froh sein werden, dass sie nicht mehr dahinvegetieren müssen, ohne Sinn und ohne Zukunft. Dieser „ERLÖSERGEDANKE" lässt mich nicht mehr los, wenn ich in den Medien lese, dass heute in der Politik Asylwerber, die um Aufnahme bitten, wieder dorthin entsorgt werden sollen, wo sie den Österreichern nichts wegnehmen können.

Eine Partei, die 25% der Österreicher für sich begeistert, darf dem ganzen Land diktieren, wie wir in Zukunft zu leben haben. Sogar die Politik hat das Recht zu bestimmen, was Recht ist und wie man mit Andersgläubigen umzugehen hat.

Wir leben auf dieser Erde nur eine sehr kurze Zeit in unserem Körper. Uns gehört nichts. Wenn wir das Vorhandene mit jenen teilen, die nichts haben, nähern wir uns dem Schöpfungsgedanken und haben ein Recht, hier zu leben. In der Zauberflöte von Mozart singt Sarastro:

„In diesen heil'gen Hallen kennt man die Rache nicht,
und ist ein Mensch gefallen, führt Liebe ihn zur Pflicht.
Wen solche Lehren nicht erfreuen,
verdienet nicht, ein Mensch zu sein."

Beilage 1

Die Grundbedürfnisse des Menschen und ihre psychologischen Hintergründe

Grundbedürfnis	psycholog. Hintergrund
Er muss in seiner Existenz gesichert sein	Selbsterhaltungstrieb
Er möchte individuell angesprochen werden, seine Persönlichkeit muss geachtet und anerkannt werden.	Selbstwertgefühl
Er muss gerecht behandelt werden.	Gefühls- oder Gemütsbedürfnisse
Er will ernst genommen sein.	Geltungsbedürfnis
Er will sich für wertvolle Aufgaben einsetzen können. und Selbstständigkeit ausüben	Eigenmachtsgefühl Verantwortungsstreben
Er will Verantwortung übernehmen	Verantwortungsstreben

Er muss und er will mitdenken und Vorschläge unterbreiten	**Gemeinschaftsgefühl Wissens-Geltungsdrang**
Er will wissen, was los ist, auch über sein begrenztes Aufgabengebiet hinaus.	**Verantwortungs-bewusstsein**

Die Grundbedürfnisse des Menschen und die Konsequenzen für das Individuum bzw. den Betrieb bei der Nichtbeachtung seiner Bedürfnisse.
Lösungsvorschläge!

Diese Arbeit beschäftigt sich mit den 11 Grundbedürfnissen des Menschen und mit den einhergehenden Konsequenzen, wenn diese im Arbeitsfeld eines Individuums missachtet werden.

Beginnen möchte ich meine Arbeit mit dem grundlegendsten aller Bedürfnisse: dem **Selbsterhaltungstrieb (1.)**. Das Bedürfnis des Menschen nach einer gesicherten Existenz für sich und eventuell seine Familie ist so alt wie die Menschheit selber. Jeder Mensch kann seine individuellen Fähigkeiten nur dann vollkommen ausschöpfen, wenn er nicht ständig von Existenzängsten geplagt wird. Bei Bedrohung der Existenz kommt es zu einer Lebensangst. Dies bedeutet, dass im Kopf des Betroffenen ständig die Gedanken nach der Sicherung der Existenz vorherrschend sind. Andauernd beschäftigt er sich mit den „Eventualitäten", die eintreten könnten, damit seine Existenz entweder a) gesichert ist oder b) vollkommen zerstört ist. An ein zielgerichtetes, motiviertes Arbeiten ist für diese Menschen aber nicht zu denken. So sehr sie sich auch bemühen, den Fokus auf die Arbeit zu legen, sie werden immer wieder von diesen Gedanken eingeholt. Getrieben von dieser Lebensangst, arbeiten sie zwar fast bis zur Erschöpfung. Der Druck, der aber auf ihnen lastet, ist so groß, dass jegliche Kreativität bzw. Logik bei der Lösung von Problemen verloren geht. Weiterhin geht durch die Angst vor einem Fehler, der vielleicht endgültig die Existenz bedrohen könnte, der Mut zu eigenen Entscheidungen und Vorschlägen verloren. Das Individuum wird sich auf das perfekte Ausführen von Befehlen beschränken. Dieser andauernde Druck ist für einen Menschen nur eine sehr begrenzte Zeit auszuhalten und kann ungeahnte Folgen haben. Oft wirken diese Menschen durch ihre Ängste auch wie paralysiert.

Für den Betrieb bedeutet so ein Mitarbeiter einen großen Produktivitätsverlust. Der Mitarbeiter wird aus seiner Angst heraus, aus seinen Befürchtungen heraus (Stichwort: sich selbst erfüllende Prophezeiung, positiv wie negativ) viele Fehler machen und viel weniger produktiv, kreativ und lösungsorientiert denken und arbeiten. Man wird ihm in vielen Fällen das Bemühen nicht absprechen können (oftmals arbeitet er viel mehr als seine Arbeitskollegen), aber dennoch ist seine Lebensangst so groß, dass sie ihn vollständig in seinem Denken und Handeln blockiert. Dieses Problem kann nur über den Dialog gelöst werden. In Gesprächen muss die Ursache für diese Ängste herausgefiltert werden und es muss dem Beteiligten aufgrund der oben angesprochenen „Denkblockade“ eine Hilfestellung gegeben werden, damit er seine Lebenssituation verbessern kann. Oftmals haben die Existenzängste nicht unmittelbar mit der Arbeit im Betrieb zu tun. Auch wenn es sich um Probleme im außerbetrieblichen Bereich handelt, so sollte vor allem für talentierte und fähige Mitarbeiter eine Hilfestellung angedacht werden. Hilft man diesen Menschen erst einmal aus ihrer Misere, so erzeugt dies eine große Loyalität und einen großen Einsatz für das Unternehmen in der Zukunft.

Ein zweites wichtiges Bedürfnis, das befriedigt werden will, ist das Bedürfnis nach **Anerkennung bzw. das Selbstwertgefühl (2.)**. Der Mensch will für seinen individuellen Einsatz auch eine individuelle Beurteilung bzw. Ansprache. Auch wenn gewisse Ergebnisse in Gruppen/Abteilungen etc. erarbeitet wurden, so ist es für jeden Einzelnen von immenser Bedeutung, wenn sein Arbeitsanteil auch individuell beurteilt und gewürdigt wird. Ein „Pauschallob“ oder eine „Pauschalkritik“ an eine ganze Abteilung kann nie den Effekt eines individuellen Gesprächs mit Lob, aber auch mit Kritikpunkten erreichen. Nur wenn er sich als Mensch be- und geachtet fühlt, wird er seine ganze Kraft und Aufmerksamkeit in die Arbeit legen. In diesem Zusammenhang wird auch das Bedürfnis nach einer gerechten Beurteilung angeführt.

Menschen, die nicht individuell angesprochen bzw. nicht wahr- bzw. ernst genommen werden, werden nie ihre ganze physische und geistige Arbeitskraft zur Verfügung stellen. Vielmehr werden sie „Dienst nach Vorschrift" machen, da sie ihre Arbeit ohnehin nicht gewürdigt sehen. Sie fühlen sich mit Fortdauer nutzlos und zum Teil auch ungerecht behandelt. Dieses Gefühl „verhindert" den inneren Antrieb, nach eigenen Lösungswegen zu suchen bzw. die eigene Kreativität einzusetzen. Weiterhin werden diese Menschen aus dieser Situation heraus nie aufgabenübergreifend denken und mit anderen kooperieren, da sie sich sicher sind, dass ihr Anteil an dem Ergebnis einer Arbeit ohnehin wieder „unter den Tisch gekehrt" wird. Oftmals leiden diese Menschen auch darunter, dass der Teil ihrer Arbeit von anderen, selbstbewussteren Arbeitskollegen als eigene Arbeit verkauft wird. Die Betroffenen haben aber meist nicht den Mut, diese Ungerechtigkeit anzusprechen, und ziehen sich stattdessen zusehends zurück.

Für das Unternehmen bedeutet eine derartige „Unterdrückung" eines Individuums oftmals einen immensen Verlust an geistigem und körperlichem Potenzial. Vielerorts fühlen sich Menschen mit großartiger Kreativität und guten Lösungsvorschlägen für diverse Probleme derart übergangen, dass sie sich einfach nicht mehr dazu motivieren können, ihre Ideen in das Unternehmen einzubringen. Weiterhin werden diese Personen niemals in Situationen, die nicht unmittelbar ihren Aufgabenbereich betreffen, als helfende Hand zur Seite stehen. Sie werden immer genau so viel an Arbeitskraft und Motivation in das Unternehmen einbringen, wie nötig ist, um „überleben" zu können. Weiterhin werden sie bei der nächsten Gelegenheit das Unternehmen verlassen. Wie sich später oft herausstellt, kann es hierbei zum Verlust von sehr talentierten und fähigen Mitarbeitern kommen.

Für ein erfolgreiches Management ist es daher unumgänglich, die Individualität zu wahren. Auch wenn viele Arbeiten in Gruppen und Abteilungen absolviert werden, so MUSS die Arbeit eines jeden Einzelnen gewürdigt bzw. kritisiert werden. Fixe Feedbackgespräche, in denen jeder Mitarbeiter auch den Anteil seiner Arbeit erläutern darf, wären ein guter Ansatz. Weiterhin ist es in diesen Punkten wichtig, dass den Mitarbeitern Ansätze für Verbesserungen (die sie aber dann selber weiterentwickeln sollen) aufgezeigt werden. In diesem Zusammenhang ist auch das Aufzeigen von Weiterbildungsmöglichkeiten, das zum Gefühl einer gewissen Anerkennung führt, zu nennen. Diese Maßnahmen führen zu einer enormen Motivation unter den Mitarbeitern, da sie danach streben werden, beim nächsten Feedbackgespräch noch mehr Lob zu erhalten. Es entsteht eine Art Eustress, also positiver Stress.

Ein wenig abgeleitet aus dem Bedürfnis nach Anerkennung ist das **Geltungsbedürfnis** bzw. eventuell auch das **Streben nach Macht (3.)**. Es ist wohl in jedem Menschen verankert, dass er in seinem Leben ein Mehr an Aufmerksamkeit, ein Mehr an Anerkennung und damit auch ein Mehr an Lebensqualität erreicht, wenn er eine gewisse Position im Berufsleben innehat. Solange es in Betrieben eine gewisse Organisation mit verschiedenen Ebenen gibt, solange wird ein Individuum auch danach streben, in diesem „Schema" nach oben zu kommen bzw. oben angekommen, dann dort auch zu verharren. Die Mehrzahl der Menschen verbindet einen beruflichen Aufstieg auch mit einem sozialen Aufstieg. Es geht den Betroffenen daher nicht nur um ein einhergehendes höheres Gehalt, sondern in gleichem Maße auch um ein anderes Ansehen im sozialen Umfeld. Das Innehaben einer gewissen Machtposition verleitet das Individuum dazu, zu glauben, dass es dadurch respektvoller, aufmerksamer und bewundernder behandelt wird.

Dieses Geltungsbedürfnis durch einen beruflichen Aufstieg stellt für den Menschen im Betrieb aber auch den Beweis für eine positive „Lebensentwicklung" dar. Der Mensch strebt in seinem Leben doch sehr stark nach Entwicklungen in eine positive Richtung. Diese Entwicklungen werden durch berufliche Aufstiege in einer gewissen Weise zum Ausdruck gebracht. Sie werden dadurch, salopp formuliert, für jedermann „beweisbar" bzw. „erkennbar" gemacht.

Für das Individuum ist es daher von hoher Bedeutung, dass es in einem Unternehmen ein Ziel und auch einen Weg dorthin erkennt, damit es sich mit ganzer Kraft für den Betrieb und im Endeffekt auch für sein individuelles Ziel einbringt. Wenn der Mensch in einem Betrieb für sich keinen Weg in eine höhere Position und damit auch in einen höheren Verantwortungsbereich erkennt, so wird er auch in der momentanen Position nicht mehr Verantwortung als nötig übernehmen. Er wird den Blick über sein Aufgabengebiet hinaus nie ernsthaft und überlegt wagen. Er wird, wie schon oben angesprochen, nur das Nötigste zum Überleben beitragen. An einem gesamtunternehmerischen Erfolg wird er aber kein Interesse zeigen. Weiterhin wird es dem betroffenen Menschen bis zu einem gewissen Grad egal sein, wie seine Leistung beurteilt wird, da er ja ohnehin nicht daran glaubt, dass eine gute Leistung auch zu einer Verbesserung der Situation führen kann. Mitunter kann eine solche enttäuschte Person auch sehr „trotzig" auf Anweisungen von Vorgesetzten reagieren. Dieser Trotz rührt daher, dass sie/er sich selber in dieser Position als bessere Besetzung sieht und es daher aufgrund fehlender Perspektiven zu einem Gefühl der ungerechten „Minderwertigkeit" kommt.

Für ein Unternehmen wird es sehr schwierig, wenn es viele Mitarbeiter ohne Perspektive angestellt hat, da diese bei der Ausführung von Befehlen und Aufträgen oft sehr träge und unmotiviert reagieren. Von unmotivierten Mitarbeitern wird man womöglich auch nie kreative, neue und aufgabenübergreifende Problemlösungen erhalten, da sie sich nur auf das oben angesprochene Ausführen von Befehlen beschränken werden. Ganz zu schweigen davon, dass diese Mitarbeiter diverse Weiterbildungsmöglichkeiten wohl nie in Anspruch nehmen werden und so ein effizienteres und fundierteres Arbeiten unmöglich machen.

Für das Unternehmen ist es daher sehr wichtig, dass es ALLEN Mitarbeitern Wege und Möglichkeiten zur Weiterbildung und zum Aufstieg aufzeigt. Es muss ein Gefühl geschaffen werden, dass es durch außergewöhnlich gute und konstante Leistungen möglich ist, jede Position im Unternehmen erreichen zu können. In diversen Gesprächen müssen die Mitarbeiter immer wieder auf die Aufstiegsmöglichkeiten innerhalb des Betriebs hingewiesen werden, um die Motivation hochzuhalten. Kurzfristige Geltungsbedürfnisse können auch mit finanziellen „Belohnungen" zum Ausdruck gebracht werden und haben daher sicher auch einen Effekt. Langfristig ist aber, wie schon angesprochen, auch der soziale Aspekt zu berücksichtigen, und dieser kann nur mit einer „Beförderung" bewerkstelligt werden.

Ein viertes Grundbedürfnis des Menschen ist der **Tätigkeits- oder Schaffenstrieb (4.)**. Auch wenn es nicht immer so scheint, so ist in uns Menschen der Antrieb, etwas Eigenes, etwas Individuelles und etwas Sinnvolles zu schaffen und dies auch für die Umwelt sichtbar zu machen. In uns Menschen ist ursprünglich nicht, wie oftmals angenommen, der Trieb, mit dem wenigsten Aufwand das Maximale zu erreichen. Vielmehr will der Mensch tätig sein und seine Leistungsfähigkeit mit gewissen Ergebnissen zum Ausdruck bringen. Aus dieser Definition ist, meines Erachtens, auch der immense Einsatz von Menschen in diversen gemeinnützigen Organisationen zu erklären, bei dem nur sehr selten der Arbeits- und Zeitaufwand und das daraus resultierende Entgelt in angemessener Relation stehen. Dieser Schaffenstrieb beschränkt sich allerdings darauf, dass für den Menschen die Arbeit, die er verrichtet, mit für ihn sinnvollen Inhalten ausgefüllt werden muss.

Erkennt ein Mensch in einem Unternehmen, dass er nicht selbst tätig sein kann bzw. etwas Eigenes schaffen kann, so wird dies zu einer sehr bescheidenen Produktivität führen. Wenn ein Mensch in seiner Tätigkeit von Vorgesetzten sehr stark eingeschränkt wird und er zu wenig aktiv sein kann, das heißt, nicht sein gesamtes Leistungsvermögen einsetzen kann oder darf, so führt dies in den Arbeiten nach einer kurzen Zeit zu einer gewissen Trägheit und die angedeutete Maxime: „Mit dem wenigsten Aufwand das Maximale erreichen" findet so doch noch ihre Bedeutung. Eingeschränkte und träge Menschen werden dann auch nicht bei Aufgaben, die nicht unmittelbar ihren Tätigkeitsbereich betreffen, als Hilfestellung für Kollegen und Mitarbeiter dienen, da sie dafür nicht (mehr) die nötige Motivation aufbringen können.

Für das Management bedeutet dies, dass solche Mitarbeiter aufgrund des Fehlens eines individuellen Schaffensbereichs keine kreativen und neuen Lösungswege einbringen werden und auch weniger produktiv arbeiten. Vielmehr wird es daher zu einer Überlastung der Vorgesetzten und des Managements kommen, da sie ein Vielfaches an Entscheidungen und Lösungen erarbeiten und präsentieren müssen. Oftmals sind Vorgesetzte vom „Problem" aber viel weiter entfernt und besitzen viel weniger Informationen als der Mitarbeiter, sodass dieser die Aufgabe viel effizienter und besser lösen könnte, als es der ohnehin schon ge-/überforderte Vorgesetzte tut.

Es ist daher für das Management unumgänglich, jedem Mitarbeiter einen geeigneten Schaffensbereich einzuräumen, indem er sowohl physisch als auch psychisch vollständig ausgelastet ist. Eine vollständige Auslastung soll dabei nicht bedeuten, dass er einen immensen Druck auferlegt bekommt. Eine vollständige Auslastung wird schon dadurch erreicht, dass man den Angestellten in abgesteckten Bereichen nach individuellen Ergebnissen arbeiten lässt. Da es sich nun um ein persönliches Ergebnis handelt, wird jede Aufgabe viel intensiver, genauer und auch länger bearbeitet, so lange, bis es zu einer „perfekten" Lösung kommt. Natürlich ist es wichtig, in diesem Zusammenhang gewisse Zeitfenster zu setzen, damit nicht endlos an ein- und derselben Aufgabe gearbeitet wird.

Ein weiteres, ganz entscheidendes Bedürfnis eines Menschen geht einher mit den Gefühlen und dem Gemüt eines jeden: das **Gefühls- oder Gemütsbedürfnis (5.)**. In Zusammenhang mit den Unterlagen und der Arbeitswelt bedeutet es hier, dass sich das Individuum in seiner Arbeit wohlfühlen muss. Es muss mit seinen Arbeitspartnern harmonisch zusammenleben und die Arbeit sollte ihn ausfüllen und ihm Spaß machen. Diverse Störfaktoren sollten also in seinem unmittelbaren Arbeitsbereich nicht vorhanden sein. Nur Menschen, die sich wohlfühlen und nicht ständig von irgendwelchen äußeren Einflüssen gestört werden, können ihr gesamtes Leistungsvermögen auf längere Sicht abrufen.

Mitarbeiter, die ständig von äußeren Einflüssen gestört werden bzw. durch zwischenmenschliche „Kleinkriege" abgelenkt sind, verlieren sehr schnell den Fokus. Wenn sich ein Individuum im Arbeitsbereich, der doch einen großen Teil seiner „Lebenszeit" in Anspruch nimmt, nicht wohlfühlt, wird es nur sehr wenig Energie für die tatsächliche Realisierung seines Aufgabenbereichs übrig haben. Speziell das Zusammenleben mit Arbeitskollegen ist für den „Wohlfühlfaktor" eminent wichtig. Verzettelt sich ein Angestellter zu sehr in Streitigkeiten und Reibereien mit anderen, läuft er Gefahr, dass es mehr und mehr zu seinem Ziel wird, den Streit gegen seine Mitarbeiter voranzutreiben und zu gewinnen. Die eigentliche Hauptsache, die Arbeit, gerät von Tag zu Tag immer mehr in den Hintergrund.

Weiterhin können Mitarbeiter, die von ihren Arbeitskollegen richtiggehend unterdrückt oder denunziert werden, nie das nötige Selbstbewusstsein aufbauen, um selber richtige und effektive Entscheidungen zu treffen. Sie werden auch nie mit jenem Spaß und jener (Vor)-Freude zur Arbeit gehen, die es braucht, um motiviert, kreativ und lösungsorientiert zu denken und zu handeln. Vielmehr werden sie unsicher und träge handeln.

Für das Unternehmen sind unzufriedene, nicht ausgefüllte und teilweise „streitsüchtige" Mitarbeiter sehr gefährlich. Nur eine angenehme Atmosphäre und ein respektvoller Umgang der Arbeitskollegen untereinander schaffen jenes Arbeitsklima, das nötig ist, um konzentrierte und engagierte Mitarbeiter zu haben. Erst dann, wenn diese Störfaktoren nicht vorhanden sind, kann jene Freude und jenes Gefühl der „Ausgefülltheit" entstehen, die überdurchschnittliche Erfolge auf allen Ebenen mit sich bringen. Mitarbeiter, die nur darauf bedacht sind, sich untereinander zu demütigen, werden nie jene Produktivität erreichen, die einen unternehmerischen Erfolg gewährleistet. Vielmehr werden diese Mitarbeiter versuchen, Ergebnisse anderer schlechtzumachen und schlechtzureden, was wiederum zu einer großen Unsicherheit unter den Menschen führt. Das Arbeitsklima wird dann von Misstrauen bestimmt sein. Und eine vergiftete Atmosphäre zieht dann oft auch Leute in ihren Bann, die mit dem eigentlichen Auslöser der Streitigkeit gar nichts zu tun haben. Stichwort: Soldarisierung mit einer Partei.

Für das Unternehmen ist es unendlich wichtig, dass es den „Wohlfühlfaktor" in einem Betrieb beachtet. Dazu zählen ganz stark auch die Pflege zwischenmenschlicher Beziehungen und die Konfliktbewältigung. Überall dort, wo Menschen aufeinandertreffen und auch Geld und Machtverhältnisse eine gewisse Rolle spielen, ist das Konfliktpotenzial sehr hoch. Meist führen aber nur diverse Missverständnisse (eben auch aufgrund von zu viel Misstrauen) zu Konflikten, die für Unternehmen mitunter sehr nachhaltige Auswirkungen haben können. Es ist daher umso wichtiger, „verfeindete" Parteien an einen Tisch zu bringen und die Kommunikation im Unternehmen zu fördern. Oftmals können solche Konflikte auch aus den oben angesprochenen „Feedbackgesprächen" herausgefiltert und behandelt werden. Sollte es vonnöten sein, dann ist es oft sehr hilfreich, wenn eine dritte Person bei der Konfliktbewältigung als „Moderator" auftritt, um die Sachlichkeit zu wahren. Vielmals tragen auch gemeinsame Aktivitäten bzw. Gemeinschaftsräume etc. zu einem besseren Miteinander bei.

Dass der Mensch eigentlich danach strebt, in einer Gemeinschaft mit zu handeln, zeigt ein nächstes Bedürfnis: **das Gemeinschaftswollen (6.)**. Dies bedeutet, dass es für den Menschen wichtig ist, dass er in einer homogenen Gemeinschaft einen Part übernehmen und ausfüllen darf. Er will an einem höheren, gemeinsamen Ziel mitdenken und mitarbeiten. Natürlich ist es für ihn in diesem Zusammenhang wichtig, dass dieses Ziel gemeinsam von allen verfolgt wird und man auch nach außen hin als Einheit auftritt. Wichtiger Teil, einer (erfolgreichen) Gemeinschaft zu sein, erzeugt bei Menschen ein Gefühl von Stolz und Selbstbewusstsein.

Menschen, die in einem Unternehmen aus der Gemeinschaft und den gemeinschaftlichen Zielen ausgegrenzt werden, können nie ihr gesamtes Potenzial abrufen. Der oben angesprochene „Wohlfühlfaktor" ist bei diesen Angestellten/Arbeitern einfach nicht gegeben. Weiterhin werden diese Mitarbeiter ihr Fachwissen der Gemeinschaft nie zur Gänze zur Verfügung stellen, da sie sich innerhalb dieser Gruppe nicht anerkannt fühlen und am gemeinsamen Ziel kein Interesse haben. Oftmals könnten sie dabei aber das fehlende „Mosaiksteinchen" für einen gemeinschaftlichen Erfolg sein. Wenn man sie lässt.

Für das Unternehmen ergeben sich bei solchen Mitarbeitern ähnliche Konsequenzen wie im vorherigen Punkt, da es sich bei Missachtung des Gemeinschaftswollens auch um die Gefühls- oder Gemütsebene handelt, die damit nicht oder nur sehr unzureichend angesprochen wird.

Ähnlich verhält es sich mit den nächsten Grundbedürfnissen, dem **Gemeinschaftsgefühl** in Zusammenhang mit dem **Wissens- und Geltungsdrang (7., 8.)**. Um einem Mitarbeiter zeigen zu können, dass er ein wichtiger Teil einer Gemeinschaft ist, und er sich für diese auch dementsprechend einsetzt, muss man ihm den Raum für eigene Vorschläge und Gedankengänge lassen, die dann mitunter auch so umgesetzt werden. Wie schon oben angesprochen, strebt jeder Mensch danach, sich in (Teil-) Ergebnissen zur Geltung zu bringen, die dann zu einem größeren, gemeinsamen Erfolg führen.

Mitarbeiter, deren Gedanken und Vorschläge immer nur missachtet werden, fühlen sich dermaßen unterdrückt, dass sie nur mehr unmotivierte „Befehlsempfänger" sind und keine motivierten „Problem- und Aufgabenlöser". Sie werden daher auch am betrieblichen Erfolg kein Interesse zeigen, da sie sich dafür einfach nicht verantwortlich fühlen. Weiterhin behalten sie ihre Ideen in Zukunft für sich, da sie Angst davor haben, wieder abgelehnt zu werden.

Für das Unternehmen bedeutet ein solches Verhalten den Verlust von vielen guten Ideen und effektiven Lösungen für diverse Probleme. Wie schon angesprochen, wissen Mitarbeiter oft viel genauer über Probleme und einhergehende Lösungswege Bescheid, sodass sie a) ihre Vorgesetzten entlasten können und b) vor allem viel effektivere Lösungsvorschläge für diverse Situationen vorbringen könnten.

Es ist daher sehr zu empfehlen, dass jeder Mitarbeiter zumindest angehört wird, wenn er versucht, sich einzubringen. Es steigert zusätzlich die Motivation der Menschen, wenn mit ihnen ernsthaft über ihre Lösungsgedanken diskutiert wird und Für und Wider abgewogen werden. So kann jeder auch nachher nachvollziehen, warum seine Vorschläge im konkreten Fall nicht umgesetzt wurden, und die Enttäuschung hält sich in Grenzen. Ganz im Gegenteil. Die Mitarbeiter werden mit den gegebenen Inputs versuchen, noch perfektere und effizientere Vorschläge zu präsentieren. Solche Situationen können mithilfe von Hearings/Gesprächen oder auch geschriebenen Vorschlägen mit einer eigens dafür aufgestellten Sammelbox erreicht werden. Dieses Vorbringen von Vorschlägen für neu aufgetretene Situationen könnte man auch mit einem kleinen internen Wettbewerb forcieren, indem nach einer gewissen Frist der beste Lösungsweg „gekrönt" wird. Aber auch hier sollte nicht vergessen werden, dass auch jene Vorschläge, die unzureichend für diese Situation sind, besprochen werden.

Das **Verantwortungsbewusstsein (9.)** eines Menschen ist ein weiteres, entscheidendes Bedürfnis, das für einen außergewöhnlichen unternehmerischen Erfolg bedeutend ist. Unter Verantwortungsbewusstsein wird den Unterlagen zu Folge verstanden, dass jeder Mitarbeiter, auch über sein begrenztes Aufgabengebiet hinaus, wissen will, was im Betrieb vor sich geht. Er will nicht nur über seinen Arbeitsbereich, seine Abteilung, seinen Unternehmensbereich informiert werden, im Prinzip will er über alle wichtigen Entscheidungen und Vorgänge im Unternehmen Bescheid wissen. Ein solcher Informationsfluss löst bei den Mitarbeitern ein Gefühl der Wertschätzung aus, da sie auch über weitreichende, wichtige Entscheidungen informiert werden. Dies führt in weiterer Folge zu einer viel größeren Identifikation mit dem Unternehmen und auch oft zu einer großen Solidarisierung mit den Entscheidungsträgern (Vorgesetzten), da man nun genau darüber informiert ist, wofür man eigentlich seine

Arbeitskraft einsetzt. Die Kombination aus der klaren Definition eines übergeordneten Ziels und dem Wertschätzungsgefühl durch den Erhalt einer wichtigen Information erzeugt eine viel höhere Motivation unter den Mitarbeitern.

Ist der Informationsfluss im Unternehmen so schlecht, dass Mitarbeiter in ihren Abteilungen von den gesamtunternehmerischen Vorgängen und Zielen nie etwas mitbekommen, so werden sie sich nie mit vollster Motivation für das Ziel einsetzen können, weil sie es einfach nicht kennen. Der Mitarbeiter wird zwar versuchen, seinen kleinen Arbeitsbereich in Ordnung zu halten und innerhalb dieses Bereichs auch ordentlich arbeiten, er wird aber nie diese „euphorische" Stimmung erzeugen, die für außergewöhnliche Ergebnisse vonnöten ist. Vielmehr wird er etwas orientierungslos arbeiten, das heißt, Aufgaben als abgeschlossene Bereiche sehen und nicht als zusammenhängende Tätigkeiten für ein und dasselbe übergeordnete Ziel. Vergleichbar ist diese Situation mit einer Fließbandarbeit.

Für das Unternehmen bedeutet ein fehlender Informationsfluss, dass es zu keiner außergewöhnlichen, positiven Stimmung innerhalb der Abteilungen und damit auch innerhalb der Firma kommen kann. Die Mitarbeiter werden daher auch nicht jenen Teamgeist und jenen Zusammenhalt entwickeln können, der die Basis für einen außergewöhnlichen Erfolg ist. Vielmehr werden die Ergebnisse der einzelnen Abteilungen nur sehr durchschnittlich sein, da sie sich aufgrund der fehlenden Informationen und Zielvorgaben nicht für ein Ziel verantwortlich fühlen können und so ins Mittelmaß „flüchten". Weiterhin sind fehlende Informationen ein fruchtbarer Boden für Gerüchte und die Erzeugung von Unsicherheit unter den Arbeitnehmern. Bekommen Mitarbeiter nie oder nur sehr vage Informationen über die Abläufe im Unternehmen, so können kleine Unwahrheiten oder Gerüchte eine enorme Wirkung erzielen und eine große Unsicherheit erzeugen, die mitunter zu den oben angesprochenen Existenzängsten mit ihren ganzen Problemen führt.

Es ist daher für die Unternehmen unumgänglich, einen geregelten Informationsfluss von „oben nach unten" und von „unten nach oben" zu gewährleisten, um eben jene Identifikation mit den Unternehmenszielen zu erzeugen und sinnlosen Unsicherheiten vorzubeugen. Die Mitarbeiter sollen sich sowohl für Erfolg als auch für Misserfolg verantwortlich fühlen können, egal in welcher Position sie arbeiten. Gesteigert kann dieser Effekt noch werden, wenn diese „Zielvorgaben" bzw. Informationen unter vier Augen besprochen werden, da sich Mitarbeiter so noch anerkannter und wichtiger in Zusammenhang mit dem Unternehmensziel fühlen. Die in den letzten Jahren immer populäreren, erfolgsabhängigen Zahlungsmodelle sind ein weiterer guter Ansatz, um das Verantwortungsbewusstsein unter den Mitarbeitern zu erhöhen.

Die letzten beiden Grundbedürfnisse eines jeden Menschen sind das **Eigenmachtgefühl bzw. das Verantwortungsstreben (10., 11.)**. Meinem Erachten nach sind diese beiden Punkte eine Kombination aus dem Schaffenstrieb und dem Verantwortungsbewusstsein. Das Eigenmachtgefühl und das Verantwortungsstreben bedeuten den Aufzeichnungen zu Folge, dass sich jeder Mensch für wertvolle Aufgaben einsetzen will und in diesen Arbeitsbereichen auch Selbstständigkeit ausüben möchte. Wichtig dabei ist es einem Individuum, dass es auch eine gewisse Verantwortung, sowohl für Erfolg, als auch für Misserfolg, tragen darf.

Fühlt sich ein Mitarbeiter bei der Vergabe von wichtigen Arbeiten ständig übergangen und hat er das Gefühl, dass er immer nur nutzlose, unwichtige Arbeiten zu erledigen hat, so wird seine Motivation bei der Ausführung sehr niedrig sein. Weiterhin wird er aufgrund der geringen Selbstständigkeit und des fehlenden Verantwortungsbewusstseins in seinen Arbeiten kein Interesse an einer persönlichen Weiterentwicklung und Weiterbildung zeigen, da er diese für minderwertige „Routinearbeiten" ohnehin als sinnlos erachtet. Der Mitarbeiter verfällt nach einer gewissen Zeit in eine Lethargie, in der er nur die Befehle, die ihm erteilt werden, ausführt und die Selbstständigkeit komplett verloren geht. Wie schon beim Machtstreben können Mitarbeiter, die sich übergangen und nicht gewürdigt sehen, sehr trotzig auf Befehle ihrer Vorgesetzten und Bitten ihrer Mitarbeiter reagieren.

Für das Unternehmen bedeuten viele solcher Mitarbeiter eine Überlastung des Managements, da sie alle noch so kleinen Entscheidungen zu treffen haben. Wie schon mehrmals angesprochen, können die Entscheidungen, die vom Management getroffen werden, oftmals sehr realitätsfremd sein, da sie meist weit weg von „Alltagsproblemen" sitzen. Überdies werden diese Entscheidungen von den unmotivierten Mitarbeitern dann auch nicht mit jener Vehemenz umgesetzt, die es bedarf, um erfolgreich zu sein. Die Mitarbeiter werden bei fehlender Würdigung ihrer individuellen Fähigkeiten auch nicht an einem gesamtunternehmerischen Erfolg interessiert sein.

Das Unternehmen täte daher gut daran, die Aufgabengebiete auf alle Mitarbeiter aufzuteilen und sie in diesen Bereichen auch selbstständig arbeiten zu lassen. Es ist aber wichtig, dass es sich bei der Vergabe von Arbeiten nicht ständig um sogenannte „Routinearbeiten" handelt, sondern dass der Mensch auch vor Herausforderungen gestellt wird. Nur so kann er seine Arbeiten als wertvoll für den gesamten Erfolg beurteilen und wird seine ganze Energie in die Arbeit legen. Und nur so ist auch eine Weiterentwicklung unter den Mitarbeitern möglich.

Abschließend sei noch angemerkt, dass ich diese Grundbedürfnisse des Menschen und ihre psychologischen Hintergründe auf Basis meiner Beobachtungen beurteilt habe. Diese Gespräche haben ihren Ursprung zwar eigentlich im sportlichen Bereich, doch gerade da kommt es leider viel zu häufig vor, dass oben angesprochene Bedürfnisse missachtet werden und die Würde des Menschen mit den Füßen getreten wird.

Weiterhin sei noch angefügt, dass in dieser Arbeit des Öfteren das Wort „Problem" vorkommt. Das Wort „Problem" in seiner ursprünglichen Bedeutung als Synonym für unlösbare, schwierige Situationen gibt es nicht. Vielmehr ist dieses Wort Synonym für herausfordernde Situationen, die mit einer positiven Grundeinstellung gelöst werden können.

Beilage 2

Der kleine Prinz
nachgedacht von Walter Oberlechner

Am Beginn seines Buches sagt der Dichter: „Ich widme dieses Buch den Kindern, weil die Erwachsenen verlernt haben, die Dinge direkt zu sehen und daher viele Teile dieses Buches überhaupt nicht verstehen können." Zitat Ende.

Kinder empfinden und reagieren auf Impulse spontan und noch nicht von Vorurteilen geprägt und überlagert. Sie erkennen Situationen so, wie sie sich im Moment ereignen, und handeln auch danach. Daher erleben gerade Kinder dieses Buch, so wie es der Dichter erlebte; nämlich aus dem Herzen.

Für mich ist „Der kleine Prinz" eine Betrachtung über den Sinn des Lebens und über das Wesen der Liebe. Gibt es ein schöneres Thema?

Saint Exupery, ein leidenschaftlicher Flieger, musste mit seiner Maschine in der Sahara notlanden, weil ein Defekt an seinem Motor das Weiterfliegen unmöglich machte. Die unendliche Einsamkeit, die ihm die Wüste in diesem Augenblick vermittelte, mag wohl dazu geführt haben, dass er erkannte, was in seinem bisherigen Leben wichtig war und was im Angesicht des Todes zählte. Im Augenblick der Erkenntnis, sterben zu müssen, passiert es oft, dass wir Menschen in Bruchteilen von Sekunden unser ganzes Leben an uns vorüberziehen sehen und erkennen, was wesentlich war.

Wir kommen aus einem Bereich, den wir nicht verstehen, weil uns die Fähigkeit des Erkennens fehlt. Wir werden in einen Körper hineingeboren und erleben unser Leben je nach genetischer Belastung und, wie ich glaube, nach der Belastung, die wir aus einem anderen Leben in uns noch zu bewältigen haben.

Der kleine Prinz ist ein Spiegel unseres eigenen Ichs, in den wir hineinschauen und der uns zeigt, wer wir sind und was uns hindert, Liebe zu begreifen und zu leben.

Unser irdisches Leben ist nur eine kurze Durchgangsstation in einem langen Prozess der Entwicklung bis zur möglichen Vollendung.

Die Begegnung zwischen dem kleinen Prinzen und dem Piloten gibt uns einen Einblick in die große Phantasie eines Kindes und wie der Erwachsene langsam in diese Welt des Irrationalen geführt wird und plötzlich Dinge erkennt, die für ihn bisher verborgen waren. In dieser Verzauberung verlieren Existenzangst und Realität ihre Wichtigkeit.

Die Begegnung mit der Liebe, dargestellt in dem Symbol der Rose, erinnert unwillkürlich an unsere eigene erste Empfindung, wenn wir der Liebe in der Gestalt eines Mädchens begegnen, das uns verzaubert und deren Reaktion uns verwirrt. Sie ist schnippisch, weil unsicher, und so schnell verletzbar, weil noch unerfahren und schutzlos, und doch voll der gleichen Sehnsucht, die uns durchströmt. Wir erleben diese Begegnung mit dem Zauber der Reinheit.

Rose: Ach! ich bin gerade erst aufgewacht … Ich bitte um Verzeihung. Ich bin noch ganz zerrauft.

Prinz: Wie schön Sie sind!

Rose: Nicht wahr? Ich wurde zur gleichen Zeit wie die Sonne geboren. Sie haben mich beobachtet?

Prinz: Ich habe lange gewartet!

Rose: Ich glaube, es ist Zeit für das Frühstück. Hätten Sie die Güte, mich zu bedienen?

Prinz: Ja, ja, sofort. Ich hole frisches Wasser.

Rose: Haben Sie schon meine Dornen gesehen?

Prinz: Ja, sicher.

Rose: Sie sollen nur kommen, die Tiger, mit ihren Krallen.

Prinz: Es gibt keine Tiger auf meinem Planeten. Außerdem fressen Tiger kein Gras.

Rose: Ich bin kein Gras, ich bin eine Blume.

Prinz: Verzeihen Sie mir.

Rose: Ich fürchte mich nicht vor den Tigern, aber mir graut vor der Zugluft. Hätten Sie nicht einen Wandschirm?

Prinz: Ich werde mich umsehen …Grauen vor Zugluft. Diese Blume ist recht schwierig.

Rose: Und am Abend.

Prinz: Ja!

Rose: Am Abend werden Sie mich unter einen Glassturz stellen. Es ist sehr kalt bei Ihnen. Da, wo ich herkomme, war das ganz anders.

Prinz: Wie können Sie etwas über andere Welten wissen, Sie sind in Form eines Samenkornes gekommen …

Rose: Dieser Wandschirm?

Prinz: Ich wollte ihn gerade holen, aber Sie sprachen zu mir.

Prinz: Man darf Blumen nicht zuhören. Man muss sie anschauen und einatmen.

Rose: Und was machen Sie jetzt?

Prinz: Ich kehre meine Vulkane. Ich besitze zwei tätige Vulkane. Das ist sehr praktisch zum Frühstückkochen. Wenn sie gut gefegt werden, brennen sie sanft und regelmäßig, ohne Ausbrüche.

Rose: Warum machen Sie die Toilette Ihres Planeten heute so sorgfältig?

Prinz: Ich habe auch einen erloschenen Vulkan. Aber ich sage mir: man kann nie wissen und fege auch ihn. Um diese Jahreszeit kommt immer ein Zug wilder Vögel vorbei. Ich möchte einige andere Planeten besuchen, um mich zu bilden.

Prinz: Adieu … Adieu.
Rose: Ich bin dumm gewesen. Ich bitte Dich um Verzeihung. Versuche, glücklich zu sein.
Prinz: Und ich habe gedacht, Du wirst mir Vorwürfe machen.
Rose: Ich liebe Dich. Du hast nichts davon gewusst? Das ist meine Schuld. Aber Du warst ebenso dumm wie ich. Versuche, glücklich zu sein.
Prinz: Ich hätte Dich besser beurteilen sollen. Du hast für mich geduftet und geblüht, ich hätte Deine Zärtlichkeit erraten sollen. Aber vielleicht bin ich noch zu jung, um lieben zu können.
Rose: Zieh es nicht so in die Länge, das ist ärgerlich. Du hast Dich entschlossen, zu reisen. Also geh.

Der kleine Prinz verlässt seine ihm so vertraute Umgebung und geht auf Reisen.

Auf dem ersten Planeten begegnet er einem König.

Der König ist für mich das Symbol des Herrschens, der über den anderen Stehende. Wer von uns kann behaupten, nicht ständig den Schwächeren beherrschen zu wollen? Die Eltern die Kinder, die Kinder unter sich den Kleineren, der Kleinste ein Tier, das sich nicht wehren kann. Der ältere Mensch den Jüngeren, der Kranke den Gesunden und umgekehrt. Im Betrieb der Leiter die Mitarbeiter und dort wieder die Mitarbeiter sich untereinander. In der Freizeit, in der Politik, überall entsteht in kurzer Zeit der Wettbewerb untereinander. Wer irgendetwas besser beherrscht oder sich besser verkauft als der andere, herrscht über den anderen. Dieses Beherrschen stört das Wesen der Liebe, in der Übersteigerung zerstört es jedes Miteinander und führt zu jener Einsamkeit, die krank macht.

Saint Exupery beschreibt das Beherrschen nicht in der Übersteigerung, aber er zeigt uns, wie wir uns davor schützen können, von der Herrschsucht überrollt zu werden.

König: Sieh da, ein Untertan!
Prinz: Für einen König sind anscheinend alle Menschen Untertanen.
Darf ich mich setzen?
König: Ich befehle Dir, Dich zu setzen.
Prinz: Verzeiht mir, ich würde Euch gerne etwas fragen.
König: Ich befehle Dir, mich zu fragen.
Prinz: Der Planet ist winzig klein. Worüber herrscht Ihr?
König: Über alles.
Prinz: Über alles?
König: Über all das.
Prinz: Und die Sterne gehorchen Euch?
König: Gewiss. Sie gehorchen aufs Wort. Ich dulde keinen Ungehorsam.
Prinz: Ich möchte einen Sonnenuntergang sehen. Machen Sie mir die Freude. Befehlen Sie der Sonne unterzugehen.
König: Wenn ich einem General geböte, nach der Art der Schmetterlinge von einer Blume zur andern zu fliegen oder eine Tragödie zu schreiben und wenn dieser General den erhaltenen Befehl nicht ausführte, wer wäre im Unrecht, er oder ich?
Prinz: Sie wären es.
König: Richtig. Man muss von jedem fordern, was er leisten kann. Die Autorität beruht vor allem auf der Vernunft. Wenn Du Deinem Volke befiehlst, zu marschieren und sich in das Meer zu stürzen, wird es revoltieren. Ich habe das Recht, Gehorsam zu fordern, weil meine Befehle vernünftig sind.

Prinz: Wie ist das also mit meinem Sonnenuntergang?
König: Du wirst Deinen Sonnenuntergang haben. Ich werde ihn befehlen. Aber in meiner Herrscherweisheit werde ich warten, bis die Bedingungen günstig sind.
Prinz: Wann wird das sein?
König: Hm, hm. Das wird heute Abend gegen sieben Uhr vierzig sein.
Und Du wirst sehen, wie man mir gehorcht.

Prinz: So lange möchte ich nicht warten. Ich werde wieder abreisen.

König: Reise nicht ab, ich mache Dich zum Minister.

Prinz: Zu welchem Minister?

König: Zum … zum Justizminister.

Prinz: Aber es ist ja niemand da, über den man richten könnte. Ich habe einen Blick auf die andere Seite des Planeten geworfen. Es ist auch dort niemand.

König: Du wirst also über Dich selbst richten. Das ist das Schwerste. Es ist viel schwerer, als über andere zu richten.

Prinz: Ich kann über mich richten, wo immer ich bin. Dazu brauche ich nicht hier zu wohnen.

König: Hm, hm. Ich glaube, dass es auf meinem Planeten irgendwo eine alte Ratte gibt. Ich höre sie in der Nacht. Du könntest Richter über diese alte Ratte sein. Du wirst sie von Zeit zu Zeit zum Tode verurteilen. So wird ihr Leben von Deiner Rechtsprechung abhängen. Aber Du wirst sie jedes Mal wieder begnadigen, um sie aufzusparen. Es gibt nur die Eine.

Prinz: Ich möchte niemanden zum Tode verurteilen. Ich glaube wohl, dass ich jetzt gehe.

König: Nein.

Prinz: Wenn Eure Majestät auf pünktlichen Gehorsam Wert legen, könnten Sie mir einen vernünftigen Befehl erteilen. Sie könnten mir zum Beispiel befehlen, innerhalb einer Minute zu verschwinden. Es scheint mir, dass die Umstände günstig sind. (geht)

König: Dann ernenne ich Dich zu meinem Gesandten.

Über sich selber richten ist das Schwerste. Wenn wir es tun, mit jener Konsequenz, mit der wir über andere richten, dann können wir nicht mehr Richter sein, weil wir lernen zu verstehen. Wer versteht, beginnt zu lieben. Wer richtet, beginnt zu hassen.

In der nächsten Begegnung auf der Reise zu uns selbst treffen wir die Eitelkeit. Der Eingebildete, der als Symbol für die Eitelkeit zu sehen ist, gehört ganz sicher zu den ganz großen Feinden der Liebe. Er ist auch der Einsamste. Jeder von uns ist eitel und begründet das im Selbstwertgefühl. Überall dort, wo die Eitelkeit zu herrschen beginnt, ist die Herrschsucht der beste Partner. Zusammen ergeben sie eine Kraft, die so blind macht, dass Gewalt das Ergebnis dieses Prozesses ist.

Eitler: Ah, ah. Schau, schau! Ein Bewunderer kommt zu Besuch.
Prinz: Guten Tag. Sie haben einen spaßigen Hut auf.
Eitler: Der ist zum Grüßen. Ich grüße damit, wenn man mir zujubelt. Unglücklicherweise kommt hier niemand vorbei.
Prinz: Ach ja?
Eitler: Schlag Deine Hände zusammen.
Prinz: Das ist unterhaltsamer als der Besuch beim König.
Prinz: Und was muss man tun, damit der Hut herunterfällt?
Was muss man tun, damit der Hut herunterfällt? Er hört mich nicht, Eingebildete hören immer nur die Lobreden.
Eitler: Bewunderst Du mich wirklich sehr?
Prinz: Was heißt „bewundern"?
Eitler: Bewundern heißt erkennen, dass ich der schönste, der bestangezogene, der reichste und intelligenteste Mensch des ganzen Planeten bin.
Prinz: Aber Du bist doch allein auf Deinem Planeten.
Eitler: Mach mir die Freude und bewundere mich.
Prinz: Ich bewundere Dich, aber warum nimmst Du das so wichtig?
Die großen Leute sind entschieden sehr verwunderlich.

In einem Gespräch mit der Rose erzählt der kleine Prinz von den vielen Samen, die sich auf seinem Planeten entfalten. Seine größte Sorge sind die Samen der Affenbrotbäume.

Blume: Darf ich fragen, was Sie hier tun?

Prinz: Es gibt gute Gewächse und schlechte Gewächse. Infolgedessen auch gute Samenkörner von guten Gewächsen, schlechte Samenkörner von schlechten Gewächsen. Aber die Samen sind unsichtbar. Sie schlafen geheimnisvoll in der Erde, bis es einem von ihnen einfällt, aufzuwachen. Dann streckt er sich und treibt zuerst schüchtern einen kleinen Spross zur Sonne, einen ganz harmlosen. Wenn es sich um ein Radieschen handelt, kann man es wachsen lassen, wie es will. Aber es gibt auf meinem Planeten auch fürchterliche Samen.

Blume: Ja?

Prinz: Das sind die Samen der Affenbrotbäume.

Blume: Affenbrotbäume?

Prinz: Einen Affenbrotbaum kann man, wenn man ihn zu spät entdeckt, nie mehr loswerden. Er bemächtigt sich des ganzen Planeten. Er durchdringt ihn mit seinen Wurzeln und sprengt ihn.

Blume: Wie schrecklich!

Prinz: Es ist eine Frage der Disziplin. Man muss sich regelmäßig dazu zwingen, die Sprösslinge der Affenbrotbäume auszureißen.

Es ist nur eine Frage der Disziplin, alles beginnt harmlos. Jede Leidenschaft beginnt an der Oberfläche. Wenn man sie gewähren lässt, erfasst sie einen und beherrscht am Ende unser ganzes Wesen und macht uns zum Gefangenen. Es ist eine Frage der Disziplin, zu achten, ob und wie weit ein Eindruck sich verselbstständigt und in uns sich entwickelt. Sicher war auch der Säufer am Beginn nur ein Mensch, der gekostet hat. Aus dem Kosten wurde das Vergnügen, aus dem Vergnügen die Abhängigkeit und die Zerstörung.

In der Begegnung mit dem Säufer erfahren wir die Tragik der Einsamkeit und der Willenlosigkeit.

Prinz: Was machst Du da?
Säufer: Ich trinke.
Prinz: Warum trinkst Du?
Säufer: Um zu vergessen.
Prinz: Um was zu vergessen?
Säufer: Um zu vergessen, dass ich mich schäme.
Prinz: Weshalb schämst Du Dich?
Säufer: Weil ich saufe.
Prinz: Und warum …

Die Eitelkeit ist oft die Vorstufe zu diesem Zustand. Es schmeichelt uns, wenn wir bewundert werden. Es versetzt uns in den Zustand der Macht über andere. Illusionen beeinträchtigen unser Denken. Wir nehmen uns sehr wichtig, werden zum Richter, der Kreislauf nimmt kein Ende. In diesem Zustand ertragen wir oft das Erwachen nicht mehr und flüchten in das selbstgewählte Getto der Isolation.

Die Begegnung mit dem Manager gehört zu den deprimierendsten Szenen des Buches. Weil es unmöglich geworden ist, ohne unseren Wohlstand glücklich zu sein, ist der Materialismus unser Abgrund geworden. Die Gier, immer mehr zu haben als der andere, macht uns blind für das Wesentliche. Es ist uns nicht mehr möglich, zu erkennen, dass wir hier in Wirklichkeit nichts besitzen, weil wir ja nicht ewig leben. Der Materialismus, der in der Übersteigerung zum Geiz führt, hat unsere Erde bereits so weit geschädigt, dass wir heute schon berechnen können, wie lange es noch dauern wird, bis die Ausbreitung zum Tod des Planeten geführt hat. Aber der Manager ist ein ernsthafter Mann und gibt sich nicht mit Kindereien ab. Leben ist nur dann lebenswert, wenn es leistungsfähig ist und der Wirtschaft dient. Kann ein Mensch Liebe empfinden, wenn er nicht weiß, was das ist?

Prinz: Das ist sicher ein Manager. Guten Tag. Ihre Zigarette ist ausgegangen.

Manager: Keine Zeit, sie wieder anzuzünden. 26 und 5 ist 31. Das macht also 501,622.731.

Prinz: Fünfhundert Millionen wovon?

Manager: Wie, Du bist noch immer da?

Prinz: 501 Millionen wovon?

Manager: Von diesen kleinen Dingern, die man manchmal am Himmel sieht.

Prinz: Fliegen?

Manager: Nein, kleinere Dinger, die glänzen.

Prinz: Bienen?

Manager: Aber nein, kleine goldene Dinger, die Nichtstuer träumerisch machen. Ich bin ein ernsthafter Mann. Ich habe keine Zeit für Träumereien.

Prinz: Ach, die Sterne.

Manager: Dann sind es wohl die Sterne.

Prinz: Und was machst Du mit 500 Millionen Sternen?

Manager: 501,622.731. Ich bin ein ernsthafter Mann. Ich nehme es genau.

Prinz: Und was machst Du mit den Sternen?

Manager: Was ich damit mache? Nichts, ich besitze sie.

Prinz: Du besitzt die Sterne?

Manager: Ja, sicher.

Prinz: Aber ich habe schon einen König getroffen, der …

Manager: Die Könige besitzen nicht, sie regieren. Das ist etwas ganz anderes.

Prinz: Und was hast Du davon, die Sterne zu besitzen?

Manager: Das macht mich reich.

Prinz: Und was hast Du vom Reichsein?

Manager: Ich kann weitere Sterne kaufen, wenn jemand welche findet.

Prinz: Du denkst ein bisschen wie der Säufer.

Manager: Wie, bitte?

Prinz: Wie kann man die Sterne besitzen?

Manager: Wem gehören sie?

Prinz: Ich weiß nicht, niemandem.
Manager: Dann gehören sie mir, ich habe als Erster daran gedacht.
Prinz: Und was machst Du damit?
Manager: Ich verwalte sie. Ich zähle sie und zähle sie wieder. Das ist nicht leicht, aber ich bin ein ernsthafter Mann.
Prinz: Wenn ich einen Seidenschal habe, kann ich ihn um meinen Hals wickeln. Wenn ich eine Blume habe, kann ich sie gießen. Aber Du mit Deinen Sternen kannst nichts machen.
Manager: Ich kann sie in die Bank legen.
Prinz: Was soll das heißen?
Manager: Das heißt, dass ich die Zahl meiner Sterne auf ein Papier schreibe. Und dann sperre ich dieses Papier in die Schublade.
Prinz: Das ist alles?
Manager: Das genügt.
Prinz: Das ist amüsant. Es ist fast ein wenig poetisch, aber es ist nicht ernst zu nehmen. Ich denke da ganz anders.

Solange es Menschen gibt, haben sie versucht, durch Gesetze anderen Menschen zu sagen, was richtig ist. Und wenn sie einmal davon überzeugt waren, dass es gemacht werden muss, haben sie sich daran gewöhnt und dabei vergessen, dass kein Mensch dem anderen gleicht und es daher auch keine absoluten Wahrheiten geben kann. Was für den einen richtig ist, muss für den anderen noch lange nicht stimmen. Es ist eine Frage der Disziplin, die Trägheit zu überwinden und seiner eigenen Stimme zuzuhören, die uns genau sagt, was wir tun müssen und was wir nicht tun sollen. Alles Leben kommt aus der Liebe, daher ist unser Empfinden dorthin orientiert. Seit wir Gesetze haben, hören wir die Stimme nicht mehr, die uns führt, oder wir glauben ihr nicht, wenn wir sie hören. Der Laternenanzünder ist in seiner Pflichterfüllung zur tragischen Figur geworden. Seine Vorschrift hat sich verselbstständigt und ihn seines Willens beraubt. Dieser Teil in uns ist deshalb so schwer zu überwinden, weil er uns Geborgenheit garantiert, solange wir ihm folgen. Alle Institutionen leben davon und sind deshalb

lächerlich, weil sie etwas Abstraktes und in Wirklichkeit die dümmste Einrichtung sind, die sich Menschen geschaffen haben. Wenn wir einmal keine Institutionen mehr haben werden, werden wir einen großen Schritt gemacht haben auf dem Weg zum Sinn des Lebens. Wir werden einander brauchen und dadurch besser verstehen lernen. Wenn wir verstehen, wissen wir, was Liebe ist.

Prinz: Ich weiß zwar nicht, wozu man auf einem Planeten ohne Haus und ohne Bewohner eine Straßenlaterne und einen Laternenanzünder braucht. Aber seine Arbeit hat wenigstens einen Sinn. Es ist eine sehr hübsche Beschäftigung.

Guten Tag. Warum hast Du eben Deine Laterne ausgelöscht?

Laternenanzünder: Das ist Vorschrift. Guten Morgen.

Prinz: Welche Vorschrift?

Laternenanzünder: Die Vorschrift, die Laterne auszulöschen.

Guten Abend.

Prinz: Warum hast Du sie soeben wieder angezündet?

Laternenanzünder: Das ist die Vorschrift.

Prinz: Das verstehe ich nicht.

Laternenanzünder: Guten Morgen. Da ist nichts zu verstehen – Vorschrift ist eben Vorschrift!

Der Geograph und der Weichensteller sind in ihrem Denken jene Bereiche unseres Daseins, die dann entstehen, wenn die Mehrzahl der vorhin aufgezählten Eigenschaften von einer großen Zahl von Menschen Besitz ergriffen hat. Dieses Nichtwissen, wohin die Reise unseres Lebens geht, und das Anklammern an scheinbar wertvolle Dinge ist das Ende des Prozesses, der in das absolute Nichts und zu jenem Tod führt, den wir fürchten müssen, weil dieser Tod das ist, was wir Hölle nennen. Der Zustand, den wir Hölle nennen, ist jenes ausweglose Dasein, das kein Ende hat, aus dem wir nie mehr herauskommen, wo es kein Erkennen mehr gibt, der Zustand aber bleibt. Dort ist aber auch die Einsamkeit unendlich.

Geograph: Ich bin ein Geograph.

Prinz: Was ist das, ein Geograph?

Geograph: Ich bin ein Gelehrter, der sich mit den Meeren, den Flüssen, den Städten, den Bergen und den Wüsten beschäftigt.

Prinz: Wie interessant. Das ist endlich ein richtiger Beruf! Er ist sehr schön, Euer Planet, gibt es da auch Ozeane? Geograph: Das weiß ich nicht.

Prinz: Ach. Und Berge?

Geograph: Ich weiß es nicht.

Prinz: Und Städte, Flüsse und Wüsten?

Geograph: Ich weiß es leider nicht.

Prinz: Aber Ihr seid doch Geograph!

Geograph: Richtig, aber ich bin nicht Forscher. Es fehlt uns gänzlich an Forschern. Nicht der Geograph geht die Städte, Ströme, Berge, Meere und Wüsten zählen. Der Geograph ist zu wichtig, um herumzuwandern. Er verlässt seinen Schreibtisch nicht. Aber er empfängt die Forscher und schreibt ihre Eindrücke auf. Und wenn die Ausführungen eines Forschers beachtenswert erscheinen, lässt der Geograph eine amtliche Untersuchung über den Forscher anstellen.

Prinz: Ich habe auch eine Blume.

Geograph: Wir schreiben Blumen nicht auf.

Prinz: Warum, sie ist das Schönste?

Geograph: Weil Blumen vergänglich sind.

Prinz: Was heißt „vergänglich“?

Geograph: Geographiebücher sind die wertvollsten von allen Büchern. Sie veralten nie. Es ist sehr selten, dass ein Berg seinen Platz wechselt. Es ist sehr selten, dass ein Ozean sein Wasser ausleert. Wir schreiben die ewigen Dinge auf.

Prinz: Aber erloschene Vulkane können wieder aufwachen. Was heißt vergänglich?

Geograph: Ob Vulkane erloschen oder tätig sind, kommt für uns auf das Gleiche heraus. Was zählt, ist der Berg.

Prinz: Und was bedeutet „vergänglich“?

Geograph: Das heißt: „vom baldigen Entschwinden bedroht.“

Prinz: Ist meine Blume vom baldigen Entschwinden bedroht?

Geograph: Gewiss.

Prinz: Meine Blume ist vergänglich und sie hat nur vier Dornen, um sich gegen die Welt zu wehren. Und ich habe sie ganz allein zu Hause gelassen.

Was raten Sie mir, wohin soll ich gehen?

Geograph: Auf den Planeten Erde, er hat einen guten Ruf.

Der Planet Erde hat einen guten Ruf, sagte der Geograph und die Erde ist wahrlich nicht irgendein Planet!

Man zählt da 111 Könige, die Negerkönige inbegriffen, 7.000 Geographen, 900.000 Manager, 7 1/2 Millionen Säufer und 311 Millionen Eingebildete – kurz, ungefähr zwei Milliarden erwachsene Leute.

Um sich einen Begriff von den Ausmaßen der Erde zu machen, muss man wissen, dass man vor der Erfindung der Elektrizität auf allen Kontinenten zusammen eine Armee von 462.511 Laternenanzünder im Dienst hatte.

Hm. Wenn man geistreich sein will, dann kommt es vor, dass man ein bisschen aufschneidet. Denn die Menschen nehmen eigentlich nur sehr wenig Raum auf der Erde ein.

Wenn sich alle Bewohner aufrecht ein bisschen gedrängt hinstellen, wie bei einer Volksversammlung etwa, hätten sie auf einem Feld von zwanzig Meilen Länge und zwanzig Meilen Breite leicht Platz. Man könnte die Menschheit auf der geringsten kleinen Insel des Pazifischen Ozeans unterbringen.

Die großen Leute glauben das freilich nicht. Sie bilden sich ein, viel Platz zu brauchen. Sie nehmen sich wichtig wie Affenbrotbäume.

Aber der Planet Erde hat einen guten Ruf und der kleine Prinz hat ihn besucht.

Schlange: Dein Planet ist schön. Was willst Du hier machen?
Prinz: Ich habe Probleme mit einer Blume.
Schlange: Ach so.
Prinz: Und wer bist Du?
Schlange: Ich bin eine Schlange.
Prinz: Wo sind die Menschen? Man ist ein bisschen einsam in der Wüste.
Schlange: Man ist auch bei den Menschen einsam.
Prinz: Du bist ein drolliges Tier, dünn wie ein Finger.
Schlange: Aber ich bin mächtiger als der Finger eines Königs.
Prinz: Du bist nicht sehr mächtig. Du hast keine Füße, Du kannst nicht einmal reisen.
Schlange: Ich kann Dich weiter bringen als ein Schiff. Wen ich berühre, den gebe ich der Erde zurück, aus der er hervorgegangen ist.
Prinz: Ah.
Schlange: Aber Du bist rein. Du kommst von einem Stern. Du tust mir leid, Du bist so schwach. Ich kann Dir eines Tages helfen, wenn Du Dich zu sehr nach Deinem Planeten sehnst.
Prinz: Ich habe sehr gut verstanden, aber warum sprichst Du in Rätseln?
Schlange: Ich löse sie alle.

Die Schlange, für mich das Symbol des Todes, zeigt uns mit großer Klarheit, dass wir hier nur Gäste sind, und auch dann, wenn wir glauben, dass es ohne uns nicht weitergeht, wird uns bewusst gemacht, wie schnell unser Leben hier zu Ende gehen kann.

In einer Stelle des Buches begegnet der kleine Prinz einer Blume in der Wüste und fragt diese, ob es denn keine Menschen gibt auf der Erde. Die Blume antwortet: „Oh ja, es gibt sieben davon. Sie sind vorhin an mir vorbeigeweht. Sie werden leider nicht lange leben, weil sie keine Wurzeln haben.

Die Begegnung mit dem Weichensteller muss uns sehr nachdenklich stimmen, weil er eine andere Form der Einsamkeit aufzeigt. Auch hier erleben Kinder eine Wirklichkeit, die wir vielleicht vergessen haben. Wir bereisen alle Länder dieser Erde, hinterlassen unsere Spuren in jeder Hinsicht und bedenken gar nicht, dass die dort Lebenden damit weiterleben müssen, wenn wir schon lange nicht mehr dort sind.

Prinz: Guten Tag.
Weichensteller: Guten Tag.
Prinz: Was machst Du da?
Weichensteller: Ich sortiere die Reisenden nach Tausenderpaketen. Ich schicke die Züge, die sie fortbringen, bald nach rechts, bald nach links.
Prinz: Sie haben es sehr eilig. Wohin wollen sie?
Weichensteller: Der Mann von der Lokomotive weiß es selber nicht.
Prinz: Sie kommen schon zurück?
Weichensteller: Das sind nicht die Gleichen. Das wechselt.
Prinz: Waren sie nicht zufrieden, dort wo sie waren?
Weichensteller: Man ist nie zufrieden, dort wo man ist.
Prinz: Verfolgen diese die ersten Reisenden?
Weichensteller: Sie verfolgen gar nichts. Sie schlafen da drinnen oder sie gähnen auch. Nur die Kinder drücken ihre Nasen gegen die Fensterscheiben. Sie haben es gut.

Exupery zeigt im kleinen Prinz aber auch, wie dieser Prozess verhindert werden kann. Ich weiß nicht, ob es noch ein Buch gibt, das mit so tiefen Worten den Weg zur Liebe auszudrücken vermag, wie jene Szene mit dem Fuchs. Ich will gerade diesen Teil nicht dadurch seiner Kraft berauben, dass ich versuche, Zusätzliches zu sagen, jedes Wort spricht für sich selbst.

Prinz: Wer bist Du? Du bist sehr hübsch.

Fuchs: Ich bin ein Fuchs.

Prinz: Komm und spiel mit mir. Ich bin so traurig.

Fuchs: Ich kann nicht mit Dir spielen. Ich bin noch nicht gezähmt.

Prinz: Was heißt das, „zähmen"?

Fuchs: Du bist nicht von hier. Was suchst Du?

Prinz: Ich suche die Menschen. Was heißt „zähmen"?

Fuchs: Die Menschen haben Gewehre und schießen. Das ist sehr lästig. Sie ziehen auch Hühner auf. Das ist ihr einziger Nutzen. Suchst Du auch Hühner?

Prinz: Nein, ich suche Freunde. Was heißt „zähmen"?

Fuchs: Das ist eine in Vergessenheit geratene Sache. Das heißt, sich vertraut machen.

Prinz: Vertraut machen?

Fuchs: Gewiss. Du bist für mich nichts als ein kleiner Knabe, der hunderttausend kleinen Knaben gleicht. Ich brauche Dich nicht und Du brauchst mich auch nicht. Ich bin für Dich nur ein Fuchs, der hunderttausend Füchsen gleicht. Aber wenn Du mich zähmst, werden wir einander brauchen. Du wirst für mich einzig sein in der Welt. Ich werde für Dich einzig sein in der Welt.

Prinz: Ich beginne zu verstehen. Es gibt eine Blume. Ich glaube, sie hat mich gezähmt.

Fuchs: Mein Leben ist eintönig. Ich jage Hühner, die Menschen jagen mich. Alle Hühner gleichen einander und alle Menschen gleichen einander. Aber wenn Du mich zähmst, wird mein Leben anders werden.

Ich werde den Klang Deiner Schritte kennen. Die anderen Schritte jagen mich unter die Erde, der Deine wird mich wie Musik aus dem Bau locken.

Siehst Du dort drüben die Weizenfelder? Ich esse kein Brot. Für mich ist der Weizen zwecklos. Weizenfelder sagen mir nichts. Aber Du hast weizenblondes Haar. Es wird wunderbar sein, wenn Du mich einmal gezähmt hast. Das Gold der Weizenfelder wird mich an Dich erinnern. Und ich werde das Rauschen des Windes im Getreide liebgewinnen.

Bitte … zähme mich.

Prinz: Ich möchte gerne, aber ich habe nicht viel Zeit. Ich muss Freunde finden und viele Dinge kennenlernen.

Fuchs: Man kennt nur die Dinge, mit denen man sich vertraut gemacht hat. Die Menschen haben keine Zeit mehr, irgendetwas kennenzulernen. Sie kaufen sich alles fertig in den Geschäften. Da es aber keine Geschäfte gibt, die Freunde verkaufen, haben die Menschen keine mehr. Wenn Du einen Freund willst, so zähme mich!

Prinz: Was muss ich da tun?

Fuchs: Du musst sehr geduldig sein. Du setzt Dich zuerst ein wenig abseits von mir in das Gras. Ich werde Dich verstohlen, so aus den Augenwinkeln, anschauen und Du wirst nichts sagen. Die Sprache ist die Quelle der Missverständnisse. Aber jeden Tag wirst Du Dich ein bisschen näher setzen.

Prinz: Die Stunde des Abschieds ist nahe.

Fuchs: Geh, und sieh Dir noch einmal die Rosen an.

Und wenn Du mir dann adieu sagst, werde ich Dir ein Geheimnis schenken.

Prinz: Ihr seid gar nicht so wie meine Rose. Niemand hat sich Euch anvertraut und Ihr habt Euch niemandem anvertraut. Ihr seid schön, aber Ihr seid leer. Man kann für Euch nicht sterben. Gewiss, irgendwer, der vorüberkommt, könnte glauben, meine Rose sähe Euch ähnlich.

Aber sie ist wichtiger als Ihr alle, da sie es ist, die ich gegossen habe. Da sie es ist, die ich unter einen Glassturz gestellt habe. Da sie es ist, die ich mit einem Wandschirm geschützt habe. Da sie es ist, deren Raupen ich weggenommen habe – außer der zwei oder drei, wegen der Schmetterlinge. Da sie es ist, die ich klagen oder sich rühmen gehört habe und manchmal auch schweigen. Da es meine Blume ist. Adieu, Fuchs.

Fuchs: Adieu. Hier ist mein Geheimnis. Es ist ganz einfach: Man sieht nur mit dem Herzen gut. Das Wesentliche ist für die Augen unsichtbar.

Prinz: Man sieht nur mit dem Herzen gut. Das Wesentliche ist für die Augen unsichtbar.
Fuchs: Die Menschen haben diese Wahrheit vergessen. Aber Du darfst sie nicht vergessen. Du bist zeitlebens für das verantwortlich, das Du Dir vertraut gemacht hast.
Prinz: Ich bin für meine Blume verantwortlich.

Der kleine Prinz verlässt den Planeten Erde und kehrt zu seiner Blume zurück, die er nun besser verstehen gelernt hat.

Auch wir verlassen eines Tages unseren Körper und es wird davon abhängen, ob unsere Erkenntnis ausreicht, jenen Zustand zu begreifen, der uns erwartet, wenn wir körperlich gestorben sind.

Die Hölle ist für mich jener Zustand, der ein Erkennen ausschließt. Bestimmen wir nicht selbst diesen Zustand, solange wir in dieser Hülle leben?

Jede der aufgezeigten Eigenschaften kann unsere eigene Hölle werden, wenn sie uns beherrscht und wir nicht die Disziplin haben, sie in uns zu beherrschen.

Welche Symbolik das Schaf in diesem Buch ausdrückt, habe ich lange nicht begriffen.

Am Beginn der Erzählung bittet der kleine Prinz den Piloten, ihm ein Schaf zu zeichnen, das er auf seinen Planeten mitnehmen möchte, um nicht allein zu sein. Das einzige Problem ist die Angst, die Blume könnte vom Schaf gefressen werden. Daher zeichnet der Pilot einen Maulkorb. Dabei vergisst er aber, einen Strick zu zeichnen, mit dem das Schaf in der Nacht angebunden werden kann, damit es nicht auskommt und die Blume fressen kann.

Das Buch endet mit dem Satz: Schaut Euch den Himmel an und fragt Euch – hat das Schaf die Blume gefressen oder nicht. Nichts kann auf der Erde unberührt bleiben, wenn irgendwo ein Schaf eine Blume gefressen hat. Schaut Euch den Himmel an und Ihr werdet sehen, wie sich alles verändert.

Das Schaf ist für mich das Symbol der Lieblosigkeit, die wir dann entwickeln, wenn wir die Würde des Einzelnen nicht respektieren, weil Vorurteile unser Denken beherrschen und wir im Streit und Neid einander begegnen.

Diese Ikone habe ich von der Ur-Ikone abgeschrieben, die Andreij Rubljev im 15. Jahrhundert geschrieben hat. Wir sagen deshalb schreiben, weil das Herstellen einer Ikone ein meditativer Vorgang ist.

Der Name dieser Ikone heißt im Russischen „TRINITÄT“ und beschreibt den Besuch von drei Jünglingen bei Abraham. (Gen. 18–33)

Wir verstehen darunter „die Dreifaltigkeit“. Für mich stellt dieses Bild die Dreiheit des Menschen als Abbild Gottes dar. Die drei Gestalten sind symbolisch gemeint und stellen unseren Körper, unsere Psyche und unseren Geist dar. Ich betrachte diese drei Faktoren als in sich geschlossene Einheiten, die immer in der Balance sein müssen.

Um das Modell bildhaft darzustellen, betrachte ich diese drei Faktoren als Säulen. Wenn nun eine dieser drei Säulen übermäßig entwickelt wird, die anderen aber nicht in gleicher Weise angehoben werden, entsteht ein Ungleichgewicht, für dessen Kompensation sehr viel Energie aufgewendet werden muss. Diese Energie fehlt zur Erreichung des übergeordneten Zieles, das ursprünglich angestrebt wurde. Wenn dieses Ungleichgewicht vermieden wird, kann sämtliche Energie zielführend eingesetzt werden.

Beilage 3

Die Zauberflöte
v. W. A. Mozart
nachgedacht v. Walter Oberlechner

1. Ouvertüre

Diese Oper beschäftigt mich seit vielen Jahren. Jeder von uns weiß, dass Mozart nicht nur zu den größten Genies der Musikgeschichte zählt, sondern auch in anderen Bereichen des Lebens außergewöhnliche Begabungen hatte. Mir war immer unverständlich, dass diese Oper nur ein Märchen sein sollte, in dem ein Prinz von einer Schlange beinahe zu Tode gebracht, von drei Damen gerettet, dann im Tempel eines Hohepriesters Prüfungen ablegen muss und zum Schluss in den Bund der Priester aufgenommen wird. Gleichzeitig wird ein Vogelfänger in die gleiche Situation gebracht. Weil er den Mund nicht halten kann, wird ihm ein Schloss umgehängt, und erst nachdem er versprochen hat, brav zu sein, wird er wieder davon befreit. Er wünscht sich eine Frau, mit der er viele Kinder bekommen kann, sie schaut so aus wie er, beide sind glücklich, der Prinz bekommt seine Pamina und alle sind glücklich.

Durch einige Aussagen und Gesänge werden Parallelen zur Freimaurerei hergestellt und damit hat sich die Geschichte.

In einer Neuinszenierung bei den Salzburger Festspielen wird eine Inszenierung gezeigt, die mit dem Geist der Zauberflöte, wie sie Mozart empfunden hat, nichts mehr zu tun hat.

Die Hauptfigur ist Papageno, dem von den drei Weibern (so verhalten sie sich) die Zähne ausgeschlagen werden, er kann dadurch nicht mehr sprechen, aber blöd auf der Bühne herumspringen und tote Vögel den Menschen am Markt verkaufen. Ein Team von Wissenschaftlern beschäftigt sich mit den beiden Männern Tamino und Papageno, sie werden verhaftet, von Professoren auf der Bühne hin und her gezerrt, dazwischen singt der Oberprofessor, als Sarastro gekennzeichnet, mit einer Batterie auf seiner Brust und einem Schlauch bis zu seinem Hinterkopf die vorgesehenen Arien, dazwischen blödeln junge Studenten in ihren Bänken. Drei Knaben mit ein paar Haaren auf dem Kopf, aber so angezogen wie die Professoren, versuchen, den beiden armen Verfolgten in ihrer Not zu helfen. Pamina wird von einem schwarzen Professor fast vergewaltigt, Tamino darf aus unerfindlichen Gründen nicht mit ihr reden, daher ist sie verzweifelt und versucht, sich umzubringen. Papageno erhält seine Zähne, die er auf der Bühne wieder eingesammelt hat, in seinen Mund zurück, er kann wieder sprechen und lacht vergnügt. Ein verkrüppeltes Weib behauptet, Papagena zu sein, Papageno nimmt sogar in seiner Not sie zu seinem Weib und plötzlich ist sie schön und jung. Tamino darf mit Pamina in die Akademie aufgenommen werden, die Mutter von Pamina verflucht ihre Tochter, weil sie nicht das tut, was sie will, und verschwindet. Die Oper endet, die befrackten Besucher spenden frenetischen Applaus, sie erinnern mich sehr an Freimaurer, die auch bei einer Rezeption so angezogen sind. Vielleicht sind sogar viele von ihnen dabei.

Warum kritisiere ich diese Aufführung so negativ? Wo bleibt der zweite Teil der Oper, die Mozart wirklich schrieb? Der Mensch besteht nicht nur aus dem Körper, der je nach Ausbildung erfolgreich das Leben zu meistern scheint. Der Mensch besteht in erster Linie aus jenem Bereich, der dem profanen Mann durch seine genetische Behinderung fremd ist, nämlich der Fähigkeit, sich selbst und dadurch auch einen anderen Menschen wirklich zu mögen, weil nur die Liebe zu sich selbst das geforderte Verhalten ermöglicht. Eine Loge ist ein Ort, an dem Männer versuchen, dem Schöpfungsauftrag gerecht zu werden und jene Gesetze der Freimaurerei zu erlernen, die helfen sollen, den Geist zu erhellen und das Herz für alles Wahre und Schöne zu erwärmen. Menschenliebe ist nicht, scheinbare Harmonie zu spielen, sondern die Auseinandersetzung von Männern, die lernen wollen, den anderen Bruder in seinem Anderssein zu verstehen und ihn deshalb auch zu achten. Das Einzige, was von der Mehrheit der Loge wirklich akzeptiert wird, ist jeder Bruder, der immer wieder versucht, auf die Verpflichtung hinzuweisen, dass sie nicht in einem Club sind, sondern Freimaurer werden wollen. Das passt zu jenem Mozart, für den die Aufnahme in den Bund ein schicksalhaftes Ereignis war. Wir wissen, dass die 7 Jahre, während derer auf den Tag genau Mozart Freimaurer war, ihn mehr verändert haben als die 30 Jahre vorher. Sein Leben bis dahin verlief so, wie es nur wenigen gegönnt war und ist. Als Wunderkind stand er schon im Mittelpunkt der allgemeinen Aufmerksamkeit und es war ihm möglich, sich Zeit seines Lebens beinahe alle Wünsche zu erfüllen.

Allein seine Beziehung zu den Frauen, war so extrem und ausschweifend – viele Briefe zeugen von dieser Grundhaltung – dass die Gefahr sehr groß war, sich in dieser Leidenschaft zu verlieren. Auf der anderen Seite war er zügellos beim Geldausgeben für sich selbst. Daher die ständige Geldknappheit und die Gefahr der Verarmung.

Er hatte das Glück, in eine Loge aufgenommen zu werden, in der die damalige geistige Elite fast vollzählig versammelt war. Das war für ihn eine Herausforderung und auch die Basis für sein zukünftiges Denken und Handeln. Ignaz v. Born, Sonnenfels, Van Swieten, Joseph Haydn, Schikaneder, aber auch Angelo Soliman, der erste Farbige in der FM, den Kaiser Franz 2. nach seinem Tode sogar ausgestopft hat. Ich gehe davon aus, dass diese Menschen den Bund sehr ernst genommen haben und auch Erkenntnisse über das Wesen der Freimaurerei hatten, die uns weitgehend abhandengekommen sind oder aber von uns gar nie bis in diese Tiefe erkannt wurden. Ich gehe weiter davon aus, dass Mozart durch diese Gemeinschaft in seinem musikalischen Schaffen völlig neu geprägt wurde. Diese Behauptung lässt sich sehr gut nachvollziehen, wenn man seine Kompositionen kennt, die er in den 7 Jahren vor seinem Tod geschaffen hat. Besonders in den letzten 2 Jahren seines Lebens entstanden Werke, die dem

Einfluss der FM zuzuschreiben sind. Besonders bei einem Genie wie Mozart hinterlässt ein geistiger Prozess, der für mich zweifelsfrei in seiner Loge stattgefunden hat, Spuren, die sich in seinem Schaffen auswirken mussten. Daher ist für mich gerade die „Zauberflöte" sein vorletztes Werk, das eine völlig andere Botschaft überbringen sollte. Sicher war es für Schikaneder und Mozart schwer, eine Oper zu schaffen, die alle Geheimnisse der FM enthielt, aber von Nichteingeweihten nicht erkannt werden sollte. Wenn wir genau hinhören und wir wissen, dass es für diese Oper zwei Libretti gibt, dann bemerken wir, dass Schikaneder ein Libretto geschaffen hat, das die eigentliche Handlung verdecken sollte. Der Zuschauer glaubt, in einem Märchen zu sein. Mozart wiederum hat alle Arien nicht nur komponiert, sondern auch die Texte dazu geschrieben. So sind zwei Opern entstanden, und nur Eingeweihte erkennen diese Dualität vielleicht.

Für mich ist diese Oper eine rückblickende Beschreibung seines eigenen Lebens als Freimaurer. Alle Erlebnisse, die ihm von der ersten Kontaktnahme mit Brüdern bis zum Zeitpunkt der Erhebung bewusst wurden, hat er versucht, in diesem Werk auszudrücken. Erst als Wissender wurde ihm bewusst, welche geistigen Widersprüche zu seinem bisherigen Leben auf ihn zugekommen waren. Alles, was bisher für ihn wichtig war, wurde durch den Bund infrage gestellt. Dieser Kampf, den eigentlich jeder Freimaurer in irgendeiner Form ausfechten muss, war bei ihm besonders stark, weil ja sein bisheriges Leben in Wirklichkeit keinen Sinn ergeben hatte. Aber auch die Erkenntnis, wie viel er an sich entwickeln musste, könnte zu der Figur der Königin der Nacht geführt haben. Für mich ist diese Gestalt das Prinzip der Polaritäten. Der Kampf der Unwissenheit gegen die Veränderung zum Wissenden. Der Widerstand in einem selbst, wenn neue Erkenntnisse auch Konsequenzen bei sich selbst verlangen. Dies ist symbolisiert durch den absoluten Kampf zwischen Licht und Finsternis. Beide sind gleich mächtig dargestellt. Ich könnte mir nun vorstellen, dass Mozart die Figur des Tamino sich selbst zugeschrieben hat. Wenn dem so ist, dann ergibt dieses Werk einen Sinn und eine unglaubliche Vielfalt an Symbolen und für Freimaurer eine Biografie des Bruders Mozart. Seine Gedankenwelt, seine Ängste und Erfahrungen mit Brüdern, sein Streben nach der geistigen Vollendung und sein Zwiespalt mit sich selbst geben uns einen Einblick, der uns bei der Suche nach uns selbst sehr helfen könnte.

Unter diesen Gesichtspunkten ergäbe sich folgende Geschichte:

Tamino (Mozart) droht, in den Fängen seiner Leidenschaft zugrunde zu gehen. Die drei Grade (hier in der Form der drei Grazien) befreien ihn von seiner Verwirrung, die drei Buben (die drei kleinen Lichter, Winkelmaß, Zirkel und die Bibel), bieten ihm Werkzeuge an, mit deren Hilfe er seine Schwächen überwinden könnte.

Mozart erkennt nach sieben Jahren Zugehörigkeit zur Freimaurerei, dass dieser Bund seine menschliche Entwicklung vollkommen beeinflusst hat.

Seine Einstellung zur Frau, die für ihn bisher ein Objekt für seine Lust war, wird im Bund zum Teil bestätigt, weil eine Frau auch in der damaligen Freimaurerei mit dem Mann nicht auf einer Stufe gestanden hat. Hier erkennt Mozart aber auch, dass diese Grundhaltung mit Menschlichkeit wenig zu tun hat. In der Figur der Pamina zeichnet er nun eine Frau, die, mit ihm gleichgestellt, am Ende der Oper in den Bund aufgenommen wird. Im Text können wir lesen: „Ihr hoher Zweck zeigt deutlich an: – Nichts Edlers sei als Weib und Mann. – Mann und Weib, und Weib und Mann – reichen an die Gottheit an."

Doch vorher erleben wir die Auseinandersetzung innerhalb der Loge. Viele Textstellen weisen auf die untergeordnete Rolle der Frau hin und „begründen" schon damals, „warum eine Frau im Bund nichts verloren hat".

Monostatos, ein Diener Sarastros im Tempel, der versucht, Pamina zu verführen, führt uns zu einem Problem, das heute genauso aktuell ist wie zur Zeit Mozarts. Schon damals unterstellte man Personen anderer Rasse, keine vollwertigen Menschen zu sein. Hier waren die Freimaurer durch die Aufnahme Angelo Solimans zwar schon einen Schritt weiter, (durch die Heirat mit einer Adeligen wurde er in der Gesellschaft akzeptiert und lebte dadurch wie diese). Aber auch sie konnten nicht verhindern, dass dieser nach seinem Tode ausgestopft im Kuriositätenkabinett Franz II. landete. Die Nöte dieser Farbigen hören wir in der Arie des Monostatos.

Auch Ignaz v. Born, der in der Figur des Sarastro zweifelsfrei erkennbar ist, war für Mozart ein Problem, weil dessen Autorität für Mozart einerseits wichtig war, andererseits aber seine Unsicherheit vor seinem Vater aktivierte (dieser war übrigens auch Freimaurer). Born war Ägyptologe, dadurch entstand die Überlegung, die Handlung nach Ägypten zu verlegen. Joseph Haydn war der Bürge Mozarts. Einerseits bewunderte er Born wegen dessen Weisheit, andererseits war es für ihn schlimm, erkennen zu müssen, dass dieser in der Theorie zwar einen Weg zur Vollendung erkannte, aber in der Praxis oft meilenweit von dem Ideal entfernt war. Wir wissen, dass Born seine Loge sehr straff führte und von außen als eitel und machthungrig beschrieben wurde.

Die Figur des Papageno könnte Schikaneder selber sein. Er wird von Zeitgenossen als Komödiant und Luftikus beschrieben, der immer in Geldnot war und ein eher flatterhaftes Leben führte. Seine Einstellung der Freimaurerei und den Frauen gegenüber erkennt man sehr gut in der Figur der Papagena und so, wie er sich selbst darstellt, erkennt man, wie schwer es für ihn gewesen sein muss, einerseits der Forderung des Bundes gerecht zu werden, andererseits seinen Neigungen und Trieben zu widerstehen.

Ich könnte mir auch vorstellen, dass Mozart die beiden Figuren, Tamino und Papageno, als Polarität darstellen wollte, wie überhaupt alle Figuren in Polaritäten aufgelöst wurden. Einerseits das Streben der Brüder nach geistiger Erkenntnis, andererseits die reine Körperlichkeit, die zum Hindernis wird.

Wie sehr in diesem Werk die Loge gemeint war, geht aus einem Quintett (die drei Damen, sowie Tamino und Papageno) hervor, das folgenden Text zum Inhalt hat:

Bekämen doch die Lügner alle – ein solches Schloss vor ihren Mund – statt Hass, Verleumdung, schwarzer Galle – bestünde Lieb im Bruderbund. Später wurde das Wort „im“ durch das Wort „und“ geändert, um die Nähe zur FM auszuschließen.

Auch die verschiedenen Tiere, die ja schon in der Uraufführung eine Rolle spielten, sollten verschiedene Charaktereigenschaften der Brüder symbolisieren. Dieser Blick in den eigenen Spiegel mag wohl auch die Ursache für die große Verstimmung innerhalb der Loge gewesen sein, die, nach der Uraufführung der Oper –, und Schikaneder getroffen hat. Beiden war es unverständlich, warum die Brüder diese Darstellung, die ja keinem Außenstehenden so bewusst war wie den Mitgliedern der Loge, so bekämpft wurde.

Die Uraufführung fand am 30. September 1791 im Theater an der Wieden statt. Dieses Theater steht heute nicht mehr. Erst durch den großen Erfolg, den diese Oper Schikaneder bescherte, konnte er das heutige Theater an der Wien bauen. Besonders auffallend ist das Programmheft, dem Unkundigen verhüllt, dem Eingeweihten offenbar als Bildchiffre an der Stirnseite des Heftes. Alberti, einer der berühmtesten Verleger und Drucker seiner Zeit, war Freimaurer und Bruder in der Loge Mozarts. Es ist nicht sicher, ob er das Bild auch entworfen hat. Es fehlt an der rechten Seite unten die Eingravierung „fecit“, die in solchen Fällen immer auch dabeisteht. Graviert wurde es auf jeden Fall von ihm selbst.

Der Prager Mozart-Forscher, Paul Nettl, hat im Anschluss an frühere Autoren die freimaurerischen Bezüge der Oper 1932 in seiner Schrift „Mozart und die königliche Kunst“ ausgewiesen. Die mit drei Adagio- Dreiklängen der Ouvertüre anhebende und sich durch das ganze Werk ziehende heilige Dreizahl gehört dazu, aber auch musikalische Chiffren wie das klopfende Fugenthema der Ouvertüre, das das Behauen des Steines – also die Bildung des Prüflings – symbolisiert.

Mozart entnahm es einer Sonate von Clementi, die dieser 1782 bei dem berühmten Wettspiel mit Mozart vor Joseph II. vorgetragen und später veröffentlicht hatte.

Nettl bezieht auch die oft übersehene Titelseite des Programmheftes mit Recht in den Kreis der Deutung ein. Sie stellt die Pforte zu den Einweihungsräumen ein. Von der Decke hängt der fünfzackige Stern, das Zeichen des zweiten Grades, rechts unten finden wir Winkelmaß und Kelle, die Zeichen des ersten Grades, während die Sanduhr das des dritten Grades bedeutet.

Es ist merkwürdig, dass weder Nettl noch ein anderer Mozart-Interpret auf den zu dem Stern aufblickenden Neophyten verweist.

Keiner deutet die Tier- und Schriftzeichen auf Vase und Obelisk.

Nettl übersieht das bedeutende Symbol des Kruges, der neben der Sanduhr aufgestellt ist, die Sense, deren Blatt beide überschneidet, erscheint ihm als Winkelmaß. Eine Maurerkelle zeichnet sich durch einen kurzen, gebogenen Stil aus – das Gerät, das neben der Sense aus dem Boden ragt, hat einen langen und geraden; es ist offenbar ein Spaten. Wenn wir uns an das Bild halten, namentlich an den rätselhaft körperlosen Jüngling mit der bloßen Schulter, dem zurückgelehnten Kopf, der, wenn man die ganze Szene als Konzentrat eines Bühnenbildes nimmt, als Darstellung Taminos zu gelten hat. Er sieht auf einen fünfzackigen Stern, aus dessen Mitte eine Flamme hervorzuzüngeln scheint. Das ist das pythagoreische Zeichen, auch Drudenfuß oder Pentagramm genannt. Im Faust macht es dem Mephisto Pein, den Mystikern der Antike, Pythagoreern, Gnostikern, Neuplatonikern, Druiden – galt es als das Symbol der Vollkommenheit und des Weltalls. Es ist eine Variante des flammenden Sterns, der in allen zeitgenössischen Darstellungen der Freimaurerei als ein Hauptzeichen der Lehrlingseinweihung erscheint, eines Fünfzacks mit Flammen in den Winkeln, die hier ins Innere verlegt sind. Der Suchende, der zu dem Zeichen der Erleuchtung emporblickt, hat sich seiner Kleider, der Abzeichen seines Standes, entledigt; mit bloßem Oberkörper tritt er dem Mysterium gegenüber. Hinter seinem Rücken erkennen wir die Symbole der Vergänglichkeit und des Todes. Der Erdboden, aus dem die Architekturen aufwachsen, aber auch das wolkengleich vordringende Felsgestein, deuten auf die Rauheit des Weges, der den Abgrund des Erd- und Zeitverhafteten hinter sich lässt. Er führt zwischen den Symbolen der Verführung hindurch; die beiden Vasenmänner mit den

Tierunterleibern und aus dem Ohr quellenden Zopffesseln veranschaulichen die Lage dessen, der den Lockungen erliegt. Die Schlangen auf dem Deckel des Gefäßes mahnen an die Quaste, die sich auf dem Einweihungsgrundriss zum Knoten der Unendlichkeit verbindet. Überhaupt ist das Zeichen der Schlange doppeldeutig. Die Paradiesschlange steht für Verführung und Begierde; andererseits ist die Schlange das Emblem der Ewigkeit.

Mit bildhafter Deutlichkeit beschreibt Albertis Radierung die beiden Welten, aus denen Mozarts Oper sich aufbaut. Auf der einen Seite das Bild mystischer Einweihung, die durch den Stern der Vollkommenheit fort von den Abgründen des Erdverhafteten, den Verlockungen der Sinnlichkeit führen lässt, auf der anderen Seite dargestellt als Tiermännchen an den Fuß der Vase geschmiedet. Der Dualismus des Werkes ist nicht zu übersehen. Keine spätere Interpretation des Werkes geht auf dieses Urkonzept Mozarts so ein wie die Titelseite dieses Programmheftes.

Kein Zweifel besteht darin, dass Mozart das von Schikaneder geschriebene Libretto für seine Gedankenwelt umgeschrieben hat.

Ich möchte meine Gedanken über dieses Werk mit einer Textstelle aus dem ersten Akt schließen. Tamino wird von den drei Knaben in den Vorhof des Tempels geführt und will dort den Tempel betreten. Voll Enthusiasmus singt er: „Die Weisheitslehre dieser Knaben – sei ewig mir ins Herz gegraben.

Wo bin ich nun? – Was wird mit mir?
Ist dies der Sitz der Götter hier? Doch zeigen die Pforten
es zeigen die Säulen, dass Klugheit und Arbeit und Künste hier weilen.
Wo Tätigkeit thronet und Müßiggang weicht,
erhält seine Herrschaft das Laster nicht leicht.
Ich wage mich mutig zur Pforte hinein, die Absicht ist edel
und lauter und rein. – Erzittre feiger Bösewicht!
Paminen retten ist mir Pflicht.

Beilage 4

Ich ertrage es nicht mehr, dass sich Mozart nicht mehr gegen die Inszenierungen in Salzburg und im Steinbruch wehren kann, weil seine geniale Gedankenwelt in diesen Inszenierungen verblödet und für debile Menschen missbraucht wird. Es fehlt der Respekt vor ihm, seiner Musik und seiner Gedankenwelt. Die Zauberflöte ist sein Testament als Freimaurer, in dem er der Nachwelt seine Erkenntnis über unser Leben und seine Erlebnisse, die zu dieser Erkenntnis geführt haben, mitteilt und nichts anderes. Auch Kreativität hat seine Grenzen dort, wo es um den Respekt vor dem geht, der sich nicht mehr wehren kann.

Beilage 5

Die Gesetze der Masse und ihre Auswirkungen auf das Individuum

Walter Oberlechner

Otto Griebel Die Internationale 1929–30 Deutsches Historisches Museum Berlin www.dhm.de Bild und Bildausschnitt

Zu diesem Thema haben sich schon viele geäußert, aber ich beschäftige mich seit meiner beruflichen Ausbildung sehr intensiv mit diesem Phänomen, welches das Individuum in einer anonymen, geheimnisvollen Kraft aufgehen lässt. Theater, Seminare, Führung in Betrieben.

Viele Umsetzungen von Erkenntnissen Einzelner wurden oft verhindert, weil diese sich selbst im Wege gestanden sind, weil sie, eingebunden in diese Gesetze, nicht so handeln können und konnten wie sie wollten. Erst wenn wir den Mut haben uns selbst zu überwinden, besteht eine Chance auch diese Gesetze zu überwinden um wir selbst werden zu können.

Die Gesetze der Masse werden im Allgemeinen nicht unterrichtet, aber schon die alten Griechen und auch die Römer haben diese Gesetze benutzt um Massen zu beeinflussen und zu manipulieren. Die Dominikaner und auch die Jesuiten benutzten diese Gesetze für ihre Absichten. Gerade diese Orden haben es in der Beherrschung der Massengesetze zu einer Meisterschaft gebracht, die nur von Hitler und seinen Helfern noch übertroffen wurde. Goebels war übrigens auch ein Jesuitenschüler.

Im Buch „Masse und Macht „von Elias Canetti, werden neben Masse und Meute auch Bestandteile der Macht Elemente und Aspekte, aber auch „Eingeweide“ der Macht dargestellt, die jedoch fast ausschließlich aus Unterlagen aus der Frühzeit der Menschheitsgeschichte oder aus der Krankheitsgeschichte - wie der Paranoia erläutert werden. So verwendet Canetti beispielsweise bei seiner Bestimmung der Besonderheiten der Nationen für die deutsche Nation das Massensymbol des Waldes:

„Das Massensymbol der Deutschen war das Heer. Aber das Heer war mehr als das Heer: Es war der marschierende Wald." Daraus wird nun eindimensional abgeleitet, dass das Verbot der allgemeinen Wehrpflicht durch den Versailler Vertrag dieses Massensymbol so beschädigt habe, dass daraus der Nationalsozialismus entstand: „Das Verbot der allgemeinen Wehrpflicht ist die Geburt des Nationalsozialismus", heißt es lakonisch. Man sollte das Buch gelesen haben, wenn man Canetti und seine Ansichten besser kennen lernen und verstehen will, gerade auch wegen mancher Einseitigkeit, Übertreibung, betonter Originalität oder reiner Provokation. Den großen Anspruch aber, den man zu Beginn der Lektüre hat, wird man zurückschrauben müssen. Als Canetti sein Buch Masse und Macht beendet hatte, schrieb er den stolzen Satz: „Jetzt sage ich mir, dass es mir gelungen ist, dieses Jahrhundert an der Gurgel zu packen."

Ein Kritiker schrieb darauf: „Wenn ich ehrlich sein soll: Die Gurgel hat er wohl nicht erwischt. Es war höchstens die Schulter, an der er ein wenig gerüttelt hat". Um uns eine Vorstellung von den Eigenschaften und der Zusammensetzung von Massen zu geben, mochte ich die Ausführungen Le Bons zu den Merkmalen von psychologischen Massen ganz allgemein betrachten. Eine psychologische Masse besteht demnach aus einer Vielzahl verschiedener Einzelindividuen, mit ihren ganz persönlichen Eigenarten, bezüglich ihres Charakters, ihrer Lebensweise und ihrer Intelligenz, die durch den Um- stand der Vereinigung in einer Masse für diesen Zeit- raum - eine Art Gemeinschaftsseele ausbilden. Diese Gemeinschaftsseele veranlasst die Individuen kollektiv zu denken, zu fühlen und zu handeln, und zwar in einer Art und Weise, die im völligen Gegensatz zu den Einzel-Interessen des Individuums stehen kann. Der Grund hierfür liegt im unbewussten Seelenleben (Triebe, Leidenschaften, Gefühle), welche im Vergleich zum bewussten Geistesleben den größten Teil der men- schlichen Psyche bestimmt. Die Merkmale des Unbewussten werden über die Vererbung beeinflusst und bilden hierüber die Seele aus. Die unbewussten Eigenschaften der Individuen eines Kulturkreises sind somit die Basis ihrer Ähnlichkeit und durch die bewussten Anlagen, die durch Erziehung angeeignet werden, unterscheiden sich die einzelnen Individuen.

Die individuellen Eigenschaften des Einzelnen, welche bewusst gesteuert werden, werden in der Masse unwirksam und die unbewussten Motive der Seele gewinnen die Überhand. Die Gesamtheit dieser unbewussten Motive, der Einzelindividuen der Masse, bildet den durchschnittlichen Charakter der Masse mit neuen Eigenschaften.

Le Bon findet die Ursachen zur Entstehung dieses Massencharakters in drei entscheidenden Punkten:

- Der erste Punkt ist ein Gefühl von Macht und Anonymität, welche aufgrund der Menge Triebe zulassen, die das Einzelindividuum notwendigerweise zügeln würde. Hier sind insbesondere die Ausschaltung des Verantwortungsgefühls und des Gewissens gemeint.
- Als zweites ist hier die geistige Übertragung oder, nach Freud, die Ansteckung zu nennen. Demnach wirken Handlungen und Gefühle, die innerhalb der Masse entstehen, hochgradig ansteckend auf den Einzelnen und zwar in solchem Ausmaß, dass die Interessen des Einzelnen leicht dem Gemeininteresse geopfert werden können.
- Den dritten und wichtigsten Umstand, welcher der Masse ihren neuen Charakter verleiht, ist die Suggestivkraft des Führenden. Sie ist ein Zustand der Beeinflussbarkeit unter völligem Wegfall des Persönlichkeitsbewusstseins und der Ausrichtung der Handlungsbereitschaft, also der Gedanken und Gefühlen in Richtung des Hypnotiseurs. Damit sich aus einem zufälligen Haufen, eine Masse im psychologischen Sinn nach Freud bilden kann, ist die Bedingung des Vorhandenseins einer Gemeinsamkeit der Individuen, also das gemeinsame Interesse an einem Objekt und eine gleichartige Gefühlsrichtung als Voraussetzung zu sehen.

Ich möchte mich nun dem Begriff der Libido zuwenden, der uns zu einer ersten Vermutung, bezüglich der Art der Gemeinsamkeiten bei den Massenindividuen, fuhren wird. Die Libido wird als quantitative Große betrachtet und stellt die Energie all jener Triebe dar, die im Allgemeinen als Liebe bezeichnet werden. Der Begriff Liebe umfasst wiederum die Geschlechtsliebe, die Selbstliebe(Narzissmus), die Eltern- und Kindesliebe, die Freundschaft, die allgemeine Menschenliebe, als auch die Hingebung an Gegenstände und abstrakte Ideen.

Freud erläutert an den Massen der Kirche und des Heeres die Wirkungsweise der Liebe und kommt hierüber zu dem Schluss, dass die Grundvoraussetzung für den Zusammenhalt und somit für die Existenz der Masse, im Vorherrschen der Illusion liegt, dass der Führer (Oberhaupt) alle Individuen der Masse gleichermaßen liebe.

Dadurch entsteht die Bindung der Individuen an den Führer, welche wiederum die Voraussetzung für die Bindung der Einzelindividuen untereinander darstellt. Die Liebesbeziehungen oder Gefühlsbindungen sind somit Wesen und Bestandteil der Massenseele und finden darin Ausdruck, dass der Einzelne seine Eigenarten in der Masse aufgibt, wenn er das Bedürfnis hat, im Einklang statt im Gegensatz mit den anderen Mitgliedern der Masse zu stehen. Der Einzelne gibt also seine Individualität den Anderen zuliebe auf.

Um ein umfassenderes Verständnis bezüglich dieses Sachverhaltes zu erlangen, ist es interessant zu erfahren, welcher Art die Gefühlsbindungen innerhalb der Masse sind. Freud benennt hierzu die Identifizierung als erste überhaupt auftretende Gefühlsbindung an eine andere Person und beschreibt diese im Zusammenhang des Ödipuskomplexes sehr ausführlich. Das Entstehen einer neuen Bindung ist also abhängig vom Umfang der Identifizierung und wird umso fester, je großer der Grad der Identifizierung ist.

Folglich müssen wir uns fragen, durch welchen Umstand die Individuen der Masse an den Führer gebunden sind. Die Bindung der Massenindividuen an den Führer ist demzufolge durch den Grad der Verliebtheit zum Führer bestimmt und von ihr abhängig. Zum anderen ist die Verliebtheit zum Führer jene ausschlaggebende Gemeinsamkeit über welche sich die gegenseitige Identifikation der Massenindividuen untereinander vollzieht.

Im Zusammenhang mit dem Führer meint Freud, dass sich in der Masse ein soziales Gefühl entwickelt, welches sich auf einer Umwandlung von zuerst feindseligen Gefühlen in eine positive Bindung, über den Weg der Identifizierung vollzieht. Diese Gefühlsumwandlung setzt jedoch eine gemeinsame zielgehemmte Liebesbindung an eine sich außerhalb der Masse befindlichen Person voraus.

Als weiteren Punkt möchte ich festhalten, dass die Masse die Gleichstellung aller sich in ihr befindlichen Individuen fordert, von der die Person des Führers allerdings ausgeschlossen ist. Von ihm wird vielmehr verlangt über der Masse zu stehen und dieselbe zu beherrschen. Somit ist die Masse immer an den Führer gebunden, wohingegen der Führer eine unumschränkte Freiheit besitzt. Sein Wille und sein Selbstbewusstsein, als Einzelperson, sind stark und unabhängig und er benötigt keinerlei Zustimmung um seinen Willen auch als Einzelperson durch- setzen zu können. Diese Tatsache beruht auf extremer Eigenliebe. Anders ausgedrückt gibt es in seinem Ich keine überschüssige Liebe, die er an andere abgibt. Demzufolge werden andere Personen von ihm nur insoweit geliebt, als sie einen Vorteil für ihn versprechen. Der Führer darf also absolut narzisstisch sein und braucht niemand anderen zu lieben. Im Gegenzug muss er jedoch Selbständigkeit und Selbstsicherheit ausstrahlen. Folglich unterliegt die Masse also einer Illusion, wenn sie glaubt, dass ihr Führer jeden Einzelnen gleichermaßen liebt. Auf der anderen Seite ist die Illusion grundlegender Bestandteil der Massenseele, sie wird von ihr gefordert und hat stets den Vorrang vor der Realität. Dennoch wird die Masse von Fantasie und Realität gleich stark beeinflusst, wobei es zu einer Vermischung von Beidem kommt.

Um den Führerstatus zu erlangen, muss der Führer Eigenschaften besitzen, die das Individuum gerne selbst hätte. Die Masse erhebt ihn auf Grund dessen zu einer Art Überwesen, worauf er sonst wohl keinen Anspruch hätte. Andere Personen, deren Ich-Ideal nicht im Führer verkörpert wird, werden in der Folge durch Identifizierung angesteckt und mitgerissen.

Die Illusion stellt eine grundlegende Forderung der Masse dar und wir schließen daraus, dass sie vom Führer befriedigt werden muss.Demzufolge wird die Einbildungskraft der Massen durch Bilder erweckt, welche zwar nicht immer vorhanden sind, aber durch die geschickte Anwendung von Worten und Redewendungen, seitens des Führers, erzeugt werden können.

Als weiterer wichtiger Punkt erscheint mir, dass der Wirkungsgrad der Worte und Redewendungen im Laufe der Zeit Abnutzungserscheinungen aufweist und deshalb durch neue ersetzt werden muss, um die Illusionen der Masse aufrecht zu erhalten. Damit sie jedoch eine längerfristige Wirkung bei den Massen erzeugen kann, braucht sie die Wiederholung. Denn nur wenn die Behauptung ständig, mit möglichst denselben Ausdrucken wiederholt wird, kann sich der Inhalt im Unterbewusstsein der Masse festsetzen und schließlich zur Wahrheit bei der Masse führen.

Nach der Analyse psychologischer Massen lassen sich nun erste spezifische Eigenschaften bestimmen, welche den Publikumsmassen zugrunde liegen.

Eine Publikumsmasse ist demzufolge eine teilnehmende Menschenmenge (Zuhörer-, Zuseher-, Leser-, Besucherschaft) von Menschen, die sich aus Einzelindividuen zusammensetzt, welche ihre Gedanken und Gefühle auf ihr Idol ausrichtet und die durch ihr Unbewusstes geleitet wird. Zudem steht sie unter permanentem Einfluss ihres Idols und der Massenmedien, hauptsächlich von Presse und Videos, aber auch Film und Literatur, und übernimmt die Merkmale ihres Idols, wie Kleidung, Frisur, Vokabular, Textinhalte, sowie deren Einstellung zum Leben, zur Politik und Umwelt, in ihrer Lebens- und Denkweise und machen sie somit zu ihrer Kultur.

Ein kontinuierlicher materieller Bestand der Fanmasse, also eine Verweildauer von mehreren Jahren, ist jedoch von verschiedenen Einflussfaktoren abhängig, welche auch wechselseitig wirken. Hier lässt sich der Erfolg und die mehr oder weniger kontinuierliche Präsenz und Existenz des Idols innerhalb der Medienlandschaft, welche im Wesentlichen von den Fans abhängig zu machen ist nennen und natürlich auch die Ausbildung und Übernahme einer jeweiligen Fankultur. Ein Gefühl zur Natur, Funktion, Leistung und zum Anspruch der Masse, haben insbesondere die Hippie-, Punk- und Technobewegung erlangt.

Hier muss ich jedoch die Einschränkung machen, dass sich die Fanmassen zu mehreren Idolen hingezogen fühlen, welche den Geist der Bewegung verkörpern. Die Traditionen und Gebräuche innerhalb der Publikumsmassen liegen vor allem in Veranstaltungen auf denen die spezifischen Drogen, Outfits und Verhaltensweisen uneingeschränkt ausgelebt werden können, wie beispiels- weise in Woodstock oder der alljährlich in Berlin stattfindenden Love Parade.

Des Weiteren zählen Fanpartys dazu, welche heute besonders verbreitet sind. Am deutlichsten lässt sich dieses Fanverhalten an pubertierenden Jugendlichen beobachten, da dieser Personenkreis, im Zuge des Erwachsen- Werdens, unbewusst auf der Suche nach neuen Vorbildern ist, um sein Ich-Ideal neu auszubilden. Findet ein Jugendlicher sein Vorbild in einem Idol, wird er versuchen sein Ich-Ideal dem Ideal des Idols anzugleichen. Als Äußerung dieses Prozesses vollzieht sich beim Fan eine Veränderung der Äußerlichkeiten, wie Frisur und Kleidung, als auch des Vokabulars, sowie der Denk- und Lebensweise in die Richtung des jeweiligen Idols. Als Folge hiervon erleichtert sich die Identifizierung der Fanmassen untereinander erheblich, da nicht nur die Verliebtheit zum Idol, sondern auch die äußere Erscheinung als Gemeinsamkeit vorhanden ist und somit die Zusammengehörigkeit der Fanmasse erkennen lässt.

Ein Führer muss ein ausgeprägtes Selbstbewusstsein besitzen. Die Frage ist nun wie sich dieses Selbstbewusstsein in der Person des Idols erkennen lässt. Um dieses näher zu beleuchten hat uns der Zufall ein geradezu ideales Anschauungsobjekt in der Person des Daniel Küblböck zur Verfügung gestellt, welcher durch die RTL- Show„Deutschland sucht den Superstar" zu einem Massenidol geworden ist. Trotz des Wissens, dass sein Gesangstalent unter dem der anderen Bewerber gelegen ist und der wiederholten Bekräftigung dieser Tatsache durch die Jury, kam er jeden Samstagabend auf die Bühne, um mit Leidenschaft die Töne zu verfehlen und sich anschließend feiern zu lassen. Wenn nicht hier, woraus sonst lässt sich erkennen, dass er trotz dieses Mangels an Sangestalent von sich selbst überzeugt ist und immer im festen Glauben war, es bis nach ganz oben zu schaffen. Zum anderen hat gerade dieses vorhandene Selbstbewusstsein seinen Anteil daran gehabt, dass er es überhaupt geschafft hat unter die letzten drei Kandidaten zu kommen und gesangstechnisch bessere Mitbewerber, welche wahrscheinlich nicht in diesem Maße von sich überzeugt waren und sich deshalb schlechter präsentieren konnten, hinter sich gelassen hat.

Interessant ist es, auch den Text zu beleuchten. Da dieser aus Worten und Redewendungen besteht und diese, wie ich bereits ausgeführt habe, die Bilder in den Köpfen der Masse malt, um somit die Illusionen zu erwecken, können wir schlussfolgern, dass ihm eine entscheidende Bedeutung beizumessen ist, da er vor allem auch die Hoffnungen, Phantasien, Erfahrungen, Probleme und Wünsche des Publikums widerspiegelt.

Ein anderes Mittel um Illusionen bei den Massen hervorzurufen, ist der Aufbau eines Images je nach Publikums- Zielgruppe. Das Image ist eine Kombination von äußerer Erscheinung (Outfit), Mimik, Gestik und eigenem Sprach- gebrauch. Das Idol verschafft sich hierüber die erforderlichen Eigenschaften, so er sie nicht besitzt, um von der Masse auch als solches anerkannt zu werden. Darüber hinaus stellt das Image das Ideal her, welches von den Einzelindividuen übernommen wird und die Identifikation der Fanmasse untereinander ermöglicht. Ein besonderes Beispiel in diesem Zusammenhang war der Landeshauptmann von Kärnten. Nach dem politischen Absturz seiner Partei hat er in der Masse aus meiner Sicht ein besonders Kunststück zusammengebracht ohne es zu wollen. Eine Abgeordnete der ÖVP hat durch ihre Wortmeldung „ Wegen 3 Wurstsemmeln, mehr wird ja durch die Pensionskürzung nicht weggenommen, braucht sich niemand von den Pensionisten aufregen“. Nicht diese Aussage allein war ein Schock für viele Pensionisten, auch wegen dieser Geisteshaltung und dass niemand aus der Volkspartei sich von dieser Aussage wirklich distanzierte, hat bei den Wahlern dazu geführt, dass sie den Führer der ÖVP bestrafen wollten, der diese Pensionsreform durchgeführt hat, weil er sich nicht als Beschützer der Pensionisten vor sie gestellt hat und die Unbedachtsame öffentlich bestraft hat. Im Gegenteil, er hat seine Geisteshaltung auch noch zum Ausdruck gebracht, in dem er den Pensionisten mitgeteilt hat, weil diese mehr Medikation brauchen als jüngere müssten sie auch mehr Kranken- Beiträge bezahlen als andere. Man wählte seinen Erzfeind um ihn zu ärgern und zu bestrafen. Es haben 20.000 Wähler von der ÖVP zu Haider gewechselt. In der Geschichte unserer 2. Republik hat es eine ähnliche Situation schon einmal gegeben (Kreisky–Zwentendorf).

Als letztes möchte ich mich nun der Maskerade und der Bühnenshow widmen, welche wie auch im Theater und Film den Zuschauer in eine andere Welt versetzen. Diese Mittel werden zusätzlich eingesetzt, um dem Textinhalt und der Musik weiteren Nachdruck zu verleihen. So hat zum Beispiel Peter Gabriel, als Liedsänger der frühen Genesis, auf jedem Konzert Masken verwendet. Freddy Mercury hat sich in jedem Videoclip anders kostümiert, wobei die Bandbreite der Verkleidungen von der Hausfrau mit Bart (I Want To Break Free) bis zum Königskostüm (The Great Pretender) samt Krone reichte.

Auch ein Michael Jackson, der auf der Bühne zu jedem einzelnen Song das Outfit wechselte, lässt sich hier anführen. Es wurden den Publikumsmassen in jedem Video und bei jeder Liveshow Geschichten, mittels der Texte und Musik erzählt, und zur Erhöhung der Massenwirksamkeit mit einer Maskerade und einer Bühnenshow ergänzt. Die Wichtigkeit dieser Maßnahmen zur Steigerung der Illusionierung und Bindung der Massen an das Idol, schlägt sich nicht nur in den Produktionskosten für Video und Bühnenshow, sondern auch in einem gestiegenen Maß an Aufwand und professioneller Umsetzung nieder.

Die Grundlage dieses Verhaltens bildet eine libidinöse Bindung der Individuen an das Idol, durch die Übernahme seines

Ideals an die Stelle des eigenen Ich-Ideals. Das Idol stellt somit den zentralen Punkt dar, über und um den sich die Publikumsmasse überhaupt erst ausbilden kann. Zudem wissen wir, dass ein Individuum bestimmte Eigenschaften vorweisen muss, um den Status eines Idols zu erreichen. Weil diese Gesetze zu jeder Zeit aktivierbar sind, kann das Individuum nur dann als Führer erfolgreich sein, wenn es ihm gelingt, Suggestion auszustrahlen. Entweder durch Amtsautorität oder noch besser durch Fachautorität und Amt. Das bedeutet, wir müssen in diesem Zusammenhang Macht anstreben, um Veränderungen einleiten zu können und Entwicklungen möglich zu machen.

Das Haben der Macht bringt jene Souveränität, die wieder Auswirkung auf die Masse hat. Die Gefahr der Korruption aber bleibt bestehen, wenn wir der Macht erliegen. Nur die Erkenntnis, dass diese scheinbare Macht nur eine Illusion ist und dass das eigene Glück in der Selbsterkenntnis, der Selbstbeherrschung und in der Selbstveredelung zu finden ist, lässt das Individuum immun gegen die Gesetze der Masse werden. Je mehr aber das Einzelindividuum aufhört an seiner Persönlichkeit zu arbeiten, umso mehr werden die Gesetze der Masse auf ihn Einfluss nehmen und ihn daran hindern, seine ganze Kraft, die er in sich hat zu entwickeln und in ihr zu ruhen. Ich habe hier lernen dürfen Individuum zu bleiben und trotzdem am Allgemeinwohl mitzuwirken. Dafür bin ich dem Bund und der Loge sehr dankbar.

Der Autor

Der Autor, Walter Oberlechner, geboren 1934 in Lienz (Tirol) und in Wien lebend, entwickelte sich nach seiner schulischen Ausbildung – Volksschule, Gymnasium, später auch Universität – zum Großhandelskaufmann, als welcher er seinen beruflichen Werdegang sehr erfolgreich bis zum Direktor in den verschiedensten Versicherungsunternehmen absolvierte. Infolge seiner gesanglichen Begabung konnte er neben seiner beruflichen Tätigkeit auch als Sänger in Erscheinung treten. Seine Liebe zum Theater lebte er, ebenso von Erfolg gekrönt, in seinem nebenberuflichen Wirken als Schauspieler und Regisseur aus. Aktiv war er außerdem im Fußballgeschehen. Er hielt viele Vorträge und Seminare und veröffentlichte über Youtube seine Schrift „Die erlernte Hilflosigkeit". Der Autor ist verheiratet und hat zwei Söhne aus erster Ehe.

Der Verlag

Wer aufhört
besser zu werden,
hat aufgehört
gut zu sein!

Basierend auf diesem Motto ist es dem novum Verlag ein Anliegen neue Manuskripte aufzuspüren, zu veröffentlichen und deren Autoren langfristig zu fördern. Mittlerweile gilt der 1997 gegründete und mehrfach prämierte Verlag als Spezialist für Neuautoren in Deutschland, Österreich und der Schweiz.

Für jedes neue Manuskript wird innerhalb weniger Wochen eine kostenfreie, unverbindliche Lektorats-Prüfung erstellt.

Weitere Informationen zum Verlag und seinen Büchern finden Sie im Internet unter:

w w w . n o v u m v e r l a g . c o m